LA

RÉVOLUTION SOCIALE.

OUVRAGES DU MÊME AUTEUR.

PARIS. — Typ. de Mme Ve Dondey-Dupré, rue Saint-Louis, 46, au Marais.

LA
RÉVOLUTION SOCIALE

DÉMONTRÉE

PAR LE COUP D'ÉTAT

Du 2 Décembre,

PAR

P. J. PROUDHON.

Je ne sais pas comment cela se fera, mais
cela sera, parce que C'EST ÉCRIT.

*(Idee générale de la Révolution au
XIXᵉ siècle, p. 195.)*

Deuxième Édition

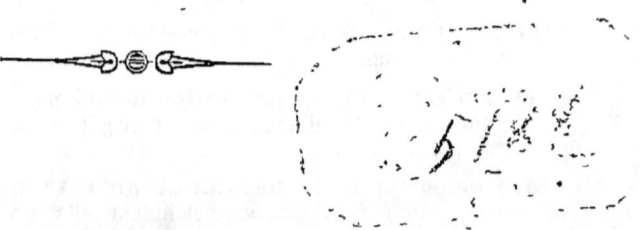

PARIS
GARNIER FRÈRES, LIBRAIRES,
10, rue Richelieu, et Palais-Royal, 215.

1852

LA
RÉVOLUTION SOCIALE

DÉMONTRÉE

PAR LE COUP D'ÉTAT

DU 2 DÉCEMBRE.

> Je ne sais pas comment cela se fera,
> mais cela sera, parce que C'EST ÉCRIT.
>
> (*Idée générale de la Révolution au XIX*
> *siècle, p. 195.*)

I.

POURQUOI JE FAIS DE LA POLITIQUE.

Je n'écris pas contre qui peut proscrire, disait
Camille Desmoulins sur la fin de 93, alors que Robespierre tout-puissant était en train de sauver la
société, et que déjà la République n'existait plus!...

Je prends pour moi cette maxime. Je renonce,
puisqu'on l'a voulu, à exercer le *veto* dont la révolution de février avait armé la presse contre le pouvoir, et je commence par déclarer que je n'ai rien
à dire contre le coup d'état du 2 décembre, rien

1

contre les auteurs, coopérateurs et bénéficiaires de ce coup d'état ; rien contre le vote qui l'a absous par 7,600,000 suffrages ; rien contre la constitution du 15 janvier et les pouvoirs qu'elle organise ; rien même contre la tradition qu'elle semble vouloir faire revivre, dont elle adore les vestiges, et qui est restée au cœur du peuple comme la dernière de ses religions.

Je ne récrimine point, je ne proteste pas, je n'accuse personne. J'accepte le fait accompli....., comme l'astronome tombé dans une citerne acceptait son accident.

S'ensuit-il, républicains, qu'à travers tous ces changements de la scène politique, dont le terme n'est peut-être pas encore proche, nous n'ayons à exercer aucun acte conservatoire ; et parce que nos convictions se trouvent froissées, nos espérances déçues, notre foi meurtrie, qu'il nous faille croupir dans cette prostration morale, pire que le crime ? S'ensuit-il que nous n'ayons qu'à maudire le vainqueur, en attendant l'heure tardive de la réparation, et à mériter ainsi, par une stupide et coupable inertie, notre mauvaise fortune ?

A Dieu ne plaise ! Nous avons trop d'intérêts engagés dans le pouvoir, en quelques mains qu'il tombe ; nous sommes trop peu assurés du présent et de l'avenir de ce pouvoir, pour qu'il nous soit permis, un seul instant, de nous annuler dans une abstention soi-disant vertueuse, et qui ne serait que lâche. Dussé-je donc être accusé par les énergiques d'avoir manqué à la fierté républicaine, parce qu'une fois de plus j'aurai, en écrivant, plié sous la nécessité du jour, je dirai ce que je pense des affaires; j'affirmerai de nouveau, dans sa plénitude, contre toute monarchie et théocratie, le principe républicain; tandis que les dynasties préparent leur retour, je pronostiquerai son triomphe; j'opposerai à la politique des hommes la nécessité des choses; je tâcherai, autant qu'il est en moi, et sans manquer aux conditions que le pouvoir actuel m'impose, d'éclairer d'une idée les ténèbres de notre situation, de donner au pays conscience de son état, de le relever dans sa propre estime et aux yeux de l'étranger; de prendre des garanties, dans ce temps de subites catastrophes, contre une substitution éventuellement contre-révolutionnaire; de rendre enfin aux idées une perspective, aux intérêts une direction, aux courages le ressort, aux proscrits l'intelligence et le calme.

Et puisqu'aujourd'hui le privilége de la polémique a passé de la presse au pouvoir, que la pensée a perdu le droit de se produire dans l'énergie de son opposition, qu'elle n'est plus tolérée que sous la forme incolore d'opinion probable, pour ne pas dire d'avis respectueux : je ferai tous mes efforts, en ménageant les susceptibilités d'en haut, pour sauver, par l'intérêt du sujet, la dignité de l'écrivain, et dissimuler sous le patriotisme des sentiments la gêne odieuse de la parole.

Qu'après cela le pouvoir, que j'aurai peut-être servi, en le révélant à lui-même et aux autres, tire avantage de mes renseignements, je ne le redoute pas pour ma religion. J'en serai heureux, au besoin, pour le progrès. Moi qui, dans l'histoire, ne reconnais que des gouvernements de fait, qui les répudie théoriquement tous, qui n'en voulais pour

mes contemporains aucun , je ne demande pas
mieux que de voir celui que je paye se modifier et
marcher suivant mes principes. Et qui ne voit déjà
combien le gouvernement du 2 décembre, tout fort
et tout sage qu'il s'imagine d'être, a besoin que ses
adversaires les plus maltraités lui montrent la route?
Qui ne voit, dis-je, que si la raison républicaine,
découragée par tant d'outrages, abandonne à ses
perfides suggestions ce pouvoir encore sans racines,
aussi surpris que la nation de son existence, l'esprit
public s'affaissant de plus en plus, la révolution rétrograde de dix degrés?

Triste condition des sociétés humaines, et qui
doit donner singulièrement à réfléchir aux démocrates, qu'un peuple ne puisse, en aucun cas, s'ab-
straire de ses gouvernants, et qu'à moins de les
écraser dans sa révolte, ce qu'il ne peut pas toujours, il soit condamné à les redresser sans cesse,
même quand il les déteste le plus!...

Mais que dis-je? ce que nous sommes tentés de
prendre pour un fatal et regrettable appui, qu'est-
ce autre chose que l'éternelle absorption du pouvoir
dans la liberté? Et dans cette solidarité intime du citoyen et de l'état, dans cette obligation étroite et in-
dissoluble de nos intérêts avec le gouvernement,
pouvons-nous méconnaître, au point où nous sommes, le symptôme d'une prochaine révolution?

N'est-ce pas, en effet, le triomphe de l'idée
révolutionnaire, fondée sur la nature même des
choses, que la faculté politique soit désormais tellement liée à l'exercice de toute faculté profession-
nelle, que le mécanisme politique, autrement dit
la raison d'état, relevant d'un million de souve-

rains, en devienne impossible ; que quiconque s'occupe d'une branche de la production ou de la consommation générale, participe, par cela même, à
la gestion du pouvoir, ait voix délibérative et fatalement perturbatrice dans l'état ; qu'ainsi le gouvernement ne pouvant pas plus s'affranchir du
concours direct des producteurs, fabricants, commerçants, artisans, manouvriers, écrivains, artistes,
que ceux-ci faire abstraction dans leurs travaux de la
politique du gouvernement, l'initiative industrielle
se transforme sans cesse en initiative politique, et
convertisse fatalement l'autorité en *an-archie ?*

On avait cru que pour refouler la terreur démocratique il fallait, par une concentration extrême
du pouvoir, ôter au pays sa souveraineté, séquestrer
les masses de la politique, interdire à tout écrivain,
qui ne relèverait pas du ministère, de traiter de
matières politiques. La suspension de la faculté politique, partout et toujours, la restauration de l'autorité : tel a été le mot d'ordre de la contre-révolution. Quel gouvernement serait possible, en effet,
disaient-ils, avec le droit constitutionnel de discuter
le gouvernement? Quelle religion pourrait subsister avec le libre examen? Que pourrait-il sortir
d'assemblées tumultueuses, formées d'éléments
aussi disparates?.... Le 2 décembre ne fait qu'appliquer, dans la mesure de ses moyens, cette puissante théorie, ignorant apparemment qu'en toute
société le souverain ne légifère et le prince n'exécute que de l'abondance de l'opinion, et s'imagi-
nant que le meilleur moyen de faire penser le cerveau, c'est de pratiquer la ligature des nerfs et de
boucher les sens!

Or, admirez le résultat. Plus on s'efforce d'enchaîner la raison nationale, plus cette raison protestante réagit et déborde, prenant pour organes ceux-là même qui avaient applaudi, avec le plus de fureur, à la répression de la parole et de la pensée.

De quoi s'entretiennent le plus volontiers messieurs les académiciens dans leurs discours solennels? de politique. Sans la politique, ils ne sauraient que dire, dans leurs conciliabules, la plupart du temps. Et nosseigneurs les évêques, si prompts à accuser l'esprit de révolte qui caractérise le siècle, que traitent-ils avec le plus de prédilection dans leurs mandements? la politique. Il est vrai que c'est pour le bien de la chose, et l'intention justifie tout; mais il ne tient qu'aux ouailles de réfléchir à leur tour sur les instructions de leurs pasteurs, et de voir quel intérêt immense, positif, l'Eglise a dans l'état. Et nos graves magistrats, comment se dédommagent-ils, dans leurs mercuriales, des longs et fastidieux ennuis de la judicature? en dissertant de politique. Eux aussi se croient obligés d'apporter au système le contingent de leurs observations! Pas une leçon donnée au peuple, avec l'assentiment de l'autorité, qui ne soit le développement d'un intérêt politique étranger à l'autorité elle-même. Bourgeois qui faisiez si bon marché du gouvernement, pourvu qu'il vous donnât l'ordre matériel, la sécurité de la rue, savez-vous pourquoi la confiance ne vous revient pas? c'est que tous tant que vous êtes, et pour une infinité de raisons, toutes plus décisives les unes que les autres, vous ne pouvez vous empêcher de parler politique. La politique, en effet, dans cet ambigu où vous vivez depuis **1830**, est l'*alpha* et l'*oméga* de toutes vos spéculations, de tous vos intérêts, de toutes vos idées. Ce n'est pas Robespierre ou Rousseau qui vous dit cela : c'est la nécessité des choses, l'économie inéluctable de la société. Pendant que vos hommes d'état font de l'art, vos affaires font de la raison ; bon gré mal gré vous êtes des hommes politiques, qui pis est vous êtes de l'opposition. Homme de lettres, vous vous proposez d'écrire l'histoire? prenez garde, ce sera un traité de politique. Économiste, vous examinez les sources de l'impôt, la composition du budget, le prix de revient d'un soldat, le morcellement de la propriété, l'influence de la protection sur la circulation, etc.? vous aurez beau danser sur la corde raide des distinctions et jongler avec les mots, votre économie politique sera encore de la politique, toujours de la politique. Philosophe, vous cherchez les principes du droit, les conditions de la société et de la morale? politique. Industriel, commerçant, agriculteur, la nature de vos entreprises vous met en rapport permanent avec le domaine, la régie, l'administration, la douane, l'octroi : tout cela est de la politique. Vous ne pouvez élever une réclamation, adresser une plainte, proposer une réforme, sans remuer les fondements de l'état, toucher les secrets de la police et de la diplomatie. Au bout d'une question de transit, il y a l'équilibre européen. Les sévérités de la loi ont réduit de moitié le travail de la librairie et de l'imprimerie : faites donc, quand la politique les empêche de vivre, que les imprimeurs ne s'occupent pas de politique! Vous êtes adjudicataire, concessionnaire, rentier de l'état? qui plus que vous a l'obligation, partant le droit, de s'intéresser à la politique? Tant vaut le gouvernement, tant vaut votre inscription : ceci est l'*a b c* de la Bourse. Que des ouvriers s'associent pour l'exploitation en commun de leur industrie : le contrat qu'ils forment entre eux ne vous semble relever que des codes civil et de commerce; la police, non sans raison, y découvrira une tendance politique. Qu'un particulier ouvre, pour les escomptes de ces ouvriers, un comptoir : *Banque du Peuple!* aussitôt visite domiciliaire, perquisition de papiers, apposition de scellés. Le prétendu comptoir est un centre politique.

Du haut de la société jusques en bas, tout ce qui se produit, se meut, se consomme, tient à l'action politique et peut être considéré comme une fonction du gouvernement. Chaque individu qui travaille, qui vend et qui achète, est, par un certain côté, représentant de l'état; il participe au gouvernement, qui ne peut rien sans son libre concours et son adhésion. Il serait étrange que dans un pays où, par le progrès des siècles, le gouvernement n'est plus en réalité que le rappport des intérêts, on eût la prétention d'exclure les intérêts du gouvernement, et de régir la nation à la manière de l'autocrate de Russie ou des sultans de Babylone.

Combien ils doivent se trouver empêchés, mortifiés, ces prétendus hommes d'état qui, sur la foi des jésuites, ont accepté pour moyen curatif et pris pour dogme, sous le nom d'AUTORITÉ, l'interdiction politique, de se voir à chaque heure, dans toüs leurs actes, soumis au contrôle inévitable des intérêts, forcés de reculer devant lui, et cela à peine de *non confiance!* Et comme ils doivent regretter cet âge d'or de l'autorité, où le travail étant peu ou point spécialisé, le commerce et l'industrie sans engrenage, la science nulle, la philosophie réputée démoniaque, chaque pauvre famille logée dans sa maisonnette et vivant du seul produit de son petit champ, du bois d'affouage et de l'herbe communale, le gouvernement, je veux dire l'Eglise, n'ayant pour toute politique que la dîme à lever et le superflu de la population à envoyer en Terre-Sainte, planait au-dessus des groupes obéissants comme la nuée sur le désert!...

Trève donc, s'il vous plaît, de vaines délicatesses et de faux scrupules. La politique, primée, subalternisée par l'économie, mais s'obstinant à garder une position distincte, supérieure, impossible : voilà le secret de notre situation, et ce qui m'oblige, malgré toute la délicatesse du sujet, à faire en ce moment acte de politique... Ici la forme emporte le fond, et quand la maison brûle, ce n'est pas le cas de chercher si l'on est mal ou bien avec le portier. Pendant trois ans une réaction imbécile a prêché la restauration de l'autorité, l'absorption des libertés individuelles dans l'état. Le pouvoir actuel n'est que le premier terme de cette enfilade contre-révolutionnaire, j'allais dire sa première dupe. D'autres feront le procès à l'auteur du coup d'état, raconteront les *Mystères du 2 Décembre*, diront les *ordres impitoyables*, la multitude des suspects, les noms des victimes. Pour moi à qui l'exil, et j'en remercie la prison qui m'a protégé de ses murailles, n'accorde pas de telles franchises, j'obéis à d'autres devoirs. Je ne laisserai point,

1.

sans exprimer auparavant mes réserves, s'ouvrir le testament mystique et olographe du 2 décembre, se préparer à l'étranger une restauration subreptice, ou bien encore s'organiser dans l'ombre un second essai de corruption constitutionnelle. Solidaire, bon gré mal gré, comme citoyen, comme écrivain, comme travailleur et chef de famille, des actes d'un pouvoir que je n'ai pas voulu; convaincu, du reste, que dans l'événement du 2 décembre il y a autre chose encore qu'un complot; n'ayant aucune garantie, tant s'en faut, ni que la démocratie, une vraie démocratie, revienne à temps aux affaires, ni qu'une autre révolution de palais nous fasse jouir d'un régime plus complet de liberté; ne me fiant à aucune notabilité, ni princière, ni populaire, du soin des intérêts généraux et des libertés publiques: je reprends le cours de mes publications. J'use, en me conformant aux lois, de ce qui me reste d'initiative; j'adresse à mes concitoyens, et par eux au Président de la République, mes réflexions sur les causes qui ont amené les derniers événements, et sur les résultats que, selon moi, ils doivent produire; et j'adjure sans honte Louis-Napoléon d'aviser au plus tôt, car, en vérité, et pour lui-même et pour nous, j'ose dire qu'il y a urgence!

Pour lui, d'abord. On dit que, semblable à l'Empereur, il a foi à son étoile. Si telle est sa superstition, loin de l'en railler, je l'en félicite. Point ne faut de lunettes pour la découvrir, cette étoile, ni d'une table de logarithmes pour en calculer la marche. On l'aperçoit à l'œil nu, et tout le monde peut dire où elle va.

Le 24 février 1848, une révolution renversait la

monarchie constitutionnelle, et la remplaçait par une démocratie ; —le 2 décembre 1851, une autre révolution substitue à cette démocratie une présidence décennale ; — dans six mois peut-être une troisième révolution chassera cette présidence, et rétablira sur ses ruines la monarchie légitime.

Quel est le secret de cette péripétie ? les mêmes propositions, reproduites en d'autres termes, vont nous le révéler.

Ce que n'a su comprendre Louis-Philippe, a perdu Louis-Philippe et amené la République ; — ce que n'ont osé affirmer les républicains, a perdu les républicains, et décidé le succès de Louis-Napoléon ; — ce que ne saura procurer Louis-Napoléon, le perdra à son tour, et il en sera de même de ses successeurs autant il s'en présentera, à supposer que le pays consente à payer indéfiniment les frais de ces vocations infidèles.

Ainsi, depuis 1848, et je pourrais remonter bien plus haut, un *sort* est jeté sur les chefs politiques de la France : ce *sort*, c'est le problème du prolétariat, la substitution de l'économie à la politique, des intérêts à l'autorité, en un mot, l'idée sociale. C'est pour cela que la mission de Louis-Napoléon n'est pas autre que celle de Louis-Philippe et des républicains, et ceux qui viendront après lui n'en auront pas d'autre à leur tour. En politique, on n'est pas l'héritier d'un homme, on est le porteur d'une idée. Celui qui la réalise le mieux, c'est celui-là qui est l'héritier légitime.

Qu'importe donc que l'idée sociale ne soulève plus dans la presse d'irritants débats, qu'elle ait cessé de passionner la multitude, que le capitaliste

se croie délivré du cauchemar, que les commis-
saires de Louis-Napoléon le félicitent dans leurs
rapports d'avoir terrassé le monstre, comme ces
médailles, frappées à l'effigie de je ne sais plus
quel césar, le glorifiaient d'avoir aboli le nom
chrétien, *nomine christianorum deleto;* qu'importe
tout cela, dis-je, si, en croyant frapper le socialisme on n'a fait qu'en répercuter le venin; si la
pensée qui errait à la surface a gagné déjà les parties nobles; si le pouvoir qui devait l'écraser n'exprime, en résultat, par le fait de son institution,
par ses besoins, malgré ses protestations officielles
et ses proscriptions officieuses, que le socialisme,
l'absorption de la politique dans l'économie ; si
Louis-Napoléon, dans les plus importants de ses
décrets, manifeste la tendance irrésistible qui le
pousse à la révolution sociale?

Non, le socialisme n'est pas vaincu, puisqu'il
n'est pas résolu ; puisqu'il n'a rencontré jusqu'à
présent que des injures et des baïonnettes; puisqu'il
n'est pas un intérêt qui ne l'exprime ; puisque le
gouvernement du 2 décembre, après l'avoir proscrit, a dû se poser comme son interprète ; qu'il
lui emprunte sa popularité, qu'il s'inspire de ses
solutions, qu'il ne semble retenu que par le désir
de concilier les intérêts existants avec ceux qu'il
voudrait créer; puisqu'en un mot, d'après certains
rapports auxquels il est permis d'ajouter quelque
créance, Louis-Napoléon serait *le pire*, lisons, si
vous voulez, le premier *des socialistes*, le dernier
des hommes de gouvernement! Est-ce donc Louis-
Napoléon qui fera la révolution sociale? est-ce le
petit-fils de Charles X, celui de Louis-Philippe, ou

tel autre qu'il vous plaira? car en vérité nous ne pouvons plus dire le soir par qui nous aurons l'honneur d'être gouvernés le matin. Que nous importe, encore une fois, le nom du personnage? Le même astre les régit tous, et notre droit vis-à-vis d'eux reste le même. Badauds, qui demandiez en 48 quand cela finirait! qui avez tout livré, Constitution, Liberté, Honneur, Patrie, pour que cela finît, vous voilà relancés dans une autre aventure! Vous croyiez toucher au débarcadère, vous n'étiez qu'à la station. Entendez-vous le sifflet de la locomotive? Croyez-en un homme que votre journal favori, *le Constitutionnel*, a breveté prophète : laissez aller le convoi, arrangez-vous dans votre coin, buvez, mangez, dormez et ne soufflez mot! Car, je vous en avertis, si vous continuez à crier et rager, le moins qui vous puisse advenir sera d'être jetés sous le wagon.

Que si telle est en France la condition du pouvoir, que, s'il ne sait, ne peut ou ne veut servir la révolution, se métamorphoser lui-même, il est balancé par elle, qu'avons-nous de mieux à faire, socialistes et non-socialistes, radicaux et modérés, que d'étudier sans relâche l'immense problème, de chercher la conciliation de nos idées, le rapport de nos intérêts, et, sans attendre que des chefs plus aimés nous arrivent, d'exercer dès maintenant sur le pouvoir, quel qu'il soit, la pression légitime, incessante, de la science et du droit? Que Louis-Napoléon, puisqu'il est en ligne, devienne, s'il veut, par le mandat révolutionnaire qu'il s'est donné le 2 décembre, plus grand que ne fut l'Empereur ; qu'il accomplisse l'œuvre du dix-neuvième siècle ; surtout qu'il ait l'orgueil de ne rien laisser à faire à son successeur,

et qu'après lui la nation rendue à elle-même, fortement constituée dans son économie, n'ait plus à redouter, de la part d'un parti, d'une secte, ou d'un
prince, ni usurpation, ni restauration, ni dictature ;
qu'elle puisse dire adieu à la raison d'état : et je ne
serai point, quant à moi, détracteur de Louis-Napoléon. Je ferai le décompte de ses torts envers la démocratie au fur et à mesure de ses services ; je lui
pardonnerai son coup d'état, et lui rendrai grâce
d'avoir donné au socialisme certitude et réalité.

Mais que parlé-je toujours de *socialisme ?* Je voudrais que ce sobriquet d'origine contre-révolutionnaire, que le peuple accepta en 48 comme il avait
accepté en 93 celui de *sans-culotte,* et qui rend tout
aussi mal l'idée du siècle, eût fait son temps. La
période d'agitation qu'il exprimait est finie, et la
question soulevée par lui tellement posée qu'aucun
ordre du jour ne l'écartera plus. Sans la persécu-
tion dont il est le prétexte, j'abandonnerais, peut-
être, ce mot de passe de la révolution économique,
qu'affectionnent pour le besoin de leurs calomnies les écrivains de la réaction, grands publicistes,
qui en pleine marche révolutionnaire nient la réalité du mouvement. Pendant que les regrattiers occupent la foire, soldats de l'avant-garde, pionniers
infatigables, ne laissons pas faiblir l'étude, et jeû-
ner l'opinion. L'histoire de l'humanité est l'histoire des armées, a dit le neveu de l'Empereur :

En avant la trente-deuxième,
La trente-deuxième en avant !

II.

SITUATION DE LA FRANCE AU 24 FÉVRIER 1848.

Il y a des gens qui, à propos du 2 décembre, commentant la *Décadence des Romains*, vous disent le plus sérieusement du monde : La nation française est corrompue, dégénérée, lâche. Elle a trahi sa mission providentielle, renié sa gloire. Il n'y a plus rien à attendre d'elle : qu'une autre prenne sa place, et reçoive sa couronne !

Beaucoup de Français répètent ces sottises, tant ils sont prompts à médire d'eux-mêmes !

D'autres, affectant un air hippocratique, accusent le socialisme. C'est le socialisme, assurent-ils, qui a perdu la démocratie. Le peuple, de lui-même, était plein de bon sens, pur, vertueux, dévoué. Mais son âme a été matérialisée par les prédicants de socialisme, son cœur désintéressé de la chose publique, détourné de l'action. C'est par l'influence de ces idées léthifères qu'il a pu se tromper sur la signification du coup d'état, battre des mains à la violation de l'Assemblée, à l'arrestation des généraux. On lui avait appris à mépriser ses représen-

tants : il a manqué à leur appel, et dans le guet-
apens du 2 décembre, il n'a vu que le rétablissement
de son droit, le suffrage universel.

Le citoyen Mazzini, l'archange de la démocratie,
s'est fait l'éditeur de cette opinion.

Voici encore, sur le même événement, d'autres
variantes :

C'est la gauche qui a assuré le succès du coup
d'État, en votant, le 17 novembre, contre la proposition des questeurs.

C'est la presse de l'Élysée qui a effrayé de ses
récits la bourgeoisie, et retenu son indignation.

C'est l'armée, féroce et vénale, dont l'attitude a
désespéré le patriotisme des citoyens.

C'est ceci, c'est cela!...

Toujours les grands événements expliqués par les
petites causes! Aussi l'étranger, prenant acte de ces
misérables défaites, ne comprenant point qu'une
masse de 36 millions d'hommes se laisse, en un
même jour, mystifier et museler, siffle sur notre
nation, et à son tour la proclame déchue. Ceux qui
ne nous connaissent point, qui ne savent de quelle
révolution la France est en travail, ou qui ayant
entendu vaguement parler de cette révolution, la
jugent aussi absurde que nos conservateurs, jettent
le sarcasme à cette race, élue entre toutes, et la
vouent à l'opprobre. L'Anglais, déguisant mal sa
joie, dévorant d'avance notre territoire, rougit de
notre aventure; l'Américain, avec son insolence
d'affranchi, crache sur notre nom; l'Allemand
métaphysique, le Hongrois féodal, l'Italien bigot,
l'un après l'autre, nous clouent au pilori. Tandis
que le Saint-Père nous fait baiser ses mules, voici

le prophète Mazzini qui nous présente l'éponge de fiel, et prononce sur nous le *Consummatum est !* Quel triomphe, dans toute l'Europe, pour l'envie ! et quelle leçon à la postérité ! La France de 1848, la fille de 92 et de 1830, eh bien ! cette France émancipatrice, un moment adultère, met au monde le socialisme ; et tout aussitôt elle trahit les nationalités, elle assassine les républiques, s'agenouille devant le cadavre de la papauté, embrasse le fantôme de la tyrannie, et meurt !...

Oh ! si je n'avais qu'à répondre à des pédants ignares ! s'il ne s'agissait pour moi que de flageller une fois de plus ces mystagogues, sycophantes des révolutions qu'ils n'ont pas prévues et qui les dépassent !... — Mais un devoir plus sérieux me commande. Il faut justifier ma nation devant l'histoire, lui ôter ce poids d'infamie, dont ses rivales espèrent l'écraser. Un seul jour de remords pour la France ! c'est cent mille fois plus que la passion de l'Homme-Dieu... Oublions donc tous, s'il se peut, nos griefs ; raisonnons de sang-froid, repassons les faits et les causes. Que l'histoire, nous montrant dans nos erreurs les causes de nos défaites, nous apprenne enfin à les réparer. Qu'au feu de l'adversité disparaissent parmi nous les partis et les sectes ; que l'intolérance soit flétrie, qu'on n'estime plus que la liberté !

Le 24 février 1848, une poignée de républicains, franchissant les limites de la protestation bourgeoise, renverse le trône et dit au peuple : *Sois libre !*

C'était hardi, cela aurait été sublime, si, avec moins de modération et d'honnêteté, je le ferai voir tout à l'heure, avec moins d'égards pour les préjugés du pays, avec moins de religion démocratique, les auteurs de ce coup de main, tenant plus de compte de leur position que de leur principe, avaient voulu profiter de leur succès pour engrener la Révolution. Qu'ils sachent tous, néanmoins, qu'en rappelant ici leur timidité, je ne leur en fais aucun reproche, et puissent-ils eux-mêmes n'en éprouver pas plus que moi de regret! Au lieu de présumer, comme d'autres, la volonté nationale, ils ont préféré l'attendre; leur premier acte a été de mettre en pratique la théorie qu'ils venaient de faire triompher, au risque d'en perdre bientôt, par l'incapacité de la multitude, tout le fruit : aucun blâme ne peut les frapper. Et si, en présence des faits qui ont suivi, on se prend à regretter, par moments, que des chefs populaires aient poussé aussi loin la foi politique, ces mêmes faits, nécessaires d'ailleurs à l'éducation nationale, ne font que relever davantage leur vertu.

Que signifiait cependant dans la bouche des hommes de février, cette parole si vaste, adressée au peuple, *Sois libre?* quelles étaient les chaînes que nous avions à rompre, le joug qu'il fallait briser, l'oppression dont nous devions disperser les ressorts? sur quoi portait enfin cette effusion de liberté qu'on annonçait?

Car toute révolution est, par essence, négative : nous verrons même qu'elle ne peut ni ne doit être jamais que cela. Celle de 89, dans ce qu'elle a eu de décisif, de réel et d'acquis, n'a pas été autre chose. Y avait-il donc pour nous matière à négation, en février? restait-il quelque chose à abolir, ou bien n'avions-nous qu'à améliorer ? Dans le premier cas, pourquoi cette abstention du Gouvernement provisoire? dans le second, pourquoi avoir chassé Louis-Philippe, et que signifiait la République? Ou les chefs de la Démocratie trahissaient, en gardant le *statu quo*, leur mandat; ou bien ils avaient agi sans mandat, et il ne fallait voir en eux que des usurpateurs : impossible, ce semble, d'échapper à ce dilemme.

C'est ici que commence le martyre des fondateurs de la République : car, comment supposer qu'ils aient ignoré le but de leur entreprise? Mais ils n'ont pas osé, ils ne pouvaient pas oser!... De là, l'appel au peuple, et ses tristes résultats.

Il existait en France, au 24 février :

1. Un *clergé* organisé, comprenant environ 50,000 prêtres et autant d'individus des deux sexes répartis dans les maisons religieuses; disposant de 300 millions de propriétés, sans compter les églises, biens curiaux, le casuel, le produit des dispenses, indulgences, collectes, etc.; organe, présumé indispensable, de la morale publique et privée, exerçant à ce titre sur tout le pays une influence occulte, d'autant plus redoutable par cette raison, et en bien des cas irrésistible.

2° Une *armée* de 400,000 hommes, disciplinée, dépaysée, sans relations avec les gardes nationales, qu'on lui apprenait à mépriser, et à la dévotion entière du pouvoir, seul jugé capable de garder le pays et de le défendre.

3° Une *centralisation administrative*, maîtresse de la police, de l'instruction publique, des travaux publics, de l'impôt, de la douane, des domaines; occupant au delà de 500,000 fonctionnaires, salariés des communes et de l'état ; tenant dans sa dépendance, directe ou indirecte, toute propriété, toute industrie, tout art mécanique ou libéral ; ayant partout la haute main sur les personnes et sur les choses ; gouvernant tout, et ne laissant aux contribuables que la peine de produire et de payer l'impôt.

4° Une *magistrature* fortement hiérarchisée, étendant à son tour, sur les rapports sociaux et les intérêts privés, son inévitable arbitrage : Cour de cassation, Cour d'appel, Tribunaux de première Instance et de Commerce, Justices de paix, Conseils de prud'hommes, etc. : le tout en parfaite intelligence avec l'église, l'administration, la police et l'armée.

5° Cet immense organisme, servant à la fois de moteur et d'instrument à l'action collective, attirant sans cesse à lui la force et la richesse du pays, trois grands PARTIS s'en disputaient la direction, et, jaloux de procurer le bonheur de la patrie, troublaient, déchiraient son sein de leur ardente compétition. C'étaient : le parti *légitimiste*, représentant la branche aînée de Bourbon, et jusqu'à certain point l'ancien régime ; le parti *orléaniste*, représentant des idées constitutionnelles ; le parti *républicain*. Ces trois partis se subdivisaient à leur tour en plusieurs nuances : en dehors, le parti *bonapartiste*, qui allait reparaître, enfin le parti *socialiste*, qui devait attirer sur lui la malédiction de tous les autres.

6° Quant à la NATION, parfaitement homogène au point de vue juridique, elle se divisait, sous le rapport des intérêts, en trois catégories principales, que nous essayerons, comme suit, de définir :

La *Bourgeoisie*. Je range dans cette classe tout

ce qui vit du revenu des capitaux, de la rente des propriétés, du privilége des offices, de la dignité des emplois et sinécures, plutôt que des produits effectifs du travail. La bourgeoisie moderne, ainsi entendue, forme une espèce d'aristocratie capitaliste et foncière, analogue, pour la force numérique et la nature de son patronage, à l'ancienne noblesse; disposant presque souverainement de la banque, des chemins de fer, des mines, des assurances, des transports, de la grande industrie, du haut commerce, et ayant pour base d'opérations une dette publique, hypothécaire, chirographaire et commanditaire, de 20 à 25 milliards.

La *Classe moyenne.* Elle se compose des entrepreneurs, patrons, boutiquiers, fabricants, cultivateurs, savants, artistes, etc., vivant, comme les prolétaires, et à la différence des bourgeois, beaucoup plus de leur produit personnel que de celui de leurs capitaux, priviléges et propriétés, mais se distinguant du prolétariat, en ce qu'ils travaillent, comme on dit vulgairement, à leur compte, qu'ils ont la responsabilité des pertes de leur état comme la jouissance exclusive des bénéfices, tandis que le prolétaire travaille à gage et moyennant salaire.

Enfin, la *Classe ouvrière* ou *Prolétariat.* C'est celle qui, vivant comme la précédente plus de son travail et de ses services que de ses capitaux, ne possède aucune initiative industrielle, et mérite à tous égards la qualification de *mercenaire* ou *salariée.* Quelques individus de cette classe, par leur talent et leur capacité, s'élèvent à une condition d'aisance à laquelle souvent ne parviennent pas les entrepreneurs et patentés; de même que parmi ces derniers, quelques-uns obtiennent des bénéfices qui dépassent de beaucoup le revenu moyen des bourgeois. Mais ces inégalités, tout individuelles, et qu'on pourrait considérer presque comme des anomalies, n'affectent point les masses ; et comme la classe moyenne, composée en général des producteurs les plus habiles et les plus énergiques, demeure fort au-dessous, pour la sécurité et les garanties, de la classe bourgeoise ; de même le prolétariat se compose d'une multitude pauvre, sinon misérable ; n'ayant toute sa vie du bien-être que le rêve ; connaissant à peine, en beaucoup de lieux, l'usage du blé, de la viande et du vin ; chaussé de sabots, vêtu en toute saison de coton ou de toile, et dont un grand nombre ne sait pas lire. Les économistes ont peint, en traits émouvants, la misère du prolétariat ; ils ont prouvé, jusqu'à l'évidence, que dans cette misère était la cause de l'affaiblissement de la moralité publique, et de la dégradation de la race. La France est le pays de l'Europe où se trouve le plus grand écart entre la civilisation et la barbarie, où la moyenne d'instruction est la plus faible. Tandis que Paris, centre du luxe et des lumières, passe à juste titre pour la capitale du globe, il est dans les départements une foule de localités où le peuple, à peine affranchi de la glèbe, et déjà corrompu par le salariat, semble avoir rétrogradé sur le moyen âge.

Le pays compte au delà de 36 millions d'habitants. Son produit annuel est d'environ 9 milliards, dont un quart sert à payer les frais d'état, église et autres fonctions appelées improductives ou parasites ; un autre quart appartient à titre d'intérêt, rente,

loyer, dividende, agio, commission, bénéfice, etc.,
aux propriétaires, capitalistes et entrepreneurs; ce
qui laisse pour la classe travailleuse, en y comprenant ceux de la classe moyenne qui ne réalisent
pas de bénéfice, et c'est le grand nombre, un revenu ou salaire qu'on peut évaluer à 41 centimes
par tête et par jour, et qui dans les cas extrêmes est
au-dessous de 15.

Telles étaient les choses au 24 février, et tel
était leur rapport. Nous verrons tout à l'heure quel
mouvement ce rapport devait engendrer : bornons-
nous à constater à quel résultat, en l'absence
d'idées positives, il avait conduit nos hommes d'état.

Toute la force de cette nation, abstraction
faite du territoire et des habitants, ce qui constitue
son importance comme organe politique et fonction
dans l'humanité, lui vient donc uniquement de
sa féodalité gouvernementale et bourgeoise. Le peuple, la masse servile, exploitée mais non organisée,
est sans valeur politique. Son rôle est, à peu de
chose près, celui de l'esclavage chez les anciens.
Supposez pour un instant la hiérarchie qui le contient et le met en œuvre, détruite ; le pouvoir
anéanti, dans son personnel et ses emplois ; la
bourgeoisie exterminée, ses richesses partagées ;
supposez cette multitude, indigente et illettrée, barbare si l'on veut mais non pas *vile*, devenue maîtresse par un coup de baguette révolutionnaire, passant le niveau sur l'Église et sur l'état, et réalisant
à sa manière la parabole de Saint-Simon, comme
elle aurait très-bien pu s'en donner le plaisir après
le 24 février : aussitôt, et jusqu'à nouvelle organisation, la France, dépouillée, comme Samson par

Dalila, de sa chevelure, n'est plus qu'une masse inerte, à l'état chaotique ; il y a bien une matière sociale, il n'y a plus de société.

Ainsi le peuple français, dans ses masses profondes, avec la centralisation qui l'enserre, le clergé qui le prêche, l'armée qui le surveille, l'ordre judiciaire qui le menace, les partis qui le tiraillent, la féodalité capitaliste et mercantile qui le possède, ressemble à un criminel jeté au bagne, gardé à vue niut et jour, avec cotte de mailles, camisole de force, chaîne, carcan, une botte de paille pour lit, du pain noir et de l'eau pour toute nourriture. Où et quand vit-on une population mieux garrottée, serrée, gênée, mise à une diète plus sévère? Les Américains, qui n'ont ni clergé, ni police, ni centralisation, ni armée; qui n'ont point de gouvernement, dans le sens que l'ancien monde attache à ce terme ; qui ne savent que faire de leur bétail, de leurs farines et de leurs terres, parlent de nous fort à l'aise ! Nous portons depuis des siècles un poids qui en moins d'une génération aurait écrasé toute autre race; et telle est notre misère, que si on nous ôte ce poids nous cessons de vivre, si on nous le conserve nous ne pouvons pas exister. Voilà ce qu'à fait de nous la politique, la raison d'état !...

Certes, jamais occasion plus belle ne s'offrit à des révolutionnaires. Tout le monde, la bourgeoisie elle-même, le sentait. Il répugne que la société ne soit autre chose que l'immolation systématique du grand nombre au plus petit, quand ce grand nombre se compose d'individus de même sang, doués d'aptitudes identiques, capables enfin de devenir à leur tour, par l'instruction et le travail, aussi savants, aussi artistes, aussi puissants inventeurs, aussi grands capitaines, aussi profonds hommes d'Etat, que leurs cousins de la classe gouvernante et bourgeoise.

Je n'ai nulle envie de rallumer des discordes éteintes. Je sais que je n'écris point un article du *Représentant du Peuple*, qu'il n'y a plus de multitude qui me lise, et que je remuerais en vain ce foyer qui n'est que cendre. La classe la plus nombreuse et la plus pauvre, cette grande armée du suffrage universel, que nous avons essayé d'affranchir par sa propre initiative, a donné par deux fois, au 10 décembre 1848 et au 20 décembre 1851, une réponse telle que la comportait l'état de son âme, la poésie de ses souvenirs et la naïveté de ses sentiments. Le peuple français, pour quelque temps encore, entend qu'on le gouverne, il ne m'en coûte rien de l'avouer, et il cherche un homme fort! Il a dévolu sa souveraineté au nom qui lui représentait la force : quelle idée d'avoir voulu faire, de cet enfant, un souverain! quelle fiction lamentable dans la série déjà si longue de nos fictions!... Je n'appellerai pas de ce *plébiscite*, qui me met à l'aise, et je n'entends en aucune façon infirmer le vote du 20 décembre. Le peuple, si ce n'est par raison, au moins par instinct, SAIT ce qu'il fait; seulement ce qu'il sait n'est pas à la hauteur de ce que nous, les gens de la classe moyenne et les bourgeois, nous savons. Ce ne sont pas les actes du peuple, parfaitement authentiques, quoi qu'on dise, et trop faciles à prévoir, que je discute. Je me demande : Comment, au 24 février, les chefs de la démocratie ont-ils résigné leurs pouvoirs entre les mains d'un pareil peuple; et comment celui-ci, à son tour, a-t-il trompé les espérances des démocrates?

Cette question, qui renferme le secret des événements postérieurs, et qui, après tout ce que l'on a dit et écrit depuis quatre ans, est encore toute neuve, on me pardonnera de la traiter avec une certaine diligence.

III.

DESIDERATA DE LA RÉVOLUTION AU 24 FÉVRIER.

L'éducation des peuples, dit Lessing, est comme celle des individus. Chaque progrès obtenu dans cette éducation amène la suppression d'un organe éducateur, et se résout pour le sujet en accroissement d'indépendance, cessation de discipline.

La révolution économique et anti-gouvernementale, en vue de laquelle on avait renversé la monarchie constitutionnelle, appelé dix millions de Français à l'exercice des droits politiques, créé la plus immense anarchie dont l'histoire fournisse l'exemple ; cette révolution, si grosse déjà de préparatifs, ne pouvait donc consister, d'une part, que dans l'abrogation, partielle ou totale, en tout cas progressive, des grands organismes qui à l'origine des sociétés servirent à dompter la nature rebelle des peuples ; en second lieu, dans l'extinction des dettes, la propagation du bien-être, la transformation de la propriété, l'annihilation des partis, enfin, et pour dire tout d'un seul mot, l'éducation sociale et égalitaire des masses.

Ainsi la religion, symbolique de la société, fut de tout temps la première manifestation intellectuelle du peuple; le sacerdoce, son premier maître.

Sans que la révolution témoignât la moindre haine pour le culte, il y avait lieu de se demander, en 1848, si, d'après le principe de la liberté religieuse et le progrès de la raison publique, on devait entretenir plus longtemps, aux frais de la nation, un corps aussi redoutable que le clergé; si le temps n'était pas venu pour la société française de commencer la renonciation au culte, considéré comme principe de morale et instrument d'ordre; s'il ne convenait pas à cette heure, dans l'intérêt des mœurs elles-mêmes, et sans dogmatiser aucunement, de transporter l'autorité religieuse au père de famille, comme on venait de transporter l'autorité politique au citoyen; d'apprendre aux masses que la prière n'est qu'un supplément de la réflexion, à l'usage des enfants et des simples; les sacrements et les mystères, une allégorie des lois sociales; le culte, un emblème de la solidarité universelle; de leur dire, enfin, que l'homme qui n'a de vertu privée, de fidélité aux engagements, de dévouement à la patrie, que par crainte de Dieu et peur du bourreau, loin d'être un saint, est tout simplement un scélérat?

Car, si l'on continuait de penser, avec quelques-uns, que le peuple ne peut se passer de culte; que s'il ne va plus à la messe, il dévastera les campagnes, brûlera les granges, pillera les magasins; qu'en admettant même, comme fait notoire, la décadence du catholicisme, la seule conséquence à tirer de ce fait serait de remplacer la religion officielle par une autre plus en harmonie avec les besoins et les idées, nullement d'abandonner un si grave intérêt à l'arbitre des consciences; qu'en attendant il était de bonne politique d'appeler les prêtres à la bénédiction des drapeaux de la liberté et aux funérailles de ses martyrs; si, dis-je, tel devait être le jugement de la démocratie sur l'importance des cultes, alors on avait eu tort de chasser la dynastie d'Orléans; il fallait s'en tenir à la réforme demandée par M. Duvergier de Haurane, appuyer simplement MM. Odilon Barrot et Thiers. La théorie démocratique de la liberté est incompatible avec la doctrine théologique de la grâce : il faut choisir entre Augustin et Pélage, deux maîtres qui s'excluent réciproquement. Point de révolution dans l'Église, point de république dans l'état.

Pour moi, j'avais une telle foi dans la moralité du peuple, malgré l'influence délétère du paupérisme, que je n'eusse point hésité à appuyer la liberté la plus entière, et en respectant les croyances individuelles, à mettre définitivement la religion hors de l'état, c'est-à-dire d'abord, hors du budget. Et certes, l'opinion des chefs de la démocratie sur l'importance ultérieure des idées religieuses ne peut non plus être un doute pour personne : leur principe leur défendait d'avoir du peuple une opinion si dégradante.

Mais ils n'osèrent assumer la responsabilité d'une décision aussi grave; ils crurent devoir en référer à la nation. Nous ne sommes pas le souverain, pensaient-ils; la religion est une de ses propriétés; il ne nous appartient pas de préjuger les dispositions de sa conscience, encore moins d'attirer sur la dé-

2.

mocratie la réprobation qui de tout temps s'est attachée aux athées !... Le peuple, l'Assemblée nationale, décidera.

C'est ainsi que les souvenirs sanglants et ob-
scènes de l'hébertisme arrêtèrent le parti républicain sur la pente de la liberté. Le passé de la
Révolution écrasait le présent : or, la question
renvoyée au jugement populaire, l'Église était sûre
du triomphe..

La même chose devait arriver pour le gouvernement.

Qu'est-ce que le gouvernement dans la société?
Le maillot, si j'ose ainsi dire, d'un peuple au ber-
ceau ; après le culte, l'organe principal de l'éducation des masses ; aux époques d'antagonisme, l'expression armée de la force collective.

Déjà le problème de la réduction à opérer dans
le pouvoir central avait été posé en 89. A moitié
résolu par la formation spontanée des gardes nationales et les fédérations de provinces, il avait
rendu possibles les journées des 14 juillet, 5 et 6
octobre, et 10 août. C'est sous l'influence de ce
principe que la France tout entière fut révolutionnée pendant les années 89, 90, 91, 92, et jusqu'au
31 mai 93 ; que se formèrent les bataillons de volontaires, et que le peuple se leva en masse sous la
terreur. Affirmé, quoique obscurément, par le
parti de la Gironde, combattu à la fois par les
royalistes de l'assemblée et par la Montagne, il
succomba dans la guerre civile allumée par la
journée du 31 mai. On peut dire qu'à dater de
cette époque la France a été rayée de nouveau de
la liste des nations libres ; en changeant de gouver-

nement, elle n'a plus fait que changer de tyrannie. Désorganisée, désarmée, muselée, sans point de ralliement, sans cohésion d'intérêts, ailleurs que dans l'état ; ne reconnaissant d'autorité que celle du centre ; accoutumée à le suivre comme le soldat suit son chef de file, elle a perdu jusqu'à la notion de son indépendance et de ses droits. Depuis soixante ans elle assiste aux tragédies de son gouvernement, réduite, pour toute initiative, à poursuivre ses maîtres tour à tour de ses vœux et de ses malédictions. Toute action propre lui est ôtée ; toute tentative pour la ressaisir et que n'appuie pas l'un au moins des pouvoirs constitués, est réprimée à l'instant et impitoyablement.

C'est ce dont on peut juger d'après le tableau de nos révolutions, pendant les soixante-quatre dernières années.

ANNALES DE LA LIBERTÉ, EN FRANCE,

DU 24 JANVIER 1789 AU 24 FÉVRIER 1848.

1789. — *24 janvier-4 mai.* — Convocation des États-généraux, rédaction des cahiers. La nation appelée à la vie politique, fait pour la première fois acte de volonté, exprime ses intentions, et nomme ses représentants.

20 juin. — Serment du Jeu de Paume : l'Assemblée des représentants se déclare souveraine, et supérieure à la prérogative royale.

14 juillet. — Le peuple appuie ses représentants ; la royauté est subalternisée ; les gardes nationales se *fédéralisent.*

1790. — *14 juillet.* — Grande *fédération* ; le roi prête serment à la nation ; la nation jure par la Révolution.

1791. — *14 juillet.* — Nouvelle *fédération.* La nation pardonne au roi : ELLE commande, IL exécute.

1792. — 10 *août*. — La royauté ne pouvant supporter sa condition inférieure, conspire contre la souveraineté nationale. Elle est vaincue : la nation se forme en *Convention* pour fonder une RÉPUBLIQUE.

1793. — 31 *mai - 2 juin*. — Réaction de l'idée d'autorité contre l'idée de liberté. La raison d'État, sous le nom de République *une et indivisible*, triomphe de la raison du Pays, accusée de *fédéralisme*. Le peuple appuie l'*unité :* la nation est remise sous le joug par les Jacobins. Commencement de la terreur.

Ici finit la période de liberté, inaugurée par la convocation des Etats-généraux.

1794. — 24 *février-5 avril*. — Élimination des Hébertistes et Dantonistes par la faction de Robespierre. Le pouvoir se concentre de plus en plus.

27-28 *juillet* (9 *thermidor*). — Le pouvoir incline à la dictature d'un seul. Révolution de palais, où Robespierre est vaincu par ses collègues du comité de Salut public. D'abord, la population n'ose s'y fier, et le triomphe de la Convention paraît douteux, tant le triumvir avait su éteindre la faculté politique dans les masses. Peu à peu les Parisiens se prononcent; Robespierre est guillotiné, et le pays, échappé de cette tyrannie, retombe sous celle des thermidoriens.

1795. — 1ᵉʳ *avril-20 mai* (12 *germinal-1ᵉʳ prairial*). — Insurrection du peuple de Paris contre les réacteurs de thermidor. Comprimée par l'autorité conventionnelle.

5 *octobre* (13 *vendémiaire*). — La désaffection est au comble. Si les élections demeurent libres, les royalistes seront nommés en majorité, et ce sera fait de la République. Une loi, dite du 13 fructidor, ordonne donc que les deux tiers des représentants seront choisis parmi les membres de la Convention. Révolte des sections : écrasée par Bonaparte.

1797. — 4 *septembre* (18 *fructidor*). — De nouvelles élections amènent une majorité royaliste. Coup d'état du Directoire, appuyé par l'armée et les jacobins. La constitution est violée, la représentation mutilée, et la République immolée pour la seconde fois par ses défenseurs.

1799. — 9 *novembre* (18 *brumaire*). — Révolution de palais, au profit de Bonaparte. La nation, qui n'a pas été consultée, se tait ou applaudit.

1814. — *Avril.* — Révolution de palais, au profit des Bourbons, revenus à la suite de l'étranger. La nation salue ses princes, qu'elle ne connaissait plus.

1815. — *Mars.* — Conspiration militaire et révolution de palais. Une partie de la nation bat des mains au retour de l'Empereur.

Juillet. — 2e restauration des Bourbons, par la faveur de l'étranger. L'autre partie de la nation, qui avait gardé le silence pendant les cent jours, prend sa revanche d'applaudissements, et les proscriptions commencent.

1830. — *Juillet.* — Un conflit s'élève entre les grands pouvoirs de l'État ; le peuple de Paris appuie les 221 ; le maréchal Marmont retire les troupes. Révolution de palais, au profit de Louis-Philippe.

1832-1834. — Émeutes républicaines et carlistes : vaincues par le gouvernement.

1839. — Coalition parlementaire : une société secrète essaye de profiter de la circonstance pour appeler le peuple aux armes. La couronne cède : révolution ministérielle.

1848. —22-24 *février.* — Conflit entre le ministère et l'opposition, soutenue par la garde nationale. Louis-Philippe s'enfuit, laissant la place aux républicains.

Non, ceux qu'a surpris l'attitude de la France au 2 décembre 1851 ne connaissent pas son histoire. Ils n'en ont retenu que les grandes dates parlementaires et militaires, prenant, les trois quarts du temps, l'action du pouvoir et des partis pour celle de la nation.

La France, qu'on le sache une fois, depuis soixante-quatre ans, n'a pas eu CINQ années d'existence nationale. Elle a vécu, de sa vie propre, du

24 janvier 1789, date de la convocation des Etats-généraux, jusqu'au 31 mai 1793, date de l'expulsion des Girondins. Pendant cette courte évolution, on voit le pays se subordonner le pouvoir, le diviser, le réduire ; les libertés locales et individuelles se former ; et si la situation est loin encore d'être heureuse, l'esprit et la volonté surgissent de partout dans le corps social. Après le 31 mai, le rapport est interverti : le pouvoir, comme sous les rois, se subordonne le pays ; la nation n'est plus qu'une partie intégrante de l'état ; le contenant est compris dans le contenu. On reconnaît, dans la centralisation préconisée par les Jacobins, l'influence de l'instinct populaire, plus facilement saisi de la notion simple du pouvoir que de l'idée compliquée du contrat social. La faculté politique s'absorbant de plus en plus dans les agents supérieurs de l'autorité, les citoyens perdent une à une toutes leurs libertés, et ne conservent pas même la sécurité de leurs correspondances. La société a disparu : c'est un domaine, avec ses régisseurs, ses employés, et ses fermiers.

Certes, on ne peut nier que les divers gouvernements qui se sont succédé en France après la mort de Louis XVI, n'en aient parfois tiré de grandes choses ; que, soit par leur initiative, soit par leur réaction, ils n'en aient fait jaillir de vives étincelles. Mais tout cela, encore une fois, est histoire d'état ; ce n'est pas l'histoire du peuple. Or, si le mot de démocratie signifie quelque chose, si c'est par elle et pour elle qu'avait eu lieu la révolution de février, c'était le cas, en 1848, de mettre fin à une anomalie monstrueuse, et, si l'on

n'osait aller jusqu'à l'*anarchie*, qui comme tout
principe indique plutôt un idéal qu'une réalité, on
ne pouvait du moins se refuser à une simplification
générale de l'institut politique.

Le peuple donc était-il déclaré hors de tutelle,
et *sui juris?* La centralisation, ce vaste champ
d'orgueil, devait être immédiatement attaquée, et
les citoyens envoyés en possession d'eux-mêmes.
On restituait, sauf les transitions à ménager, aux
départements et aux communes la gestion de leurs
affaires, le soin de leur police, la disposition de
leurs fonds et de leurs troupes. De quel droit des
individus, nommés par leurs pairs, auraient-ils prétendu savoir mieux à Paris ce qui convient aux provinces, que les électeurs eux-mêmes?... Pour faire
des Français, la première condition était de faire
des citoyens, c'est-à-dire, dans notre langue, des
gens *de leur pays*, ce qui ne peut s'obtenir que par
la décentralisation. On fondait l'armée dans les
gardes urbaines; on laissait aux intérêts en litige le
choix des arbitres, la forme des procédures, l'autorité des solutions......

Pensait on, au contraire, que dans cette démocratie sans dictateur, sans sénat, sans factotons et
sans mouchards, l'ordre ne durerait pas huit jours;
que le peuple avait besoin, suivant le style de
Rousseau, d'un prince, comme il avait besoin d'un
dieu; que hors de là, les particuliers se battraient
entre eux, que le faible serait livré à la merci du
fort, le riche exposé à l'envie du misérable; qu'une
force était nécessaire à la République, pour contenir les mauvaises passions, punir les délits, et donner aux honnêtes gens la sécurité?

Alors encore, puisque l'on devait conserver le système, c'était une hypocrisie de parler révolution, et l'on s'était rendu coupable d'attentat en renversant la dynastie. En proclamant le peuple souverain, on le trahissait doublement; d'abord, parce qu'il ne devait jouir que d'une souveraineté fictive; ensuite, parce que dans l'hypothèse il était indigne de l'exercer. Rien que l'attribution du droit de vote à ce peuple réputé ignare, capable des plus scandaleuses aberrations et des plus irréparables lâchetés, ce vote ne dût-il être donné que tous les cinq ans, était un crime contre le progrès et contre le genre humain.

Je n'ai pas besoin de dire quelle était sur ce point, comme sur l'autre, l'opinion du Gouvernement provisoire. Nul ne professait pour le peuple une plus haute estime ; et si la chose eût dépendu de ses sentiments, sans doute il eût à l'instant coupé les lisières. Mais, pour la seconde fois, *ils n'osèrent pas !* retenus qu'ils étaient par le préjugé général, et par cette crainte de l'inconnu qui trouble les plus grands génies. Bien loin de conseiller la démolition de l'autorité, quelques-uns conseillaient de s'emparer de la dictature : pourquoi faire, si l'on ne voulait ni de la suppression du culte, ni de la diminution de l'État, et, quant aux améliorations industrielles, qu'on n'était pas d'accord?... L'impossibilité de reconnaître le dictateur, et par-dessus tout le respect du principe démocratique, des considérations toutes de principes, apposèrent le *veto* sur les velléités d'exécution. La question politique fut dévolue, comme la question ecclésiastique, à l'Assemblée nationale : on put dès-lors prévoir qu'elle y serait enterrée. Là, il fut sous-entendu que le peuple étant mineur, on ne pouvait l'abandonner à ses propres conseils ; le gouvernementalisme fut maintenu avec un surcroît d'énergie ; on en fut quitte pour donner à la constitution nouvelle la qualification de démocratique, ce qui, à en juger d'après la rédaction publiée le 4 novembre 1848, était peut-être moins vrai que de la Charte de 1830....

Je ne m'étendrai pas sur la question économique, la plus grave de toutes. Posée dans ses véritables termes, elle ne me semble pas plus que les deux précédentes susceptible de contradiction.

La nation se divisant, ainsi qu'il a été dit, en trois catégories naturelles, dont l'une a pour formule : *Opulence et consommation improductive* ; l'autre, *Industrie et Commerce libre, mais sans garanties* ; la troisième, *Sujétion absolue et misère progressive* : le problème pour la Révolution était de résoudre la première et la troisième classe dans la seconde, les extrêmes dans le moyen ; et par-là de faire que tous, sans exception, eussent en proportion égale, le capital, le travail, le débouché, la liberté, et l'aisance. En cela consiste la grande opération du siècle, et l'objet, encore si peu compris, du socialisme. L'histoire et l'analogie des principes montrent que cette solution est la vraie.

Ce que le socialisme a nommé *exploitation de l'homme par l'homme*, à savoir, la rente du propriétaire, l'intérêt du capitaliste, la dîme du prêtre, le tribut de l'État, l'agio de l'entrepreneur et du négociant, toutes ces formes de prélibation de l'autorité sur le travail, ramenées à leurs origines,

3

aux premiers temps de la production humaine, sont un corrélatif du gouvernement et du culte, une des formes de l'initiation primitive. De même que l'homme ne s'est originairement discipliné que par la terreur religieuse et la crainte du pouvoir, il ne s'est livré au travail que forcé et contraint. Pour obtenir de lui un labeur quotidien, il a fallu le soumettre à une retenue quotidienne : au fond, la rente et l'intérêt ne sont que les instruments de cette éducation énergique.

Actuellement, le peuple de nos villes et de nos campagnes, dont la moyenne de salaire est de 41 centimes par jour et par tête ; ce peuple était-il capable de supporter, sans tomber dans la crapule et l'insolence, une part plus forte de richesse? Était-il à craindre, qu'en augmentant son bien-être, au lieu de doubler son activité et de le faire monter dans la vertu, on ne le précipitât dans la fainéantise et le vice? Fallait-il, de plus en plus, le tenir en bride par un rude labeur, un maigre salaire, et comme l'avaient pratiqué sur eux-mêmes le Christ, les apôtres, les moines du moyen âge, ne laisser d'espérance au prolétaire que dans une autre vie?

Poser ces questions, c'était les résoudre. La difficulté, pour le Gouvernement provisoire, n'était pas dans le but, elle était dans le moyen. Comment garantir le travail, ouvrir le débouché, équilibrer la production et la consommation, augmenter le salaire, attaquer la rente et l'intérêt, sans faire disparaître le crédit et arrêter la formation des capitaux?... L'émancipation du prolétariat se présentait à certains esprits comme la dépossession de la bourgeoisie; les projets variaient à l'infini, source in-tarissable de calomnies pour le parti républicain. Bref, ILS N'OSÈRENT PAS, ILS NE POUVAIENT PAS OSER ! Quand il y va de la fortune et de la liberté publique, nul en particulier n'a le droit de se charger de la réforme. Huber est convenu avec moi, à Doullens, qu'en prononçant le 15 mai la dissolution de l'Assemblée, il avait commis un acte d'usurpation. Le gouvernement provisoire se fût trouvé dans le même cas, en statuant, de son chef, sur la nécessité du culte et du gouvernement, et sur l'organisation du travail. L'opinion n'étant pas·faite, il ne lui appartenait pas de la devancer. Après tout, la misère du peuple est encore un moindre mal que l'arbitraire dans le pouvoir. Le droit au travail, décrété *en principe* par le Gouvernement provisoire, fut renvoyé pour l'organisation à l'Assemblée constituante, où les contradicteurs ne pouvaient manquer d'être en majorité. Croyez donc que les représentants des intérêts menacés allassent, dans des conditions pareilles, se dévouer à l'émancipation du prolétariat !...

Ainsi la démocratie, quelle que fût sa volonté et sa foi, se trouvait en face de questions sans fond ni rive. De toutes parts, la tradition de 89 aboutissait à l'inconnu. On ne pouvait pas reculer, on n'osait plus avancer. Il semblait bien à tous que la moralité publique s'était élevée, la richesse accrue, les principes d'ordre et de bien-être multipliés en tous sens; qu'il était juste, par conséquent, raisonnable, utile, de développer les libertés publiques, de donner plus d'essor à la liberté individuelle, d'émanciper les consciences, de faire au peuple une part plus large dans la félicité sociale. La révolution de 89 nous avait laissé à combler ces lacunes ; c'était pour avoir reculé devant cette œuvre que la monarchie de juillet, hypocrite et corruptrice, avait été renversée. Puis, quand on voulait mettre la main à l'œuvre, tout ce mirage de liberté, d'égalité, d'institutions républicaines, s'évanouissait. Au lieu d'une terre de promission, émaillée de bosquets, de vignobles, de moissons, d'eaux courantes, de vertes vallées, on ne découvrait qu'une plaine aride, silencieuse, sans limites !...

L'histoire n'est que le résultat des situations. La situation de la France, telle qu'elle existait en 1848, toute nation, par le progrès de ses idées, le jeu de ses institutions et de ses intérêts, y arrivera. C'est pour cela que l'histoire de France est l'histoire de tous les peuples, et que ses révolutions sont les révolutions de l'humanité.

Que les peuples s'instruisent donc à notre histoire ! Qu'est-ce qui a empêché la démocratie de 1848 de prendre une initiative révolutionnaire ? au premier regard, le respect de son principe et l'horreur de la dictature ; — après un examen plus approfondi, l'embarras des solutions, — en dernière analyse, et comme nous essayerons de le faire voir, un PRÉJUGÉ.

IV.

PRÉJUGÉ UNIVERSEL CONTRE LA RÉVOLUTION,
AU 24 FÉVRIER.
DÉSISTEMENT DES RÉPUBLICAINS.

En remontant de cause en cause le cours des manifestations sociales, il me semble reconnaître que ce qui depuis quatre siècles abuse les nations, ce qui met des entraves à l'esprit humain, ce qui a produit tous les maux de la première révolution et fait avorter le mouvement de 1848, c'est le préjugé généralement répandu touchant la nature et les effets du *progrès*. Les choses se passent, dans la société, d'une certaine façon ; nous les concevons d'une autre, à laquelle nous nous efforçons de la ramener : de là, une contradiction constante entre la raison pratique de la société et notre raison théorique, de là tous les troubles et fracas révolutionnaires.

Que le lecteur veuille bien me suivre quelques instants dans cette discussion que je tâcherai de rendre aussi courte et claire que possible.

Nous puisons notre conception du *progrès* dans

les sciences et dans l'industrie. Là nous observons qu'une découverte s'ajoute sans cesse à une découverte, une machine à une machine, une théorie à une théorie ; qu'une hypothèse, admise d'abord comme vraie, et plus tard démontrée fausse, est immédiatement, nécessairement, remplacée par une autre ; en sorte qu'il n'y a jamais ni vide ni lacune dans la connaissance, mais accumulation et développement continu.

Cette conception du *progrès* nous l'appliquons à la société, je veux dire aux grands organismes qui jusqu'à ce jour lui ont servi de formes. Ainsi nous voulons que toute constitution politique soit un perfectionnement de la constitution antérieure ; que toute religion présente une doctrine plus riche, plus complète, plus harmonique, que celle qu'elle remplace ; à plus forte raison que toute organisation économique réalise une idée plus vaste, plus compréhensive, plus intégrale, que celle du système précédent. Nous ne concevrions pas que tandis que la société avance sur un point, elle rétrogradât sur un autre. Et la première question que nous adressons aux novateurs qui parlent de réformer la société, d'abolir telle ou telle de ses institutions, c'est de leur dire : *Que mettez-vous à la place ?*

Les hommes qui s'occupent de gouvernement, les esprits prévenus d'idées religieuses, ceux qui se passionnent pour les constructions métaphysiques et les utopies sociales, et le vulgaire à leur suite, ne se peuvent figurer que la raison, la conscience, à plus forte raison la société, n'aient pas leur ontologie, leur constitution essentielle, dont l'affirmation, toujours plus explicite, est la *profession de foi* perpétuelle de l'humanité. Un système détruit, ils en cherchent un autre ; ils ont besoin de sentir leur esprit dans des universaux et des catégories, leur liberté dans des interdictions et des licences. Chose étonnante, la plupart des révolutionnaires ne songent, à l'instar des conservateurs qu'ils combattent, qu'à se bâtir des prisons ; ils ressemblent au compagnon, qui va d'auberge en auberge, d'atelier en atelier, amassant quelques écus, se perfectionnant dans son état, jusqu'à ce qu'enfin, de retour au pays, il tombe... en ménage !

Rien n'est plus faux que cette conception du progrès social.

Le premier travail de toute société est de se faire un ensemble de règles, essentiellement subjectives, œuvre des esprits spéculatifs, admise par le vulgaire sans discussion, que justifie la nécessité du moment, qu'honore de temps à autre l'habileté de quelque prince juste ; mais qui, n'ayant pas de fondement dans la vie de l'espèce, dégénère tôt ou tard en oppression. Aussitôt commence contre le pouvoir un travail de négation qui ne s'arrête plus. La liberté, prise pour contrôle, tend à occuper toute la place : tandis que le politique s'efforce de réformer l'état et cherche la perfection du système, le philosophe s'aperçoit que ce prétendu système est néant ; que la véritable autorité, c'est la liberté ; qu'au lieu d'une *constitution de pouvoirs créés*, ce que cherche la société est l'équilibre de ses forces naturelles.

Il en est ainsi, du reste, de toutes les choses qui procèdent de la pure raison. D'abord ces constructions semblent nécessaires, douées du plus haut degré de positivisme, et la question paraît être uni-

quement de les saisir dans leur absolu. Mais bientôt l'analyse s'emparant de ces produits purs de
l'entendement, en démontre le vide, et ne laisse
subsister à leur place que la faculté qui les a fait
rejeter toutes, la critique.

Ainsi, lorsque Bacon, Ramus, et tous les libres
penseurs eurent renversé l'autorité d'Aristote, et
introduit, avec le principe d'*observation*, la démocratie dans l'école, quelle fut la conséquence de
ce fait?

La création d'une autre philosophie?

Plusieurs le crurent, quelques-uns le croient
encore. Descartes, Leibnitz, Spinosa, Malebranche,
Wolf, aidés des nouvelles lumières, se mirent, sur
cette table rase, à reconstruire des systèmes. Ces
grands esprits, qui tous se réclamaient de Bacon,
et souriaient du Péripatétique, ne comprenaient pas
cependant que le principe, ou pour mieux dire la
pratique de Bacon, *l'observation*, directe et immé-
diate, appartenant à tout le monde, le champ où
elle s'exerce étant infini, les aspects des choses
innombrables, il n'y avait pas plus de place dans la
philosophie pour un système que pour une autorité.
Là où les faits seuls font autorité, il n'y a plus d'autorité; là où la classification des phénomènes est
toute la science, le nombre des phénomènes étant
infini, il n'y a plus qu'un enchaînement de faits
et de lois, de plus en plus compliqué et généralisé,
jamais de philosophie ni première ni dernière. Au
lieu donc d'une constitution de la nature et de la
société, la nouvelle réforme ne laissait à chercher
que le perfectionnement de la critique, dont elle
était l'expression, c'est-à-dire avec le contrôle im-

prescriptible et inaliénable des idées et des phénomènes, la faculté de construire des systèmes à l'infini, ce qui équivaut à la nullité de système. La
raison, instrument de toute étude, tombant sous
cette critique, était démocratisée, partant amorphe,
acéphale. Tout ce qu'elle produisait de son fonds,
en dehors de l'observation directe, était démontré
à priori vide et vain ; ce qu'elle affirmait jadis, et
qu'elle ne pouvait déduire de l'expérience, était
rangé au nombre des idoles et des préjugés. Elle-
même n'existant plus que par la science, confondant
ses lois avec celles de l'univers, devait être réputée
inorganique : c'était, par essence, une table rase ;
la raison était un être de raison. Anarchie complète, éternelle, là où des philosophes et théologiens avaient affirmé un principe, un auteur, une
hiérarchie, une constitution, des principes premiers et des causes secondes : telle devait être la
philosophie après Bacon, telle à peu de chose près
fut la critique de Kant. Après le *Novum Organum*
et la *Critique de la Raison pure*, il n'y a pas, il ne
peut pas y avoir de système de philosophie : s'il est
une vérité qui doive être réputée acquise, après les
efforts récents des Fichte, des Schelling, des Hegel,
des éclectiques, des néo-chrétiens, etc., c'est celle-
là. La vraie philosophie, c'est de savoir comment et
pourquoi nous philosophons ; en combien de façons
et sur quelles matières nous pouvons philosopher ;
à quoi aboutit toute spéculation philosophique. De
système il n'y en a pas, il ne peut pas y en avoir,
et c'est une preuve de médiocrité philosophique,
que de chercher aujourd'hui une philosophie.

Cultivons, développons nos sciences ; cherchons-

en les rapports ; appliquons-y nos facultés ; travail-
lons sans cesse à en perfectionner l'instrument, qui
est notre esprit : Voilà tout ce que nous avons à
faire, philosophes, après Bacon et Kant. Mais des
systèmes ! la recherche de l'absolu ! Ce serait folie
pure, sinon charlatanerie, et le recommencement
de l'ignorance.

Passons à un autre objet.

Lorsque Luther eut nié l'autorité de l'Église
romaine et avec elle la constitution catholique, et
posé ce principe, en matière de foi, que tout chrétien a le droit de lire la Bible et de l'interpréter,
suivant la lumière que Dieu a mise en lui ; lorsqu'il
eut ainsi sécularisé la théologie, quelle fut la conclusion à tirer de cette éclatante revendication ?

Que l'Église romaine, jusqu'alors la maîtresse et
l'institutrice des chrétiens, ayant erré dans la doctrine, il fallait assembler un concile de vrais fidèles
qui rechercheraient la tradition évangélique, réta-
bliraient la pureté et l'intégrité du dogme, premier
besoin de l'église réformée, et constitueraient pour
l'enseigner, une nouvelle chaire ?

Ce fut en effet l'opinion de Luther lui-même, de
Mélanchthon, de Calvin, de Bèze, de tous les
hommes de foi et de science qui embrassèrent la
Réforme. La suite a montré quelle était leur illusion. La souveraineté du peuple, sous le nom de
libre examen, introduite dans la foi comme elle
l'avait été dans la philosophie, il ne pouvait pas
plus y avoir de confession religieuse que de système
philosophique. C'était en vain qu'on essayerait, par
les déclarations les plus unanimes et les plus so-
lennelles, de donner un corps aux idées protes-

tantes : on ne pouvait pas, au nom de la critique, engager la critique; la négation devait aller à l'infini, et tout ce qu'on ferait pour l'arrêter était condamné d'avance comme une dérogation au principe, une usurpation du droit de la postérité, un acte rétrograde. Aussi plus les années s'écoulèrent, et plus les théologiens se divisèrent, plus les églises se multiplièrent. Et en cela précisément consistait la force et la vérité de la Réforme, là était sa légitimité, sa puissance d'avenir. La Réforme était le ferment de dissolution qui devait faire passer insensiblement les peuples de la morale de crainte à la morale de liberté : Bossuet, qui fit aux églises protestantes un grief de leurs variations, et les ministres qui en rougirent, prouvèrent tous par là combien ils méconnaissaient l'esprit et la portée de cette grande révolution. Sans doute ils avaient raison, au point de vue de l'autorité sacerdotale, de l'uniformité du symbole, de la croyance passive des peuples, de l'absolutisme de la foi, de tout ce que le mouvement critique, déterminé par Bacon, allait démontrer insoutenable et vain. Mais le papisme, en niant le droit à la pensée et l'autonomie de la conscience; le protestantisme, en voulant se soustraire aux conséquences de cette autonomie et de ce droit, méconnaissaient également la nature de l'esprit humain. Le premier était franchement contre-révolutionnaire ; l'autre, avec ses transactions perpétuelles, était doctrinaire. Tous deux, bien qu'à un degré différent, se rendaient coupables du même délit : pour assurer la croyance ils détruisaient la raison ; quelle théologie !...

Le comprendrons-nous, enfin ? Depuis le jour où Luther brûla publiquement à Wittemberg la bulle du pape, il n'y a plus de confession de foi, plus de catéchisme possible. La légende chrétienne n'est plus que la vision de l'Humanité, ainsi que l'ont exposé tour à tour, après Kant et Lessing, Hegel, Strauss, et en dernier lieu Feuerbach. C'est là la gloire de la Réforme ; c'est par là qu'elle a bien mérité de l Humanité, et que son œuvre, en reprenant celle du Christ, déjà trahie par les constituants de Nicée, surpasse celle de son auteur.

De même que toute philosophie depuis Bacon se réduit à cette règle, *Observer avec exactitude, analyser avec précision, généraliser avec rigueur* ; pareillement toute religion depuis Luther se réduit à ce précepte, formulé par Kant, *Agis de telle sorte que chacune de tes actions puisse être prise pour règle générale.* Au lieu de dogmes, au lieu d'un rituel, ce que nous voulons désormais, pour la raison et pour la conscience, c'est une règle de conduite. Laissons donc cette manie de substitutions : ni l'église d'Augsbourg, ni celle de Genève, ni aucune confrérie de quakers, moraves, mômiers, francs-maçons, etc., ne remplacera jamais l'Église romaine. Tout ce que l'on entreprendrait à cet égard serait contradictoire et rétrograde ; il n'y a pas, au fond de la pensée humaine, de nouvel édifice religieux : la négation est éternelle.

De la religion, venons à la politique.

Lorsque Jurieu, appliquant au temporel le principe que Luther avait invoqué pour le spirituel, eut opposé au gouvernement de droit divin la souveraineté du peuple, et transporté la démocratie dé l'Église dans l'état, quelle conséquence durent tirer de cette nouveauté les publicistes qui se chargèrent de la répandre ?

Qu'aux formes du gouvernement monarchique il fallait substituer les formes d'un autre gouvernement, qu'on supposait en tout l'opposé du premier, et qu'on appelait, par anticipation, gouvernement républicain ?

Telle fut, en effet, l'idée de Rousseau, de la Convention, et de tous ceux qui, après la mort de Louis XVI, par conviction ou par nécessité, s'attachèrent à la République. Après avoir démoli, il fallait édifier, pensait-on. Quelle société pourrait subsister sans gouvernement ? Et si le gouvernement est indispensable, comment se passer de constitution ?

Eh bien ! ici encore l'histoire prouve, et la logique est d'accord avec l'histoire, que ces réformateurs politiques se trompaient. Il n'y a pas deux sortes de gouvernements, il n'y en a qu'une : c'est le gouvernement monarchique héréditaire, plus ou moins hiérarchisé, concentré, équilibré, suivant la loi de propriété d'une part, et de la division du travail de l'autre. Ce qu'on appelle ici aristocratie, là démocratie ou république, n'est qu'une monarchie sans monarque ; de même que l'église d'Augsbourg, l'église de Genève, l'église anglicane, etc., sont des papautés sans papes, de même que la philosophie de M. Cousin est un absolutisme sans absolu. Or, la forme du gouvernement royal une fois entamée par le contrôle démocratique, que la dynastie soit conservée comme en Angleterre ou supprimée comme aux États-Unis, peu importe, il est nécessaire que de dégradation en dégradation cette forme périsse tout entière, sans que le vide qu'elle laisse après elle puisse être jamais comblé. En fait de gouvernement, après la royauté, il n'y a rien.

Assurément, le passage ne peut s'effectuer en un jour ; l'esprit humain ne s'élance pas d'un seul bond du *Quelque chose* au RIEN ; et la raison publique est encore si faible ! Mais ce qui importe est de savoir où nous allons, et quel principe nous mène. Que les Feuillants, les Constitutionnels, les Jacobins, les Girondins, que la Plaine et la Montagne se réconcilient donc ; que *le National* et *la Réforme* se donnent la main ; ils sont tous également anarchistes : la souveraineté du peuple ne signifie que cela. Dans une démocratie, il n'y a lieu, en dernière analyse, ni à constitution ni à gouvernement. La politique, dont on a écrit tant de volumes, et qui fait la spécialité de tant de profonds génies, la politique se réduit à un simple contrat de garantie mutuelle, de citoyen à citoyen, de commune à commune, de province à province, de peuple à peuple, variable dans ses articles suivant la matière, et révocable *ad libitum*, à l'infini...

Une philosophie, ou théorie *à priori* de l'Univers, de l'Homme et de Dieu, après Bacon ; une théologie, après Luther ; un gouvernement, après qu'on a posé en principe la souveraineté du peuple : triple contradiction. Sans doute, encore une fois, il n'était pas dans la nature du génie philosophique de reconnaître et de proclamer, aussitôt après la publication du *Novum Organum*, sa propre déchéance ; et c'est pour cela qu'après Bacon, et jusqu'à nos jours, il a paru des systèmes de philosophie. Sans doute encore il répugnait à la conscience religieu·e, émue aux accents de Luther, l'homme le plus religieux de son siècle, de s'avouer anti-chrétienne et athée, et c'est pour cela qu'après Luther, et jusque sous la république de février, il y a eu tant d'effervescence religieuse. Sans doute, enfin, l'esprit gouvernemental, dans la pensée même de ceux qui criaient le plus haut contre le despotisme, ne pouvait d'emblée accepter sa démission; et c'est pour cela que depuis 89 nous en sommes à notre huitième constitution. L'humanité ne déduit pas avec tant de promptitude ses idées, et ne fait point de si grands sauts : il ne m'en coûte rien de le reconnaître.

Mais ce qui est certain aussi, c'est que ce mouvement philosophique, politique, religieux, qui s'accomplit depuis quatre siècles, en sens évidemment inverse, est un symptôme, non de création, mais de dissolution. La philosophie, en s'appuyant de plus en plus sur les sciences positives, perd son caractère d'à priori, et ne conserve d'originalité qu'en faisant sa propre critique; la philosophie, au dix-neuvième siècle, c'est l'HISTOIRE de la philosophie. D'autre part la religion, se dépouillant de son dogmatisme, se confond avec l'esthétique et la morale : si de nos jours l'étude des idées religieuses a acquis un si puissant intérêt, c'est seulement comme histoire naturelle de la formation et des premiers développements de l'esprit humain, et nous ne saurions blâmer trop fortement les auteurs de l'*Encyclopédie nouvelle* de leur tendance à une reconstitution des idées religieuses. La religion, pour nous, c'est l'archéologie de la raison. Quant à la politique, le travail de négation qui la dévore n'est pas moins visible ; je n'en veux pour preuve que la Constitution de 1848, posant ellemême, en tête de ses articles, sa propre *perfectibilité*, et déterminant à la fin les conditions de sa révision !...

Ainsi le progrès, en ce qui concerne les institutions les plus anciennes de l'humanité, la philosophie, la religion, l'état, est une négation continue, je ne dis pas sans compensation, mais sans reconstitution possible. Qu'on me permette de citer, de ce mouvement si peu compris, un dernier exemple, le plus important pour notre époque.

Lorsque dans la nuit du 4 août, après avoir aboli les droits féodaux, l'Assemblée Constituante prononça celle des maîtrises, jurandes, corporations, et posa le principe du *libre travail*, du *libre échange*, quelle conclusion y avait-il à déduire encore de cette démocratisation de l'industrie, de l'agriculture et du commerce, pour l'économie de la société ?

Que les institutions antérieures étant détruites, il fallait les remplacer par d'autres ; qu'à l'ancienne organisation du travail, il fallait suppléer par une organisation nouvelle ?

Beaucoup le pensèrent, et cette opinion est encore aujourd'hui la plus suivie. Malouet, constituant, qui le premier parla du droit au travail ; à la Convention, Saint-Just et Robespierre ; Babeuf, après thermidor ; M. Royer-Collard, sous la Restauration ; le socialisme tout entier depuis 1830 ; en 48 le Gouvernement provisoire, adoptèrent cette idée. Jetée dans les masses elle devait y obtenir une vogue immense ; elle reçut dans les ateliers nationaux un commencement de réalisation, et détermina la révolte de juin.

Pour moi, je n'ai point hésité à le dire : l'organisation des travailleurs, conçue dans le sens et comme perfectionnement des institutions de saint Louis, est incompatible avec la liberté du travail et de l'échange. Sur ce point, comme dans la question du culte et de l'état, la négation est perpétuelle ; le progrès, ce n'est pas la constitution du groupe, qui reste éternellement spontanée et libre, c'est l'exaltation de l'individu.

Que de fois n'ai-je pas entendu exprimer ce vœu dans les réunions populaires : Ah ! si les chefs d'école pouvaient s'entendre ! S'ils pouvaient, une fois, convenir entre eux d'un plan, d'un programme, le plus simple possible ; d'un certain nombre d'articles organiques, qui deviendraient le *Credo* des travailleurs !... Plus de divisions, alors, plus de rivalités : la démocratie serait unie, et la Révolution sauvée !

Elle eût été perdue la Révolution, si les socialistes s'étaient entendus.

Il n'y a pas dans l'ordre économique de système agricole-mercantile-industriel, il n'y en aura jamais ; pas plus qu'il n'y a, pour la libre pensée, de système philosophique ; pour la conscience, de théologie ; pour la liberté, de gouvernement. C'est temps perdu, ignorance, folie, que de le chercher ; c'est de la contre-révolution. La perfection économique est dans l'indépendance absolue des travailleurs, de même que la perfection politique est dans l'indépendance absolue du citoyen. Cette haute perfection ne pouvant être réalisée dans son

idéal, la Société s'en approche de plus en plus par
un mouvement d'émancipation continuel. Réduire
indéfiniment les charges qui grèvent la production, les prélèvements opérés sur le salaire, les re-
tenues imposées à la circulation et à la consommation; diminuer les fatigues du travail, les difficultés de la main-d'œuvre, les entraves au crédit et
au débouché, les lenteurs de l'apprentissage, les
soubresauts de la concurrence, les inégalités de
l'éducation, les hasards de la nature, etc.; par un
contrat de garantie et de secours mutuel : voilà,
dans l'ordre de la richesse, toute la Révolution,
voilà le progrès. L'économie sociale n'est point
une constitution, à la manière de la féodalité ou
des castes de l'Inde, un système tel que les utopies
de Fourier et des Saint-Simoniens. C'est une science
qui a pour objet de résoudre, par une méthode
d'équation spéciale, les problèmes divers qu'engendrent les notions de *travail, capital, crédit,
échange, propriété, impôt, valeur*, etc., etc. Il n'y
a rien à substituer aux anciennes corporations
d'arts et de métiers : c'est la liberté qui nous l'en-
seigne; c'est la Révolution, le progrès, la science
économique qui nous l'attestent.

Ainsi, au rebours de ce que supposent généralement les réformateurs et révolutionnaires, l'Humanité, en ce qui touche ses formes primitives et son organisation préparatoire, ne marche point à des re-
constitutions; elle tend à un dévêtissement, si j'ose
me servir de ce terme, à une désinvolture complète.
Plus d'ontologie, plus de panthéisme, d'idéalisme,
de mysticisme : l'esprit purgé par la méthode ba-
conienne, n'admet pas de conception *à priori*, ni

petite ni grande, sur Dieu, le monde et l'humanité. Plus de religions dogmatiques, de constitutions gouvernementales, d'organisations industrielles; plus d'utopies, ni sur la terre, ni dans le ciel. La conscience, la liberté et le travail, de même que la raison, ne souffrent ni autorité, ni protocole. Il implique que la raison se préjuge elle-même dans un *à priori*, cet *à priori* fût-il son ouvrage : elle ne serait plus raison; — que la conscience reçoive son critérium d'une source étrangère : elle ne serait plus conscience; — que la liberté se subordonne à un ordre préétabli : elle ne serait plus liberté, elle serait servitude; — que le travail se laisse atteler dans un organisme prétendu supérieur : il ne serait plus travail, il serait machine.

Ni la conscience, ni la raison, ni la liberté, ni le travail, forces pures, facultés premières et créatrices, ne peuvent, sans périr, être mécanisées, faire partie intégrante ou constituante d'un sujet ou objet quelconque : elles sont, par nature, sans système et hors série. C'est en elles-mêmes qu'est leur raison d'être, c'est dans leurs œuvres qu'elles doivent trouver leur raison d'agir. En cela consiste la personne humaine, personne sacrée, qui apparaît dans sa plénitude et rayonne de toute sa gloire à l'instant où, rejetant bien loin tout sentiment de crainte, tout préjugé, toute subordination, toute participation, elle peut dire avec Descartes, *Cogito, ergo sum;* je pense, je suis souveraine, je suis Dieu (1)!...

(1) On trouvera cette théorie du progrès développée plus au long dans un opuscule qui paraîtra incessamment.

Si les hommes du Gouvernement provisoire avaient été convaincus de la vérité de ces idées, combien la Révolution leur eût été légère ! Avec quel calme, quelle sécurité, ils eussent abordé leur tâche ! Et de quel dédain ils eussent accueilli cette clameur qui commençait à s'élever contre la démocratie, et qui demeurant sans réponse, ne soulevant que des protestations embarrassées, honteuses, devait sitôt l'engloutir : « Quoi ! toujours nier ! » toujours détruire ! toujours des ruines ! toujours » le néant ! C'est là ce qu'on nomme progrès et » liberté !... »

A Dieu ne plaise que j'inculpe ici des hommes qui tous, agissant dans la mesure de leurs lumières, ont obéi à leur conscience, et n'ont pas cru pouvoir assumer la responsabilité de si grandes choses. J'ai pu combattre les opinions de presque tous ; je n'ai jamais mis en doute la probité, le dévouement d'aucun. Ils ont quitté le pouvoir, les mains pures de rapine et de sang. Le seul dont la vertu parut alors suspecte, Armand Marrast, vient de mourir pauvre, ne laissant pas de quoi payer ses funérailles. Toute leur ambition, après avoir exercé deux mois un pouvoir auquel rien, si ce n'est leur conscience, ne fixait de limites, a été de remettre au nouveau pays légal le soin de ses destinées, et de rendre, fidèles commis, des comptes justes. Poursuivis par les souvenirs de 93, que déjà la calomnie évoquait contre eux, et pleins de l'idée que la République avait plus à fonder qu'à détruire ; ne voulant ni passer pour démolisseurs, ni usurper la souveraineté nationale, ils se sont bornés à maintenir l'ordre, et à rassurer les intérêts. Ils n'ont parlé au peuple que de fraternité, de tolérance, de sacrifice. Ils auraient cru forfaire à leur mandat, en sortant des voies légales, et jetant, de leur autorité précaire, le peuple dans la Révolution.

On criait, autour d'eux, que la religion était menacée. Ils ont appelé la bénédiction de l'Église sur la République, introduit le clergé dans l'Assemblée nationale.

On répandait que la Révolution allait désorganiser l'Etat, que la démocratie, c'était l'anarchie. Ils ont répudié la tradition d'Hébert, et pris pour devise les mots sacramentels : *Unité, indivisibilité de la République, séparation des pouvoirs, Constitution.*

Le socialisme était accusé de prêcher le pillage, la loi agraire. Ils ont sauvé la Banque en donnant cours forcé à ses billets, consolidé la dette flottante, avec un bénéfice énorme pour les porteurs de bons du Trésor et les déposants de la Caisse d'épargne. Plutôt que de recourir à des moyens sommaires, extra-légaux, contre les riches, ils ont préféré, dans le besoin urgent de la République, demander au peuple son dernier sou, et rogner leurs propres traitements. Partout ils ont mis l'honnêteté à la place de la politique, se détournant avec dégoût des hypocrisies princières et des violences de la démagogie.

Et cependant, quels prétextes, quels exemples, ne pouvaient-ils pas invoquer !

De tout temps la multitude a cru que la morale n'obligeait pas les dépositaires de sa puissance, et que ce qu'ils faisaient était bien, pourvu qu'il lui fût, à elle, profitable. Le sénat romain obéissait à ce sentiment de la plèbe, quand il mettait César *au-dessus des lois*, et le déclarait possesseur de toutes les femmes. L'Eglise romaine et l'Eglise réformée exprimèrent tour à tour la même licence, la première, en canonisant Charlemagne polygame, la seconde en dispensant le landgrave de Hesse de la fidélité à son épouse. La morale, tant décriée, des jésuites, n'est pas autre chose que la systématisation de ce principe, qui élève, à certaines conditions, la force au-dessus de la loi, le génie au-dessus des règles! Pouvoir, aux yeux du peuple, dispense de vertu : c'est précisément la théorie des quiétistes, que Bossuet combattait en Fénelon.

Les hommes du Gouvernement provisoire firent de la *République* le synonyme de Moralité. Ils furent pieux, modestes, pleins d'honneur et de scrupule, prompts au dévouement, esclaves de la légalité, gardiens incorruptibles de la pudeur démocratique, vrais surtout. Ils ont porté haut l'héroïsme républicain. De toutes les choses qu'ils pouvaient faire dans le sens de la Révolution, leur religion n'a osé s'en permettre qu'une seule, et il s'est trouvé que cette chose, commandée par le principe, était, au point de vue de la cause, trop avancée, et souverainement impolitique : le suffrage universel!...

Or, la Révolution ayant été signalée, et point faite; le Gouvernement provisoire, par une sorte d'horreur du vide, s'étant abstenu : que pouvait-il sortir de la situation?

Il est facile de le comprendre.

L'essence de toute révolution est de déplacer la masse des intérêts, d'en froisser quelques-uns, d'en créer un beaucoup plus grand nombre. Par cela même, toute révolution a pour adversaires naturels les intérêts qu'elle inquiète, comme elle a pour partisans ceux qu'elle soigne.

D'après cette loi, d'expérience historique et de sens commun, la République, chargée des destinées de la Révolution, allait donc avoir pour ennemis tous les représentants des intérêts qu'elle menaçait, ennemis d'autant plus implacables qu'ils auraient vu le péril de plus près, et que la Révolution, trompée dans son attente, se débattrait avec plus de rage contre l'abstention dont on lui faisait une loi. *Qui tient tient, badin qui demande!* La Révolution n'ayant rien pris, il ne lui serait rien accordé. Une coalition se forma, contre la démocratie, de tout ce qui, à tort ou à raison, avait eu peur : propriétaires, manufacturiers, le commerce, la Banque, le clergé, le paysan, les corps constitués, les états-majors, les deux tiers du pays, enfin. Le 15 mai, le 24 juin, la démocratie révolutionnaire essaye de reprendre le commandement : on lui oppose sa propre loi, le suffrage universel ; elle est terrassée. Alors le duel se transporte sur le terrain de la nouvelle Constitution : mais cette Constitution, hélas! quelle qu'elle fût, c'était le gage de la retraite des démocrates.

Pour moi, je ne m'en cache pas. J'ai poussé de toutes mes forces à la désorganisation politique, non par impatience révolutionnaire, non par amour d'une vaine célébrité, non par ambition, envie ou haine ; mais par la prévoyance d'une réaction inévitable, et, en tout cas, par la certitude où j'étais que dans l'hypothèse gouvernementale où elle persistait à se tenir, la démocratie ne pouvait opérer rien de bon. Quant aux masses, si pauvre que fût leur intelligence, si faible que je connusse leur vertu, je les craignais moins en pleine anarchie qu'au scrutin. Chez le peuple, comme chez les enfants, les crimes et délits tiennent plus à la mobilité des impressions qu'à la perversité de l'âme; et je trouvais plus aisé, à une élite républicaine, d'achever l'éducation du peuple dans un chaos politique, que de lui faire exercer sa souveraineté, avec quelque chance de succès, par voie électorale.

De nouveaux faits ont rendu inutile cette tactique désespérée, pour laquelle j'ai bravé longtemps l'animadversion publique; et je me rallie sans réserve aux hommes honnêtes de tous les partis, qui, comprenant que *démocratie* c'est *démopédie*, éducation du peuple; acceptant cette éducation comme leur tâche, et plaçant au-dessus de tout la LIBERTÉ, désirent sincèrement, avec la gloire de leur pays, le bien-être des travailleurs, l'indépendance des nations, et le progrès de l'esprit humain.

V.

LE 2 DÉCEMBRE.

La situation faite, les événements vont se déduire.
Tandis que la classe nantie jure haine à la république; que le parti républicain, tombé en constitutionnalisme, donne son désistement, Louis Bonaparte, porté par cinq millions et demi de voix,
devient l'organe de la révolution. Ainsi va la logique des choses, que la compétition des partis, le
chassé-croisé des intrigues, l'animation des personnalités, ne nous permettent pas de comprendre.

Quel que fût l'élu du 10 décembre, en effet, produit d'une situation révolutionnaire, il était forcé
de devenir, à peine d'une prompte déchéance, l'organe de la révolution. La coalition des réacteurs,
en appuyant Louis Bonaparte, agit comme si, en
s'assurant de l'homme, elle pouvait conjurer la
chose; — la démocratie, de son côté, en persistant
après l'élection dans une opposition trop bien justi-
fiée, oublia trop souvent aussi que sa cause ne pouvait dépendre du bon plaisir de celui que la révo-

4

lution venait de se donner pour chef. Contradiction des deux parts, qui devait en amener une foule d'autres.

J'insiste sur ce principe que j'ai eu l'occasion déjà de rappeler : le chef d'état, même héréditaire, ne représente pas un parti, n'hérite point d'une propriété; il représente une situation, il hérite d'une nécessité. Les rois de France de la troisième race, qui, avec des tempéraments très-différents, poursuivirent tous, et de main en main, la même œuvre, l'abolition de la féodalité; de nos jours Robert Peel, qui, chef des torys, ne cessa de combattre la politique des torys, en sont de beaux exemples.

Louis-Bonaparte, indépendamment des sympathies populaires qui l'avaient élevé au pouvoir, était donc, après le 10 décembre, le représentant de la révolution ; par son alliance avec les chefs des vieux partis, au contraire, et par l'opposition des républicains, il était le chef de la contre-révolution. Ce renversement de rôles, qui mettait tout le monde dans une situation fausse, faillit coûter cher au nouveau président. Il était ruiné sans ressource, si dès la fin de 1849 il n'eût désavoué, d'une manière plus ou moins directe et formelle, la politique de la majorité; si surtout cette majorité ne lui eût ménagé, dans la loi du 31 mai 1850, une branche de salut....

Passons sur les années 1849, 50, 51, et arrivons de suite au 2 décembre.

L'apparition de la démocratie aux affaires n'avait produit en réalité qu'un résultat, c'était de populariser, au moins pour quelque temps, le suffrage

universel, en le présentant au peuple comme l'instrument infaillible de la révolution sociale. Or, la
loi du 31 mai ayant réduit d'un tiers, et dénaturé
par le système des exclusions, le suffrage universel;
la démocratie, de son côté, faisant du maintien de
cette loi un *casus belli* pour 1852, l'occasion était
décisive pour Louis Bonaparte. Sa réélection dépen-
dant de sa popularité, et sa popularité de la conduite qu'il allait tenir sur le rétablissement du suffrage universel, toute la question pour lui était de
savoir si, en appuyant la loi que ses ministres
avaient votée, il se ferait le Monck d'une nouvelle
restauration ; ou bien si, en se joignant aux républicains, il deviendrait une seconde fois le chef visible de la révolution. Avec la majorité royaliste,
Louis Bonaparte descendait du fauteuil, comme
Cincinnatus, Monck, Washington, tout ce qu'on
voudra, n'emportant pas même une pension de
retraite ; joint aux démocrates, c'est-à-dire au principe démocratique, il était à la tête d'une force supérieure, et sans concurrent possible. La constitution lui donnait congé, sans doute ; mais le peuple
le rappellerait!... Que Louis Bonaparte, en vertu
de son initiative, proposât donc l'abrogation de la
loi du 31 mai, et mît ainsi la cause du suffrage universel sous sa protection : toute sa popularité lui
revenait à l'instant; il devenait, *ipso facto*, et malgré tout, maître de la position.

Et d'abord il gagnait à cette conduite deux avantages immenses : le premier, de faire voter avec
lui, pour lui, quelque répugnance qu'elle en eût,
toute la gauche, et par là de se montrer aux yeux
du peuple comme le chef de la révolution, puis-

qu'il était d'accord avec les révolutionnaires ; — le second, de placer la majorité dans la triste alternative, ou d'être entièrement subalternisée, déconsidérée, si elle suivait le Président, ou de donner elle-même le signal de la guerre civile, si elle persistait. A lui le beau rôle, à elle le personnage odieux. Ce dernier parti était le pire, puisque la majorité se prononçant pour le maintien de la loi, sacrifiant à une question de dignité toutes les chances de sa cause, et le Président refusant de prêter main-forte à ses décrets, dans ce conflit entre la monarchie et la démocratie Louis Bonaparte apparaissait à la fois, au peuple comme le défenseur de son droit, à la bourgeoisie comme le protecteur de ses intérêts.

Ce fut pourtant ce parti que choisit la majorité. L'histoire flétrira ces intelligences décrépites, ces consciences impures, qui préférèrent à une réconciliation avec la gauche le risque des libertés, et qui, dans une situation aussi nette, pouvant d'un mot annuler la fortune de Bonaparte, travaillèrent de tout leur pouvoir, de toutes leurs roueries, au triomphe de l'homme qu'elles haïssaient.

Du 4 au 30 novembre 1851, l'action marche avec une prestesse militaire. L'Élysée propose, dans son message, le rappel de la loi du 31 mai : la Montagne appuie. L'Élysée s'abstient de voter sur la loi municipale : la Montagne l'imite. L'Élysée, s'emparant du système d'abstention, recommande aux électeurs de ne se pas présenter aux comices de Paris : la démocratie, engagée par ses précédents, s'abstient également. L'Élysée, enfin, repousse la proposition des questeurs : la Montagne vote comme lui. La Montagne et l'Élysée font corps, la fusion paraît complète.

On a critiqué ce dernier vote des Montagnards : à mon avis, c'est sans justice. Déjà ils étaient dominés, absorbés : une volte-face du côté de la majorité n'eût servi qu'à rendre la situation plus compliquée, plus périlleuse, sans rien enlever de ses avantages au Président.

Par la proposition de rappel, ne l'oublions pas, Bonaparte était devenu le défenseur armé du suffrage universel ; la faveur du peuple pour lui, en ce moment, était au niveau du 10 décembre 1848. Lui ôter le commandement de l'armée, et livrer ce commandement au général Changarnier, à la contre-révolution, c'était pour la Montagne une inconséquence qu'expliquait sans doute la haine de l'homme, mais inexcusable devant la logique. Or, c'est la logique qui mène les affaires ; le sentiment n'y est qu'une cause de déception. On a dit que, le Président renversé, la Montagne aurait eu bon marché d'une majorité impopulaire. Peut-être : le 2 décembre a fait voir comment l'armée observe la discipline, et Changarnier, armé d'un décret de l'Assemblée, n'eût pas moins fait de besogne que Saint-Arnaud. Mais qui ne voit que si la Montagne se fût tournée contre le Président, le Président, résolu à ne pas céder, se serait insurgé au nom du suffrage universel contre l'Assemblée, que le peuple se serait joint à celui qui portait le drapeau de ses droits ; que la Montagne n'aurait pu suivre jusqu'au bout les conséquences de son vote, et aurait fini par se rallier à Bonaparte ; qu'alors, son inconséquence eût éclaté au grand jour ; et

4.

qùé, victorièùsè ou vaincue èn còmpagnie de l'Élysée, elle perdait, avec sa dignité, le fruit de sa tactique?

Pour moi, je partage entièrement l'opinion exprimée par Michel (de Bourges) et Victor Hugo. Ils ne pouvaient pas, comme ils l'ont dit, armer la loi du 31 mai, la contre-révolution; ils ne pouvaient, sans abandonner la politique des principes pour celle des personnalités, mettre à ce point leur conduite en opposition avec leurs paroles. Le rejet du rappel de la loi du 31 mai et la proposition des questeurs étaient deux actes solidaires, que le bon sens défendait de scinder. Autant, par la proposition de l'Élysée, on rentrait dans la Constitution, autant, par celle des questeurs, vraie escobarderie, on en sortait. Voter aujourd'hui pour le suffrage universel, c'était prendre l'engagement de voter demain contre l'érection d'une dictature en opposition à la présidence : tout le malheur de la Montagne, dans cette occasion, a été de ne pas embrasser résolument la situation qui lui était faite, d'accepter, telle quelle, son alliance du moment avec l'Élysée, et d'en poursuivre jusqu'au bout les conséquences.

Mais les passions trop animées, les ressentiments trop âcres, ne laissaient plus de place à la réflexion. A partir du 17 novembre, les rôles sont complétement intervertis, au détriment de la majorité, et sans bénéfice pour la Montagne. Au lieu de subalterniser la première, l'Élysée traîne à sa remorque la seconde, et comme il n'est l'allié d'aucune, il les domine toutes deux. La gauche sentait parfaitement ce qu'avait de fâcheux pour elle son attitude : ses orateurs et ses journaux n'épargnèrent rien pour

établir leur indépendance, se séparer de là politique
présidentielle, etc. Ces apologies récriminatoires
étaient, dans là circonstance, fort inutiles, par conséquent elles étaient une faute de plus. Les démocrates, suivant leur habitude, par excès de scrupules, se perdaient. En politique, alors surtout
qu'on opère sur l'intelligence bornée des masses,
alors que les questions multiples et complexes
tendent à se résumer en une formule simple, il
n'y a que les faits qui comptent, le mérite des in-
dividualités est zéro. La Montagne tombait dans le
piège où s'était prise la majorité. Au lieu de faire
une opposition toute personnelle à Louis Bonaparte, elle n'avait qu'à se taire, et se tenir prête à
partager avec lui le fruit de là victoire. Ne valait-il
pas mieux, je raisonne ici, comme Thémistocle ou
Machiavel, au point de vue de l'utile, que Michel
(de Bourges) fût ministre d'état ou président du
conseil le 4 décembre, que d'aller à Bruxelles,
dans un exil sans gloire, pleurer l'erreur de *l'invisible souverain?* Je sais bien que le peuple, sarcas-
tique et goguenard, commençait à traiter les Montagnards de *sénateurs,* et qu'ils ne pouvaient, sans
se démentir, tolérer de si injurieuses suppositions.
Leur susceptibilité sera un trait de plus de la bon-
homie de notre époque. César s'inquiétait peu des
plaisanteries de ses soldats. Restez chez vous, âmes
vertueuses; donnez à vos femmes et à vos enfants
l'exemple quotidien de la modestie et du parfait
amour; mais ne vous mêlez pas de politique. Il
faut, demandez à ceux de 93, une conscience large,
que n'effarouche point à l'occasion une alliance
adultère, la foi publique violée, les lois de l'huma-

nité foulées aux pieds, la Constitution couverte d'un voile, pour faire la besogne des révolutions....

Si la pensée du 24 février fut sans comparaison plus grandiose, plus généreuse, plus élevée que la fatalité du 2 décembre, il s'en faut qu'elle portât avec elle un aussi profond enseignement. Qu'un gouvernement s'affaisse sous le dégoût public; qu'une démocratie se montre à son début pacifique, conciliatrice, pure de violence, de mensonge et de corruption; qu'elle pousse la délicatesse jusqu'à la minutie; le respect des personnes, des opinions et des intérêts, jusqu'au sacrifice d'elle-même : tout cela, produit d'une civilisation déjà avancée, matière à poésie et éloquence, comme dit Horace, *Ut pueris placeas et declamatio fias*, très-bon à rapporter dans la *Morale en action*, n'a rien de grave pour l'esprit, rien de philosophique.

Mais qu'un homme, dans l'état de délabrement où était tombé Louis-Napoléon avant le 2 décembre, président en partance, n'ayant depuis son élection, absorbé qu'il était ou couvert par ses ministres, rien fait qui fît valoir sa personne, contrarié, contredit, abandonné par ses fidèles; surveillé par tous les partis, n'ayant de recommandation que celle d'un oncle mort aux îles, il y avait de cela trente-deux ans! que cet homme, dis-je, seul et contre tous, avec des moyens connus, et l'aide de deux ou trois affidés jusqu'alors profondément obscurs, tente un coup d'état et réussisse : voilà ce qui, mieux qu'aucun événement, montre la force des situations et la logique de l'histoire. Voilà sur quoi nous devons, républicains, profondément réfléchir, et qui doit nous mettre en garde pour la suite contre toute politique subjective et arbitraire.

Qu'on répète tant qu'on voudra que le 2 décembre a été un guet-apens, un acte de brigand, où l'armée s'est montrée féroce, le peuple lâche, le pouvoir scélérat : tout cela ne fait qu'embrouiller l'énigme. Certes, il fallait être un peu l'homme de Strasbourg et de Boulogne pour accomplir le 2 décembre ; mais en accordant à l'événement tous les caractères qu'on lui donne, il reste toujours à expliquer ceci : Comment celui qui échoua si misérablement à Boulogne et à Strasbourg, dans des circonstances qui, d'après nos mœurs insurrectionnelles, ne pouvaient que lui concilier une certaine estime, réussit à Paris dans des conditions odieuses ; comment à point nommé, le soldat, si sympathique à l'ouvrier, sous prétexte de discipline s'est montré impitoyable ; comment le peuple a été lâche, plus lâche que le gouvernement renversé par lui en 1848 ; comment, un matin, il s'est pris de haine pour la liberté, de mépris pour la Constitution, et d'adoration pour la force !

Il est certain, quoi qu'on ait dit du courage de l'armée au 2 décembre, que ce courage a été singulièrement excité par la défection complète, disons mieux, par l'adhésion formelle du peuple. Il est certain qu'un moment, le 3 et le 4, il suffit d'une poignée d'insurgés pour rendre douteux le succès du coup d'Etat, et que si, à cette heure, le peuple, remplissant les rues, avait magnétisé le soldat, la chance tournait contre Louis Bonaparte.

La masse, il faut l'avouer, parce que cela nous

ést éncore plus honorable que de le taire, la masse,
en haut et en bas, a été complice, ici par son inaction, là par ses applaudissements, ailleurs par une
coopération effective du coup d'État du 2 décembre.
Je l'ai vu, et mille autres, aussi peu suspects de
bonapartisme, l'ont vu aussi : ce n'est pas la force
armée, c'est le peuple, indifférent ou plutôt sympathique, qui a décidé le mouvement en faveur de
Bonaparte.

La bataille était gagnée avant d'être livrée. Depuis trois ans la révolution méconnue, outragée,
mise en péril, appelait un chef, je veux dire par-
là, non plus un écrivain, un tribun, elle en avait
de reste ; mais un homme en position de la défendre. Bonaparte n'avait à répondre que ces deux
mots : ME VOILA ! Eh bien ! ces deux mots, il les a
dits, et comme en politique les intentions ne sont
rien, les actes tout ; comme depuis un mois, Bonaparte faisait acte révolutionnaire, la révolution
l'a pris au mot. Elle lui a donné la victoire, sauf
plus tard à compter avec lui.

Comment, direz-vous, le peuple, au lieu de crier :
Vive le Roi ou *Vive la Ligue*, n'a-t-il pas crié : *Vive
moi-même?* comment, en soutenant d'une main
le suffrage universel avec Bonaparte, n'a-t-il pas
défendu, de l'autre, contre Bonaparte, la constitution ? — Comment ! Vous connaissez peu la
multitude ; l'histoire ne vous a point initié à sa
psycologie.

Rien n'est moins démocrate, au fond, que le
peuple. Ses idées le ramènent toujours à l'autorité
d'un seul ; et si l'antiquité et le moyen âge nous
ont transmis le souvenir de quelques démocraties,

on trouve, en y regardant de près, que ces démocraties résultaient bien plus de la difficulté de poser le prince, que d'une intelligence véritable de la liberté.

A Athènes et dans toute la Grèce, les annales de la démocratie ne présentent guère qu'une série d'usurpations, qui, ne parvenant jamais à se légitimer, à fonder des royautés, *basiléïas*, comme en Orient, étaient appelées *tyrannies*, dominations.

A Rome, lorsque l'institution antique des patronages et des clientèles eut été anéantie, et que la plèbe, sous la conduite des tribuns, eut triomphé du patriciat, personne n'eut garde de comprendre que ce qui restait à faire, pour assurer la liberté, c'était, après une loi agraire et une autre sur l'usure, une institution de garantie contre le cumul et la centralisation des pouvoirs. Une telle idée était prématurée pour l'époque ; l'humanité était réservée pour d'autres destins. Jules-César, héritier des Gracques, fut donc créé dictateur perpétuel ; et la même dignité continuée, sous le nom de *Principat*, à Octave et à ses successeurs, la constitution de la république fut remplacée par la constitution impériale. Le peuple eut du pain et des jeux ; mais ce fut fait de la liberté...

Dix-huit siècles se sont écoulés depuis cette révolution, lorsque le peuple français, ayant aboli ses institutions féodales, se trouve dans la même situation que celui de Rome. Que font alors les chefs populaires ? Toujours pleins du même préjugé, ils font décréter, sous le nom de *République une et indivisible*, un gouvernement plus savamment concentré que l'ancien, et qui faisait dire aux émigrés :

« La royauté existe toujours en France ; il n'y man-
» que que le roi. » Aussi la royauté ne se fit pas attendre : après quelques années d'agitation le pouvoir tomba, aux acclamations de la foule, aux mains
de Napoléon...

En 1848, la centralisation créée par la république, l'empire et la monarchie constitutionnelle
tendait à se dissoudre, quand tout à coup la démocratie se trouva de nouveau maîtresse des choses.
Alors, comme si l'analogie des situations devait
ramener perpétuellement les mêmes antinomies,
l'influence rendue au peuple eut de nouveau pour
résultat, non pas de remplir le vœu des classes
moyennes, en poussant à la décentralisation, mais
de réveiller la pensée d'une dictature. Les journées
des 17 mars, 16 avril, 15 mai, n'eurent pas
d'autre but ; enfin, aux journées de juin, la dictature fut instituée en la personne du général Cavaignac, l'homme qui l'ambitionnait le moins, contre
ceux qui la voulaient le plus. L'exemple, couvert du
prétexte de salut public, ne fut pas perdu : en 1849,
nouvel essai de dictature, et toujours contre la démocratie, qui dès ce moment, préparant sa revanche pour 1852, ne caressa plus d'autre idée.

A la date du 2 décembre, les masses fatiguées,
aussi incapables de délibération que d'initiative ; la
bourgeoisie inquiète, aimant à se reposer sur un
chef complaisant de la garde de ses intérêts ; tous
les partis étaient préparés pour cette grande mesure,
dont on espérait des résultats décisifs. Du côté des
républicains, ce qui distinguait les *hommes d'action* des *endormeurs*, c'est que les premiers voulaien
procéder par une dictature énergique, tandis que

les seconds prétendaient qu'on se renfermât, quand même, dans la constitution.

Ajoutons que les idées monarchiques, reproduites chaque jour avec une publicité insultante, aidaient singulièrement à la marche de l'opinion dictatoriale. Le principe d'autorité admis par les royalistes comme nécessaire, par la démocratie comme transitoire, la pensée en ce moment était une : on ne différait que sur les mots. Des deux côtés, le pouvoir personnel, l'autorité d'un seul, apparaissait comme organe logique et moyen indispensable de solution. Aussi bien, sur la fin de 1851, n'était-il plus question de réformes, de créations, d'améliorations quelconques. Il s'agissait, avant tout, de se battre. Tous les partis armaient, fabriquaient de la poudre, captaient la faveur des militaires. Pour les uns le dictateur futur était Changarnier, pour les autres Ledru-Rollin ou n'importe qui. La situation, que tout le monde avait faite, mais avec laquelle personne ne comptait, voulut que ce fût Bonaparte.

Le 2 décembre au matin, une proclamation affichée dans la nuit apprend aux Parisiens à peine éveillés, « que l'Assemblée nationale est dissoute,
» le suffrage universel rétabli, le peuple convo-
» qué dans ses comices à l'effet de déclarer, par
» oui ou par non, s'il adhère au coup d'Etat, et
» s'il autorise Louis-Napoléon à faire une Constitu-
» tion sur les bases de celle de l'an 8, et d'après les
» principes de 89. » Le tout, appuyé d'un nombre de canons et d'une force armée respectable.

Telle est en substance la proclamation. Le surplus, on peut le considérer comme verbiage, eau bénite de cour, phrases de circonstance, par-

fois même inconsidérées. Le rappel de la constitution de l'an 8, par exemple, trahissait une préoc-
cupation personnelle, et faisait tache au tableau.
Mais n'y a-t-il pas de taches au soleil? Et puis,
qu'importait au peuple la constitution de l'an 8,
plutôt que celle de l'an 2, plutôt que celle de l'an 3?
Est-ce que la société écrit ses constitutions? de-
mandait M. de Maistre. Le peuple ne les lit pas
davantage.

Or, voyez comme tout cela tombe d'à-propos:

Bonaparte dissout l'Assemblée par la force: Voilà
l'*homme d'action*, le *dictateur!*

Bonaparte en appelle au peuple: Voilà le suffrage universel !

Bonaparte s'en réfère aux idées de 89 : Voilà la
RÉVOLUTION !

Le peuple est logique, non pas à la façon des
philosophes qui distinguent et qui argumentent; il
est logique comme le boulet qui sort du canon,
comme le marteau de l'horloge, comme l'automate
de Vaucanson. Comment eût-il pu s'opposer à l'entreprise de Louis Bonaparte? Il lui aurait fallu,
comme à Sganarelle, distinguer entre fagots et fagots,
accepter le suffrage universel d'une main, repousser de l'autre la constitution de l'an 8; applaudir
du cœur à la déconfiture de la majorité réaction-
naire, et soutenir du vote le principe de la représentation nationale : opérations subtiles dont la
masse est incapable.

Ce n'est pas tout. Le Président s'était fait connaître jadis par des écrits socialistes : ses amis conservateurs en avaient presque demandé pour lui pardon au pays. Le peuple, qui juge les hommes

d'après lui-même, sait qu'ils peuvent trahir et se vendre, mais qu'ils ne changent pas. Il dit, le mot est historique : *Barbès a demandé pour nous un milliard aux riches; Bonaparte nous le donnera!* Largesse ! comme au temps des rois. C'est tout le socialisme du peuple.

Bientôt on apprend que les généraux Changarnier, la terreur des faubourgs; Cavaignac, si odieux depuis les journées de juin; Bedeau, Lamoricière, le colonel Charras, ont été enlevés de leurs domiciles, enfermés à Mazas, pour être de là dirigés sur Ham. Le peuple jouit de la satisfaction donnée à ses haines; il rappelle le mot de Changarnier aux représentants: *Délibérez en paix !* et rit.

Une réunion de représentants, ayant à leur tête MM. Berryer, O. Barrot, Creton, Vitet, etc., se forme au 10ᵉ arrondissement. Elle est enlevée par la troupe, et conduite, entre deux rangs de soldats, au quai d'Orsay. Les citoyens, sur le passage de cette puissance déchue, se découvrent : le peuple, cruel comme les enfants, sans générosité, insulte à leur désastre : *Ils l'ont voulu!* Vainement ils invoquent la Constitution! La Constitution, dit le peuple, vous l'avez les premiers et sciemment violée. C'est un chiffon dans une hotte.

Mais la Montagne! Ses membres les plus populaires, Greppo, Nadaud, Miot, sont arrêtés aussi. C'était le commentaire de certains passages de la proclamation où le Président, s'adressant à des égoïsmes d'un autre ordre, s'offrait comme sauveur de la société contre les menaces des Rouges, en même temps qu'il se présentait à la multitude comme le procureur de la Révolution. Le peuple,

ingrat, infidèle à l'amitié , ne trouve à cette nouvelle que des railleries ignobles sur la perte des
25 francs. Les montagnards étaient dépopularisés,
savez-vous pourquoi? parce qu'ils étaient indem-
nisés. Le peuple, qui accueille sans sourciller une
liste civile de 12 millions, attendu, dit-il, que cela
fait aller le commerce, regarde l'indemnité de ses
représentants comme un vol fait à sa bourse.
25 francs par jour! des démocrates!... La démocratie, c'est l'envie.

Il n'y avait pas jusqu'à la hardiesse du coup de
main qui n'amusât le peuple. On trouvait char-
mant d'avoir été prendre au lit ces hommes qui la
veille parlaient de mettre Bonaparte à Vincennes,
et d'en finir avec la république. *Bravo! bien touché*, disaient les faubouriens. Aucune victoire de
l'Empereur ne les impressionna plus vivement.

Cependant l'acte du 2 décembre n'en restait pas
moins un attentat au premier chef contre la constitution et contre l'assemblée , partant contre la
république elle-même. L'appel au peuple ne pouvait le couvrir : l'appel d'un individu au peuple ne
peut prévaloir contre le droit écrit du peuple. Pour
que l'appel au peuple pût être pris en considération, il aurait fallu, au préalable, remettre les
choses *in statu quo*. Au point de vue de la légalité, Bonaparte était donc coupable, passible de
l'article 68 de la Constitution. Bien vrai était-il que
cette Constitution avait été mainte fois violée par
ceux qui parlaient maintenant de la défendre. Mais
enfin elle était la loi, le monument de la révolution
et de la liberté; loin qu'il fallût déchirer le pacte,
la démocratie n'avait d'appui que là.

Le peuple ne voulut rien entendre. Le peuple est toujours pour qui l'appelle; et par cela seul que Bonaparte se soumettait à sa décision, il était sûr d'être absous.

L'avenir dira, à vue des actes de Louis-Napoléon, si le coup d'état du 2 décembre fut, je ne dirai pas légitime, il n'y a point de légitimité contre la loi, mais, au point de vue de l'utilité publique, excusable. Tout ce qu'il m'appartient de faire, c'est d'en rechercher les éléments, la signification, la fatalité; c'est, en rendant justice à ceux qui s'armèrent pour le combattre, de sauver l'honneur national.

La Montagne a fait noblement son devoir. Elle a scellé de son sang une cause juste, mais désespérée. Ce sang, celui de plusieurs milliers de citoyens, la proscription en masse du parti démocratique, ont lavé la patrie, et régénéré la révolution. L'Empereur à Sainte-Hélène disait, parlant des Espagnols : « Ma politique exigeait que l'Espagne entrât dans » mon système : le changement de sa dynastie » était nécessaire. Le peuple espagnol s'est soulevé; » c'était pour lui une question d'honneur : je n'ai » rien à dire. » Qu'il me soit permis en ce moment de m'emparer des paroles de l'Empereur. Le salut de la patrie, je veux le croire, et la politique de Louis-Napoléon, politique de progrès, sans doute, exigeaient qu'il obtînt, à tout prix, une prorogation et une extension d'autorité. Les républicains ne pouvaient, sans lâcheté et sans parjure, permettre cette usurpation. Ils se sont immolés : honneur à eux ! Qu'on repousse leur principe, qu'on condamne leurs théories, qu'on proscrive

leurs personnes, à la bonne heure! Que les sycophantes de la tribune, de la presse et de la chaire
reçoivent le prix de leurs calomnies : c'est de droit.
La postérité rendra une pieuse justice aux vaincus,
la France citera leurs noms avec orgueil.

Après l'héroïque Baudin, après Miot, qui seul
entre ses collègues a retenu le privilége de la déportation, on cite, parmi les protestants les plus
énergiques, Victor Hugo, le grand poëte; Michel
(de Bourges), le profond orateur; Jules Favre, le
Cicéron républicain; Charamaule, Madier-Montjau,
Victor Schœlcher, Marc Dufraisse, le colonel Fo-
restier, la rédaction du *National*. Le journal qui
représentait plus spécialement la Constitution de
1848 ne devait pas y survivre : pourquoi les haines
qu'il soulevait jadis ne sont-elles pas restées avec
lui sous la barricade?...

Que l'étranger, mieux instruit sur l'état de notre pays, la question posée en février, le degré
d'intelligence des masses, le jeu des situations, la
marche des partis, nous condamne à présent, s'il
l'ose! La nation française, qui a accompli déjà de
si grandes choses, n'a pas atteint sa majorité. Des
préjugés vivaces, une éducation superficielle, donnée par la corruption civilisée plutôt que par la
civilisation; de romanesques légendes, en guise
d'instruction historique; des modes plutôt que des
coutumes; de la vanité plutôt que de la fierté; une
niaiserie proverbiale, qui servait déjà, il y a dix-
neuf siècles, la fortune de César autant que le courage de ses légions; une légèreté qui trahit l'en-
fantillage; le goût des parades et l'entrain des
manifestations tenant lieu d'esprit public; l'admi-

ration de la force et le culte de l'audace suppléant au respect de la justice : tel est, en raccourci, le portrait du peuple français. De toutes les nations civilisées, c'est encore la plus jeune : que fera cet enfant devenu homme!... Toujours nous avons suivi nos maîtres, et nos querelles d'écoliers nous divisant en une multitude de bandes, toujours nous avons succombé dans nos protestations contre l'autorité, quand nous n'avons pas eu pour auxiliaire une fraction de l'autorité elle-même.

Au 2 décembre, après une campagne de 30 mois de l'Assemblée législative contre les institutions qu'elle était chargée de défendre, le pouvoir exécutif, maître de l'armée, appuyé du clergé, de la bourgeoisie, d'une partie considérable de la classe moyenne, qu'effrayaient les éventualités de 52, tente un coup d'État. Comme Charles X au 25 juillet 1830, le gouvernement partage la représentation nationale et les classes élevées : reste le peuple. Mais tandis que Charles X, en violant la Charte, attaquait la Révolution ; Bonaparte se réclame de la Révolution, et ne déchire le pacte, il le dit du moins, que pour arriver aux partis royalistes : dès ce moment la multitude, si elle n'est pas pour lui tout entière, devient neutre. Les blouses de Saint-Antoine refusèrent nettement de marcher : la Montagne les trouva jouant au billard, et n'en put même obtenir un asile pour délibérer. Sur le boulevard, près de la mairie du 5ᵉ arrondissement, un poste ayant été enlevé par des insurgés, ceux-ci furent assaillis par une bande d'ouvriers, et contraints de faire usage de leurs armes contre ces étranges alliés du pouvoir. Dans le quartier Saint-Marceau et la rue Mouffetard, on se fût attiré un méchant parti, en arrachant seulement un pavé. Ailleurs, le peuple fraternisait avec la troupe contre l'émeute et lui fournissait des vivres : on eût dit des compères du coup d'État. Des bourgeois, chiffonniers parvenus, fusillés par des soldats ivres jusque dans leurs foyers, n'en applaudissaient pas moins à la répression des *brigands*, dont *le Constitutionnel* et *la Patrie* leur racontaient les sinistres exploits. Dans quelques départements, si l'on en croit les relations officielles, le mouvement eut plus de gravité : cela tint à l'enrégimentation formée de longue main par les sociétés secrètes. Les paysans, en quelques endroits, étaient descendus sur la ville, avec leurs femmes et des sacs : ne dirait-on pas les hommes de Brennus? Mais à peine la nouvelle se répand qu'à Paris les *Rouges* ont le dessous, vite les paysans se retirent et se prononcent pour Bonaparte. *Le véritable Amphitryon est l'Amphitryon où l'on dîne !* Il n'y a pas de gens plus à leur aise, dans les moments critiques, que nos Sosies gaulois.

Étonnez-vous, après cela, des 7,600,000 voix données le 20 décembre à Louis-Napoléon. Oh! Louis-Napoléon est bien réellement l'élu du peuple. Le peuple, dites-vous, n'a pas été libre ! le peuple a été trompé! le peuple a eu peur! Vains prétextes. Est-ce que des hommes ont peur? est-ce qu'ils se trompent en cas pareil? est-ce qu'ils manquent de liberté? C'est nous, républicains, qui l'avons répété sur la foi de nos traditions les plus suspectes : *La voix du Peuple est la voix de Dieu*. Eh bien! la voix de Dieu a nommé Louis-

Napoléon. Comme expression de la volonté populaire, il est le plus légitime des souverains. Et à qui
vouliez-vous donc que le peuple donnât ses suffrages? Nous l'avons entretenu, ce peuple, de 89, de
92, de 93 : il ne connaît toujours que la légende
impériale. L'empire a effacé, dans sa mémoire, la
république. Est-ce qu'il se souvient du comte de
Mirabeau, de M. de Robespierre, de son *ami* Marat,
du *Père Duchesne?* Le peuple ne sait que deux
choses, le Bon Dieu et l'Empereur, comme jadis il
savait le Bon Dieu et Charlemagne. Si les mœurs
du peuple se sont incontestablement adoucies depuis 89, sa raison est restée à peu près au même
niveau. En vain nous avons expliqué à ce monarque imberbe les *Droits de l'homme et du citoyen;* en
vain nous l'avons fait jurer par cet adage, *la Répu-*
blique est au-dessus du Suffrage universel. Il prend
toujours ses houseaux pour ses jambes, et il pense
que le mieux battant est celui qui a le plus raison.

Comprendrons-nous, enfin, que la république
ne peut avoir le même principe que la royauté, et
que prendre le suffrage universel pour base du
droit public, c'est affirmer implicitement la perpétuité de la monarchie? Nous sommes réfutés par
notre propre principe; nous avons été vaincus,
parce que, à la suite de Rousseau et des plus détes-
tables rhéteurs de 93, nous n'avons pas voulu reconnaître que la monarchie était le produit, direct
et presque infaillible, de la spontanéité populaire;
parce que, après avoir aboli le gouvernement *par*
la grâce de Dieu, nous avons prétendu, à l'aide
d'une autre fiction, constituer le gouvernement
par la grâce du Peuple; parce que, au lieu d'être

les éducateurs de la multitude, nous nous sommes faits ses esclaves. Comme à elle, il nous faut encore des manifestations visibles, des symboles palpables, des mirlitons. Le roi détrôné, nous avons mis la plèbe sur le trône, sans vouloir entendre qu'elle était la racine d'où surgirait tôt ou tard une tige royale, l'oignon d'où sortirait le lys. A peine délivrés d'une idole, nous n'aspirons qu'à nous en fabriquer une autre. Nous ressemblons aux soldats de Titus, qui, après la prise du Temple, ne pouvaient revenir de leur surprise, en ne trouvant dans le sanctuaire des Juifs ni statue, ni bœuf, ni âne, ni phallus, ni courtisanes. Ils ne concevaient point ce Jéhovah invisible : c'est ainsi que nous ne concevons pas la Liberté sans proxenètes !

Qu'on pardonne ces réflexions amères à un écrivain qui joua tant de fois le rôle de Cassandre ! Je ne fais point le procès à la démocratie, pas plus que je n'infirme le suffrage qui a renouvelé le mandat de Louis-Napoléon. Mais il est temps que disparaisse cette école de faux révolutionnaires, qui, spéculant sur l'agitation plus que sur l'intelligence, sur les coups de main plus que sur les idées, se croient d'autant plus vigoureux et logiques, qu'ils se flattent de mieux représenter les dernières couches de la plèbe. Et croyez-vous donc que ce soit pour plaire à cette barbarie, à cette misère, et non pas pour la combattre et la guérir, que nous sommes républicains, socialistes et démocrates ? Courtisans de la multitude, c'est vous qui êtes les embarreurs de la révolution, agents secrets des monarchies que balaye la liberté, et que relève le suffrage universel.

Qui donc a nommé la Constituante, pleine de

légitimistes, de dynastiques, de nobles, de généraux et de prélats? — Le suffrage universel.

Qui a fait le 10 décembre 1848? — Le suffrage universel.

Qui a produit la Législative? — Le suffrage universel.

Qui a donné le blanc-seing du 20 décembre? — Le suffrage universel.

Qui a choisi le Corps législatif de 52? — Le suffrage universel.

Ne peut-on pas dire aussi que c'est le suffrage universel qui a commencé la réaction le 16 avril; qui s'est éclipsé derrière le dos de Barbès le 15 mai; qui est resté sourd à l'appel du 13 juin; qui a regardé passer la loi du 31 mai; qui s'est croisé les bras le 2 décembre?...

Et je le répète, lorsque j'accuse ainsi le suffrage universel, je n'entends nullement porter atteinte à la Constitution établie, et au principe du pouvoir actuel. J'ai moi-même défendu le suffrage universel, comme droit constitutionnel et loi de l'État; et puisqu'il existe, je ne demande point qu'on le supprime, mais qu'il s'éclaire, qu'il s'organise et qu'il vive. Mais il doit être permis au philosophe, au républicain, de constater, pour l'intelligence de l'histoire et l'expérience de l'avenir, que le suffrage universel, chez un peuple dont l'éducation a été aussi négligée que le nôtre, avec sa forme matérialiste et héliocentrique, loin d'être l'organe du progrès, est la pierre d'achoppement de la liberté.

Pauvres et inconséquents démocrates! Nous avons fait des philippiques contre les tyrans; nous avons prêché le respect des nationalités, le libre exercice de la souveraineté des peuples ; nous voulions prendre les armes pour soutenir, envers et contre tous, ces belles, ces incontestables doctrines. — Et de quel droit, si le suffrage universel était notre règle, supposions-nous que la nation russe fût le moins du monde gênée par le tsar ; que les paysans polonais, hongrois, lombards, toscans, soupirassent après leur délivrance ; que les lazzaroni fussent pleins de haine pour le roi Bomba, et les transtéverins d'horreur pour monsignor Antonelli ; que les Espagnols et les Portugais rougissent de leurs reines dona Maria et Isabelle, quand notre peuple à nous, malgré l'appel de ses représentants, malgré le devoir écrit dans la Constitution, malgré le sang versé et la proscription impitoyable, par peur, par bêtise, par contrainte ou par amour, je vous laisse le choix, donne 7,600,000 voix à l'homme que le parti démocratique détestait le plus, qu'il se flattait d'avoir usé, ruiné, démoli, par trois ans de critiques, d'excitations, d'insultes ; quand il fait de cet homme un dictateur, un empereur ?...

VI.

Je ne suis pour rien dans la formation du pouvoir actuel : je voudrais que tous ses adversaires,
royalistes et démocrates, pussent en dire autant. Je
n'ai cessé de combattre, dans la république et hors
de la république, les éléments divers qui devaient
fatalement l'amener; je puis, comme Pilate, me
laver les doigts de cette création spontanée : Dieu
sait ce que j'ai osé pour en étouffer le germe! Il n'y
avait pas de Président de la République, que déjà je
prévoyais qu'il en serait de la souveraineté du
peuple comme de la Jérusalem d'Ezéchiel, qui se
pâmait d'amour pour l'Assyrien et l'Égyptien, et
que je tonnais contre la folie de la moderne Ooliba.
Comme toujours, la voix du prophète s'est perdue
dans le désert, et la fornication s'est accomplie.
Puisqu'il est inutile de parler ni *contre* ni *pour*,
qu'il me soit au moins permis de raisonner sur!...
Aux puissants les puissantes vérités. C'est leur droit
et c'est notre devoir, pourvu qu'il ne s'y mêle ni
perfidie ni offense, *Absque dolo et injuriâ!*

Je veux dire à Louis-Napoléon la bonne aventure. Je ne fais à mes prédictions qu'une réserve ; c'est qu'il reste parfaitement le maître, à ses risques et périls, de me faire mentir, et de tromper l'irrévocable destin. Le décret est inflexible : mais l'homme a la liberté de désobéir, sur la perte de son âme ! Car, disait la loi des XII Tables, interprète de l'éternelle Providence, « Quiconque manquera à la loi » sera sacré, » c'est-à-dire, dans le langage antique, imité plus tard par l'Eglise, dévoué aux dieux infernaux, anathème. *Qui secùs faxit, sacer esto !*

Combien, depuis 60 ans, ont été ainsi sacrés, pour leur ignorance aussi bien que pour leur rébellion ! Louis XVI, *Sacer esto !* Napoléon, *Sacer esto !* Charles X, *Sacer esto !* Louis-Philippe, *Sacer esto !* Et parmi les républicains, la Gironde, Danton, Robespierre, Ledru-Rollin, Cavaignac, chacun avec les siens. Rien n'a pu les sauver, ni leur éloquence, ni leur énergie, ni leur vertu. Qu'ils n'aient pas voulu, ou qu'ils n'aient pas compris, l'arrêt a été le même : *Sacri sunto !*

Louis-Napoléon a aussi son mandat, d'autant plus impératif, qu'il se l'est adjugé de vive force. Le connaît-il ? Dans le discours d'ouverture du Corps législatif, il a laissé entendre que si les partis n'étaient pas sages il pourrait se faire empereur, sinon, qu'il se contenterait du titre de Président. Eh quoi ! Prince, vous ne savez pas au juste ce que vous représentez, l'Empire ou la République ! A peine entré dans le labyrinthe, vous avez perdu votre fil ! Comment donc espérez-vous de vaincre le Minotaure ? Prenez garde que le sang des martyrs du 2 décembre ne s'élève contre vous : *Sacer esto !*

Il serait possible, et je dois encore l'en avertir, que tout en suivant son étoile, Louis-Napoléon succombât avant d'avoir achevé son œuvre. C'est la destinée ordinaire des initiateurs de sceller de leur sang leur initiation. Eux aussi, ils sont des victimes expiatoires : la vengeance des vieux intérêts et des vieilles idées les poursuit à mort. Le peuple qu'ils servent ne se lève pas pour les sauver : plus il conquiert de bien-être, moins il garde de reconnaissance. Dans ce rude métier de l'apostolat révolutionnaire, il faut travailler *gratis*, souvent même donner son sang avec sa fortune. Mais lequel vaut le-mieux, pour un chef d'état, de périr par le fer de Ravaillac, ou par celui de Guillotin? de mourir de la mort des martyrs, ou de celle des réacteurs? Sacré pour la gloire ou sacré pour la honte, Bonaparte, voilà ce que je lis dans ton étoile : *Sacer esto!*

Pour tirer l'horoscope d'un homme, deux conditions sont nécessaires : connaître sa signification historique et fonctionnelle, s'assurer de ses inclinations. La destinée de cet homme sera la résultante de ces deux éléments.

Un homme, dans toutes les circonstances de sa vie, n'est jamais que l'expression d'une idée. C'est par elle qu'il se fortifie ou se perd, suivant qu'il en procure la manifestation, ou qu'il marche à contre-sens de son influence. L'homme du pouvoir surtout, en raison des intérêts généraux qu'il représente, ne peut avoir de volonté, d'individualité, que son idée même. Il cesse de s'appartenir, il perd son libre arbitre, pour devenir serf du destin. S'il prétendait, dans des vues personnelles, s'écarter de la ligne que lui trace son idée, ou si par erreur il en déviait, il ne serait plus l'homme du pouvoir, ce serait un usurpateur, un tyran...

Quel est donc, d'abord, au point de vue de sa signification historique, Louis-Napoléon? Telle est la première question à laquelle nous ayons à répondre.

Je l'ai dit déjà : Louis-Napoléon est, de même que son oncle, un dictateur révolutionnaire, mais avec cette différence, que le premier Consul venait clorc la première phase de la révolution, tandis que le Président ouvre la seconde.

La série historique nous l'a déjà démontré.

Ceux qui déclament contre les idées révolutionnaires réfléchissent-ils que le rôle des rois de France, pendant la troisième race, c'est la révolution ; que les états-généraux, sous saint Louis, Philippe le Bel, Charles V, Louis XI, Louis XII, Charles IX, Henri III, Henri IV, Louis XIII, c'est la révolution ; que le sage Turgot, le philanthrope Necker, le vertueux Malesherbes, c'est la révolution?

Passons sur les états-généraux de Louis XVI, par lesquels, après un despotisme de 175 ans, la nation reprenait, pour la réformer et la développer, sa constitution traditionnelle ; passons sur la Constituante, la Législative, la Convention, le Directoire, qui ne firent après tout que renouer cette chaîne des temps, brisée par les rois. Mais l'Empereur, qui rappela les nobles et les prêtres, et n'eut garde pourtant de leur rendre leurs biens ; qui rouvrit les églises, en sanctionnant la constitution du clergé et la sécularisation du culte, c'est la révolution ; mais la Charte de 1814, qui enfanta celles de 1830 et 1848, c'est le pacte révolutionnaire.

Et celui qui, une première fois, en vertu de ce pacte, fut élu Président de la République ; qui, se prévalant de ce même pacte, bien qu'il en déchirât la dernière cédule, et arguant des complots monarchiques, vient de se faire réélire pour dix ans chef de cette même République ; celui-là, dis-je, reniant son principe, son droit, si je puis ainsi dire, sa propre légitimité, serait un homme de contre-révolution ! — Je l'en défie.

Or, non-seulement Louis-Napoléon porte en lui, sur le front et sur l'épaule, le stigmate révolutionnaire ; il est l'agent d'une nouvelle période, il exprime une formule supérieure de la Révolution. Car l'histoire ne stationne ni ne se répète, pas plus que la vie dans les plantes et le mouvement dans l'Univers. Quelle est donc cette formule dont le tour semble être arrivé, et que représente, à peine de non-sens, Louis-Napoléon ?

Est-ce cette République, honnête et modérée, sagement progressive, raisonnablement démocratique, qui prévalut après le 24 février ? — Mais Louis-Napoléon en a renversé le monument ; il en poursuit partout les défenseurs. S'il ne voulait que cette République, qu'avait-il besoin de faire arrêter à son domicile le général Cavaignac, le 2 décembre ? Il devait lui dire : Général, vous m'avez remis, il y a trois ans, le gouvernail de la République. Je le dépose à mon tour en vos civiques mains, après avoir chassé les royalistes. Convoquez la Haute-Cour, je rendrai devant elle compte de ma conduite.

La monarchie constitutionnelle et bourgeoise ? — Retirez-vous, en ce cas, dirai-je à Louis-Napoléon : ce n'est pas à vous de dépenser cette liste civile, c'est au comte de Paris. Puisque vous n'avez violé le contrat que pour remettre les choses *in statu quo*, allez-vous-en. La bourgeoisie entend gérer ses affaires; le pouvoir, elle le veut pour elle; elle ne reconnaît au chef de l'état d'autorité que celle qu'elle-même lui a mesurée. Sa maxime est connue : *Le Roi règne et ne gouverne pas.* Certes, il ne vous manquera pas de recrues comme l'honorable M. Devinck, candidat d'opposition monarchique avant le 2 décembre, aujourd'hui adhérent de l'Elysée, qui trouveront que tout est bien dans votre système. Ces gens-là, en jurant pour vous, méconnaissent l'esprit de leur caste. La bourgeoisie vous boude; elle se sépare de vous de plus en plus : il serait absurde que vous en fussiez le représentant.

La monarchie, dite légitime? — Place alors au comte de Chambord! vous n'êtes pas le Roi, vous êtes l'*Usurpateur.* Henri V vous le fait assez entendre quand il engage ses fidèles serviteurs et sujets à vous prêter leur concours en tout ce que vous faites contre la révolution, et qu'en même temps il leur recommande de vous refuser le serment.

L'empire? On le dit, le gouvernement a l'air d'y croire. Il inclinerait peut-être à cette idée! — Mais, reprendrai-je, prenez garde. Vous confondez votre tradition domestique avec votre mandat politique, votre extrait de baptême, avec votre Idée. Une tradition, si populaire qu'elle soit, quand elle n'a trait qu'à la dynastie et ne se fond pas dans les tendances d'une époque, loin d'être une force vive, est un danger. On peut s'en servir pour escalader le pouvoir : elle est inutile pour l'exercer. C'est pour cela que dans l'histoire la tradition apparaît constamment vaincue : foi de nos pères, royalisme de nos pères, mœurs, coutumes, préjugés, vertus et vices de nos pères, vous êtes finis à jamais! Et toi, sublime Empereur, reste aussi sur ta colonne : tu perdrais de ta taille, si tu t'avisais d'en descendre.

Caligula a beau être le fils du grand Germanicus et de la vertueuse Agrippine, Chéréas poignarde sans respect cette tradition vide. En vain Commode se recommande des Antonins, Héliogabale de Mammée et de Sévère : ces fils de famille, qui n'affirment d'eux-mêmes que leur hérédité, soulèvent le monde impatient. Le talent et la vertu, non moins que la débauche et le crime, sont impuissants à soutenir une idée passée à l'état de tradition. Julien, espèce de Chateaubriand païen devenu césar, qui en pleine révolution chrétienne écrivit le génie du polythéisme, grand homme de guerre et grand homme d'État, âme stoïque; Julien entreprend de ressusciter la tradition idolâtre, la vraie tradition impériale. Il est vaincu par le Galiléen! De quoi sont morts les Stuarts, rois légitimes d'Écosse et d'Angleterre? de leur fidélité à la tradition. Pourquoi Henri V ne rentrera-t-il pas en France? c'est qu'il n'est et ne veut être toujours que le monument d'une tradition; c'est qu'il a perdu le fil des Idées, qu'il n'a point de fonction historique, point de mandat. Ce descendant de Robert le Fort ne connaît de ses ancêtres que les armoiries : il ne sait pas qu'ils furent pendant neuf siècles les chefs de la Révolution; il ne sait pas que son aïeul Hugues Capet, point de départ de

la Constitution nationale et de la décadence de la
féodalité, fut roi vraiment légitime, quoi qu'on ait
dit; tandis que Louis XIV et Louis XV, par qui
fut interrompu le mouvement constitutionnel, et
Charles X, qui essaya d'y faire obstacle, perdirent
la légitimité. Henri V! c'est la royauté française
dans son impénitence finale.

Et puis, avec quoi faire et soutenir un empire?
on dit, avec l'armée. Or, sauf le respect dû au soldat, l'esprit moderne répugne à cette influence.
Napoléon, qui ne fut empereur que par l'armée,
qui fit manœuvrer tant de légions et avec tant de
succès, l'éprouva lui-même. *Ils n'en veulent plus!*
disait-il sur la fin de sa carrière. C'est qu'en effet,
avec la meilleure volonté du monde, nous n'en
pouvions plus... Maintenant les causes d'affaiblissement de l'esprit guerrier, qui chez la nation la
plus belliqueuse et dans les circonstances les plus
favorables eurent raison de l'Empereur, ont redou-
blé d'intensité; et sans partager les illusions du
Congrès de la Paix, on peut douter que Napoléon
lui-même, s'il vivait de notre temps, fût autre chose
qu'un Lamoricière ou un Changarnier. La France,
autant et peut-être plus que le reste de l'Europe,
avec ses myriades d'industries séparées, sa propriété morcelée, sa population besogneuse, vivant
au jour le jour, cherchant le travail, ne pouvant
un seul moment, même pour la défense des libertés
publiques, se distraire de ses labeurs, la France est
devenue réfractaire au métier des armes. La bourgeoisie, la classe moyenne, le peuple même, sont de
moins en moins sympathiques à l'uniforme : il n'y
a plus que le prêtre qui fraternise avec le soldat.

Le pays compte ce qu'il lui coûte, et n'attend qu'une occasion de rappeler dans leurs foyers ces enfants, armés pour la défense de l'ordre et le maintien de sa dignité. Qui prouverait l'inutilité de cette protection soldatesque aurait vaincu l'empire, tant les dispositions du pays laissent peu de chance à cette hypothèse de gouvernement !

Empire, monarchie constitutionnelle et légitime, république de modération et de vertu : rien de tout cela ne fournit une raison d'existence au gouvernement du 2 décembre, n'explique le rôle de Louis-Napoléon. Il faut donc conclure, ainsi qu'il est résulté pour nous de la situation de la France au 24 février, des lacunes laissées par la première révolution, des questions soulevées par le socialisme, de l'éviction des démocrates, de la proclamation du 2 décembre, de l'adhésion du peuple aux promesses contenues dans cette proclamation, que le 2 décembre est le signal d'une marche en avant dans la voie révolutionnaire, et que Louis-Napoléon en est le général. Le veut-il ? le sait-il ? peut-il soutenir ce fardeau ? c'est ce que la suite nous apprendra. Quant à présent, il s'agit pour nous, je le répète, non pas des inclinations et de la capacité du sujet, mais de sa signification. Or, cette signification du 2 décembre, l'histoire la démontre, c'est la *Révolution démocratique et sociale...*

Mais, peut-être que cette démonstration, toute de chronologie, pèche par la base ; peut-être qu'une science plus haute, en nous révélant à la fois le principe des sociétés, la destination des gouvernements, la cause des révolutions, nous ferait apercevoir le vice de la donnée historique, et prouverait que le but du 2 décembre, et le rôle providentiel de Louis-Napoléon, c'est, tout au rebours, d'arrêter dans une mer immobile le torrent révolutionnaire, échappé lui-même d'un océan supérieur à travers les fissures d'un terrain bouleversé.

Sans doute, nous dira-t-on, tout gouvernement repose sur une idée dont il est l'agent, et qui en même temps constitue sa force. Ils sont donnés l'un par l'autre ; ils se produisent l'un l'autre : leur action est réciproque et leur existence commune. Ainsi l'idée religieuse est tout à la fois principe et produit d'une autorité : c'est elle qui fit la puissance des Numa, des Constantin, des Charlemagne, des Califes et des Papes. Ainsi encore la centralisation politique, ce qu'on a appelé mystiquement *droit divin*, à cause de sa spontanéité, est produit et principe d'autorité : c'est elle qui détermina la formation des anciennes monarchies, qui dans la Grèce démocratique assura la prépondérance des rois de Macédoine, qui en France illustra la troisième race de rois ; qui, après le 21 janvier, se servit des régicides eux-mêmes pour recomposer la monarchie.

Mais d'où savez-vous que l'idée gouvernementale ou sociale, comme vous voudrez, doive se modifier indéfiniment, jusqu'à ce qu'elle laisse l'Humanité, élevée au plus haut degré de civilisation, sans formes politiques ? d'où savez-vous que tout pouvoir qui se substitue à un autre est pour cela même un pouvoir de révolution, condamné à servir une révolution nouvelle, laquelle aurait pour terme inévitable de l'emporter ? Qui vous dit, enfin, qu'un gouvernement ne puisse pas, d'une vue plus haute, se dérober à ce qu'il vous plaît d'appeler sa *raison histo-*

rique, et sans remonter le cours des siècles, revenir à la source de tout gouvernement, laquelle se retrouve au fond. de toutes les traditions, et qui constitue la destinée générale?...

A cette objection, on a reconnu la doctrine ultramontaine. Au fond, c'est la négation du progrès, et la calomnie du genre humain. C'est aussi toute la science des jésuites, ennemis jurés de la raison, falsificateurs de l'histoire, fauteurs de mauvaises mœurs, par principe de religion. A les en croire, il n'y aurait de légitime, dans les annales de l'humanité, que la période comprise entre l'an **1073**, date de l'avénement de Grégoire VII, et l'an **1309**, date de la translation du Saint-Siége à Avignon. Encore s'en faut-il que cette période, pleine de révoltes, et de la part des princes, et de la part des peuples, contre l'autorité des Papes, soit aux yeux des jésuites entièrement irréprochable. A plus forte raison tout le reste, avant et après, doit-il être considéré, suivant la parole de M. Donoso-Cortès, comme réprouvé. L'Église, jusqu'à Charlemagne destituée de puissance temporelle , réprobation. L'Eglise feudataire des empereurs, réprobation. L'Église séparée de l'état, réprobation. L'Église, enfin, salariée de l'état, menacée de perdre encore, avec la propriété, le salaire, réprobation, abomination de la désolation. Ce que veulent les jésuites, c'est l'Église dominant l'état, l'Église férulant les rois et les peuples, dispensant les droits et les devoirs, le travail et la récompense, le plaisir et l'amour. C'est en cela que consistent, suivant eux, pour les nations, la vérité, la justice et la paix. A cette condition seulement la société rentrera dans l'ordre, jouira d'une stabilité inaltérable. Et c'est pour parvenir à ce but que les jésuites conseillent aux rois de l'Europe, notamment à Louis-Napoléon, de replacer définitivement, chacun dans ses états, le trône à l'abri de l'autel, et de se coucher avec leurs armées en travers de l'histoire, dans laquelle, disent-ils, et non sans raison, il n'y a de salut que pour les révolutionnaires.

En sorte que, d'après les jésuites, il faudrait rejeter comme apocryphes, et ne pouvant induire qu'à une science illégitime, les quatre-vingt-dix-neuf centièmes de l'histoire; prendre le gouvernement ecclésiastique, tel qu'il s'est manifesté de Grégoire VII à Boniface VIII, pour formule unique de l'ordre dans l'humanité. Et comme la véritable autorité se trouve là où est la véritable formule, le Pape redeviendrait, comme au moyen âge, le chef suprême des princes, l'arbitre spirituel et temporel de tous les gouvernements. La restauration de l'Église donc, voilà, voilà, disent-ils, la vraie révolution; la théocratie, voilà le vrai socialisme. Comme ce prédicateur en plein vent, qui se voyait abandonné de son auditoire pour un spectacle de polichinelle, établi en face de sa chaire, ils nous crient, en agitant leurs crucifix de bronze : *Ecco, ecco il vero pulcinello!*

On a tant fait pour le clergé, pour tous les clergés depuis quatre ans, qu'à bon droit chacun des cultes que l'état subventionne a pu en concevoir l'espoir d'une résurrection. L'affaiblissement même des mœurs que l'histoire signale aux époques de transition, et la confusion des idées, viennent en aide à l'utopie théocratique. Dans l'indécision des

croyances, chacun redemande à l'Eglise qui un re-
mède à la corruption, qui un préservatif contre la
révolution sociale. La bourgeoisie, quel heureux
symptôme ! après un siècle d'indifférence, se prend
tout à coup de ferveur religieuse. Elle avise que la
religion peut être utile à ses intérêts : aussitôt elle
demande de la religion, beaucoup de religion. Une
commandite s'est organisée dans son sein, pour la
restauration des idées religieuses. Christ a été appelé au secours des dieux bourgeois, Mammon,
Plutus, Porus et Fœnus. Christ n'a pas répondu ;
mais l'Église, orthodoxe et réformée, s'est empres-
sée d'accourir. Après les fameux *petits livres* de la
rue de Poitiers, nous avons eu les conciles de Paris,
Lyon, Bordeaux, les mandements des évêques, les
sermons des curés, les prêches des ministres. Un
jour ils chantèrent pour la République ; la fortune
tournant, ils se prononcent, en parfaite sécurité de
conscience, contre la Révolution.

Ainsi la vieille société est fondée sur la théocratie.
Le fatal dilemme revient toujours, *Catholicité* ou
Liberté. Les jésuites le savent, et c'est ce qui les
rend seuls forts dans l'Église, comme les socialistes
sont seuls forts dans la Révolution. En vain les jésuites sont désavoués par les évêques : ne vous fiez
pas à ces gallicans, doctrinaires de l'état ecclésiastique, plus jésuites en cela que les jésuites. La théocratie papale, vous dis-je, est la dernière ressource
de la contre-révolution.

L'Eglise, appelée par l'état, pourrait-elle donc
lui fournir l'idée mère, irréformable, l'*aliquid in-
concussum* que poursuivent tous les pouvoirs, et
dont l'image mobile, semblable à ces feux nocturnes

6

qui égarent le voyageur, les attire l'un après l'autre au fond de l'abîme?

Je le nie. Je soutiens au contraire que le principe de tout gouvernement est identique et adéquat à sa donnée historique, et ma raison est péremptoire : c'est que, hors la loi même du mouvement, tout est mobile dans la nature et dans l'humanité, la religion, conséquemment l'Église, comme tout le reste. Ce qu'on nomme repos, station, immobilité, est un état purement relatif : en réalité, tout pèse, tout se meut, tout est en perpétuel changement.

Afin de rester dans mon sujet, et pour édifier mes lecteurs sur cette question capitale de la mutabilité des idées religieuses, je consignerai ici les propres paroles d'un vieux prêtre, aussi savant qu'orthodoxe, à qui je demandais son opinion sur le mouvement de la société et l'immobilisme prétendu de l'Église. Si, lui faisais-je observer, la civilisation, à l'instar de tous les organismes, éprouve une métamorphose incessante, comment accorder avec elle l'immobilité de la foi? Et si la foi est emportée dans le même mouvement, comment croire à sa céleste origine? où est sa vérité, son authenticité, sa certitude? Êtres changeants, qu'avons-nous à faire d'une institution soi-disant immuable? Serviteurs d'une loi comme nous transitoire, au contraire, qu'avons-nous besoin, pour la suivre, d'autorité? Ma transition, c'est ma révélation; et tout ce que j'affirme, dans le cercle de ce mouvement, est suffisamment juridique et divin. Il y a contradiction entre la destinée de l'homme et ce que vous prétendez être sa règle; en deux mots, entre la révolution et la religion. D'où je conclus, que l'humanité ne pouvant subsister que dans un perpétuel mouvement, la religion, supposée éternelle et immuable, n'est pas faite pour elle : si cette religion est vraie, l'humanité n'existe pas ; et, réciproquement, si l'humanité n'est point une chimère, la religion est impossible.

Telle était ma question très-instante, et voici quelle était la réponse de mon interlocuteur. Il n'admettait pas, bien entendu, en sa qualité de prêtre, que la révélation chrétienne fût soumise, comme les pensées des hommes, à la loi de progrès : pour lui la religion existait de toute éternité, comme Dieu. Mais cette faculté d'évolution, qu'il rejetait dans le christianisme, il l'admettait dans la société, et c'est par le mouvement, très-réel, il l'avouait, de celle-ci, qu'il rendait raison du mouvement *apparent* de celui-là. L'humanité ne faisait ainsi que traverser la révélation et s'immerger, en passant, dans le sang de Jésus-Christ. Quant à concilier la perpétuité et l'indéfectibilité de l'Église avec son règne transitoire, il le faisait à l'aide de la théorie. de la grâce appliquée à la pluralité des mondes, entendant ainsi, de l'Univers entier, ce qui, dans l'Écriture et les Pères, semble dit seulement de l'habitation terrestre, πάσης οἰκουμενῆς.

Le christianisme, disait-il, est éternel et immuable, comme son auteur. Mais l'humanité est évolutive et changeante, comme tous les êtres vivants. C'est pour cela qu'elle n'était capable de recevoir la révélation chrétienne que dans un âge relativement avancé ; qu'elle l'a exprimée ensuite peu à peu ; qu'en se débattant sous cet enseignement surnaturel, elle a paru le produire elle-même, et qu'aujourd'hui, par un décret incompréhensible de la providence, le sens de la foi se fermant en elle, comme l'ouïe chez le vieillard, elle semble à la veille de s'en détacher. Le christianisme, après être monté, comme le soleil, sur l'horizon des sociétés pendant un certain nombre de siècles, nous est apparu un moment au zénith ; puis il est entré dans sa décadence, et l'humanité vieillissant, se corrompant ou changeant toujours, je ne l'examine pas, il a commencé de s'éteindre sous divers horizons. A cette heure, pour la majorité de la France, il a cessé d'exister. Cette révolution de la société, sous la lumière du Christianisme, il est facile de la démontrer, les fastes de l'Eglise à la main.

Ainsi, poursuivait ce prêtre, en ce qui concerne la hiérarchie, nous savons, par la tradition et l'écriture, que l'Église a passé par quatre états différents : la fraternité inorganique, ou démocratie pure ; le gouvernement des prêtres ou anciens ; la fédération épiscopale, et la monarchie papale. Ce n'est pas tout : l'Église, après s'être établie exclusivement dans la sphère du spirituel, a fini par envelopper le temporel : autant les apôtres se défendirent d'empiéter sur le droit de césar, autant les papes de la grande époque prétendirent soumettre les peuples à leur autorité. Depuis le 13e siècle, un mouvement en sens inverse s'est manifesté. Le temporel s'est distrait du spirituel ; l'état s'est scindé d'avec l'Église ; les princes ont voulu se rendre indépendants des pontifes, tenir de Dieu seul et directement leurs droits. Vers la même époque, les conciles se sont mis au-dessus des papes, et, de fait, la fédération épiscopale a été de nouveau reconnue. Les évêques, nommés par les princes devenus à leur place les représentants des peuples, n'ont plus été qu'agréés par le pape. La primauté du Saint-Siége n'est donc plus, en ce moment, quant à la hiérarchie, qu'un symbole, et quant à la foi, qu'une sorte de Cour de cassation ecclésiastique. Le mouvement ne s'est pas arrêté là, et bien qu'il ait été constamment dissimulé, réprimé et nié par la puissance ecclésiastique, sa réalité n'en ressort qu'avec plus d'éclat. Le principe du libre examen, reconnu par les états à mesure qu'ils sortaient du giron de l'Église, impossible à nier en soi, s'est tourné contre l'Eglise ; la faculté d'examiner est devenue faculté de décider, et c'est ce qui ramène invinciblement le Christianisme à son point de départ, à la démocratie, à la dissolution.

Pourquoi ce mouvement d'ascension et de décadence, que d'après votre façon de parler, vous attribuez au christianisme, mais qui dans la réalité n'appartient qu'à l'humaine nature? Les saintes Écritures nous en donnent la seule raison que nous puissions concevoir : *Propter duritiam cordis eorum;* et encore, *Non potestis portare.* De même que Jésus ne révélait que peu à peu, à ses disciples, les profondeurs de sa doctrine, à cause de l'état d'infirmité de leurs âmes ; de même, c'est à un état pathologique de notre nature, qu'il faut attribuer cet affaiblissement de la foi, dans lequel les philosophes croient trouver la preuve de l'origine naturelle et de la corruptibilité de la religion. Une diminution de capacité pour les choses de la foi, dans le cœur des hommes, n'est pas plus difficile à admet-

tre au temps où nous vivons qu'un accroissement
de cette capacité, depuis l'époque où parut Notre-
Seigneur jusqu'à celle où l'Eglise manifesta sa puissance par les croisades. Le concert divin, que Py-
thagore déjà croyait entendre, n'a pas cessé ; l'*Ho-
sanna* éternel ne s'est pas affaibli : c'est nous qui,
après avoir été un instant guéris de notre surdité,
reperdons l'ouïe spirituelle. Tout passe donc, en
autres termes, l'humanité change sans cesse : l'ordre de Dieu est immuable.

Du côté de la doctrine, même évolution de l'esprit humain, et pour la destinée de la religion,
même résultat.

Le dogme chrétien, obscur, indécis, contradictoire même dans les écrits des apôtres, se dégage
peu à peu des nuages amoncelés par les sectes d'O-
rient et les philosophes convertis. A Nicée, il obtient sa première constitution. Pendant plus de
mille ans encore, il se développe, il s'épure, c'est-
à-dire que l'Univers chrétien le conçoit de mieux
en mieux dans la plénitude de son essence, à travers les hérésies continuelles, les schismes, et l'anti-
christianisme de Mahomet. La philosophie d'Aristote, si fort en vogue au moyen âge, fut un des instruments dont se servit la Providence pour produire en nous cette glorieuse intuition. Enfin, au
concile de Trente, la vérité resplendit de tous ses
rayons: alors, malgré la protestation de Luther, on
peut dire que la foi, sous le rapport de la connaissance, fut complète.

A dater aussi de cette mémorable assemblée,
l'attitude de l'Eglise devient toute négative. Elle
n'avait plus rien à donner, en fait de dogme, à ses

enfants : après leur avoir tout appris , elle ne pouvait plus que combattre l'éternel contradicteur,
celui qui, selon la Bible, dit toujours NON, le Sa-
tan de l'incrédulité. La parole de Dieu, entrant
dans le monde par l'audition, *fides ex auditu*, peut
bien se produire par parties : il implique qu'elle
se réforme, elle n'est susceptible ni d'augmentation, ni de diminution. Le caractère de l'Eglise est
donc de garder le *statu quo*. Mais la raison de
l'homme est infatigable dans ses investigations ; et
plus ses points de vue se multiplient, plus elle devient inquiète, insoumise, sur l'objet de la religion. Là est la pierre de scandale de notre foi.
Nous voudrions l'accommoder à notre philosophie,
l'éclairer de nos nouvelles lumières, tandis qu'elle
ne peut avoir rien de commun avec elles. *Quid
mihi et tibi est , mulier?* dit le Christ à Marie, symbole de notre humanité. Aussi, est-ce avec une
profonde inconséquence que certains esprits, plus
zélés que prudents, ont essayé de faire *évoluer*,
comme ils disent, le monument désormais achevé
du *génie chrétien*. Comme si le génie chrétien était
autre chose que l'idée immuable de Dieu! Mais
l'Eglise, avec une merveilleuse inspiration, ne les
a point suivis. Bossuet, Fénelon , disciples de Descartes, essayent en vain de philosopher sur la foi :
l'exemple de Malebranche et des jansénistes leur
démontre bientôt l'impossibilité de soumettre les
choses de la foi aux mesures de la raison. Autant,
un siècle plus tard, on vit le clergé rebelle à sa
constitution prétendue civile , autant le dogme
qu'il défend se montre rebelle à la philosophie. La
langue pourrait-elle déguster la flamme, et la lime

mordre le diamant?... De nos jours, certains empiriques ont voulu rendre à ce dogme ce qu'ils
nomment sa *vitalité ;* ils sont allés jusqu'à dire que
le christianisme est la religion du progrès. Une
telle proposition était ce qu'on peut imaginer de
plus absurde en théologie. L'Eglise n'a donné aucune approbation à cette école : la pensée de M. de
Maistre a décidément prévalu. Que l'humanité
tourne, tourne, emportée dans sa civilisation in-
terminable ! le christianisme s'affirme comme infini, éternel, immuable, absolu; il ne peut avoir
d'autre raison que son absolutisme, d'autre vie que
son éternité. Ce que demande le christianisme,
s'il est permis de supposer que l'homme se reti-
rant Dieu le cherche, c'est que la hiérarchie ecclésiastique soit rétablie, au spirituel et au temporel, sur le plan de Grégoire VII; ce qu'il exige,
c'est que toute philosophie, à peine d'anathème,
se renferme dans la limite des prescriptions triden-
tines; ce qu'il se propose, ce n'est pas de suivre
l'humanité dans ses joyeuses aventures, mais de la
fixer, dans la cendre et le cilice, au pied de son
monument.

Que l'humanité, comète égarée, revienne un
jour à son soleil, et se fixe sur lui dans une orbite
régulière, c'est ce que nous devons désirer tous,
mais ce dont rien ne nous garantit la certitude.
Bien au contraire, l'humanité paraît, en vertu de
sa nature propre, s'éloigner de plus en plus, et le
christianisme mourir progressivement à ses regards; et tandis que le prêtre, les yeux ouverts par
la théologie, le contemple dans sa splendeur et son
immensité, il n'apparaît plus au vulgaire, à travers

le télescope de l'histoire, que comme un astre éteint, sans diamètre apparent et sans parallaxe...

— Eh quoi ! m'écriai-je presque épouvanté, vous, prêtre du Christ, c'est ainsi que vous interprétez les promesses ! L'humanité perdrait sans retour sa religion, et vivrait séparée de son Dieu ! Vous n'admettez pas même la possibilité d'une conversion ! Mais que pensez-vous donc de cette recrudescence des idées religieuses, qui s'est manifestée si hautement depuis l'installation de la République, de cette réprobation violente qui éclate par toute l'Europe contre les athées ?

Il me répondit, avec un sentiment de foi profonde mêlé d'ironie :

Le Christ nous a dit : *Pensez-vous que lorsque viendra le Fils de l'homme il trouve encore de la foi sur terre ?...* Je crois que le Verbe éclaire tour à tour, en chaque sphère des cieux, toute humanité ; je crois ainsi que la religion, dans l'infini des mondes, ne meurt jamais. C'est là que nous devons chercher la perpétuité et l'universalité de l'Eglise ; comme elle posséda notre terre, elle possède, en leur temps, tous les globes des cieux, conformément à ce qui est dit de l'éternité du Verbe, et de son universelle illumination. Mais je crois aussi que la capacité ou faculté de recevoir la foi dans toute âme vivante est bornée ; que si la grâce est gratuite, elle a pourtant sa mesure ; et qu'en toute sphère, comme il y a une heure pour la révélation, il y en a une aussi pour l'apostasie et le jugement...

Que vous dirai-je maintenant ? Ce qui fait croire à une réapparition du christianisme dans les âmes et au triomphe prochain de l'Église est le frémissement de cette faculté religieuse, dont je vous parle ; faculté toute humaine, qui n'est point la religion, qui est la condition psychique de la religion, comme l'œil est la condition physique, c'est-à-dire l'organe de la vue, comme le nez est l'organe de l'odorat. Cette faculté, que la critique de Voltaire n'avait point entièrement atrophiée, que Rousseau et les romantiques ont irritée ensuite, s'est fait ressentir de nouveau en 1848, à l'occasion du socialisme, à peu près comme, sous certaines influences atmosphériques, l'individu mutilé éprouve une sensation à l'extrémité du membre qu'il a perdu. Une politique religionnaire, qui ne croit point à elle-même, profite de ce hoquet de mysticisme pour évoquer la foi antique, et se faire un auxiliaire de l'Église, alors que l'Église est déjà tombée pour notre peuple sous l'horizon. Des prêtres, que l'abjection du sanctuaire humilie, que l'abaissement de la foi déconcerte, se prêtent à cette politique sacrilége, affectent un haut patronage sur l'état, s'immiscent dans les affaires des communes, se flattent de ressusciter par l'éducation une chrétienté morte de mort naturelle. Cette exhibition macabre ne saurait faire illusion à personne, aux vrais chrétiens encore moins qu'aux indifférents. La dignité de l'Église, l'honneur et la sécurité du sacerdoce, ne peuvent que s'y compromettre. Ici, il n'est plus question de foi, il ne s'agit que de psycologie.

La propagande des encyclopédistes avait desséché les sources de la foi. Survient une révolution, qui dépouille l'Église, dès longtemps feudataire de l'état, de ses propriétés, supprime les couvents, refait la carte de l'épiscopat. Une partie du bas clergé, qui se croit revenu aux temps de l'Eglise primitive, et quelques prélats, adhèrent à cette réforme, imposée au sacerdoce par des mains philosophiques. Les beaux esprits du temps, les chrétiens à la Jean-Jacques, s'imaginent que le prêtre, ainsi dégagé d'intérêts mondains, soustrait aux tentations du luxe et de l'avarice, va se mettre à l'unisson du siècle, et marcher avec lui. On pourra être religieux à la fois et sceptique, dîner avec son curé et se moquer de la communion! Quel moment pour une restauration, n'est-il pas vrai? Et comme la foi, d'accord avec la raison, va refleurir sous le soleil de la liberté!... Comme si ce n'était pas le comble de l'impiété de restaurer l'œuvre de Dieu! comme si le prêtre pouvait plier son caractère à ces accommodements! Non, l'Eglise, en tant qu'Eglise, ne pouvait consentir à sa dépossession, pas plus que Boniface VIII ne pouvait obtempérer aux sommations de Philippe le Bel; et si plus tard, dans le concordat de 1801, Pie VII reconnut la conquête de la Révolution, il faut voir dans cet acte forcé une élongation nouvelle du christianisme. Pleurons sur le schisme, qui de 89 à 1801 désola l'Eglise gallicane : ce schisme était inévitable. La révolution ne pouvait s'abstenir, sans aucun doute; mais l'Eglise non plus ne pouvait pas céder : il fallait, pour le maintien du droit canonique, que les prêtres assermentés fussent excommuniés par leurs collègues réfractaires. De ce moment la discorde, par nous allumée, court les villes et les campagnes, sépare l'époux de l'épouse; la conscience du peuple se trouble, parta-

gée entre l'hérésie et la contre-révolution. Le dilemme est posé à la liberté par le prêtre : Ou le
respect de la propriété ecclésiastique, ou l'athéïsme.
Et la liberté jette la mort au prêtre, et se fait
athée. Que dites-vous de ce premier essai de restauration religieuse?...

Enfin la révolution est consommée. Triom-
phante par la politique et par les armes, elle s'impose à l'Eglise comme pis-aller. Le *fait accompli*
couvre le testament de Dieu. La nation et le sacerdoce oublient leurs mutuelles injures : le prêtre
est homme aussi! et la paix, comme la misère, ré-
concilie tout. Alors, après les fêtes de la Raison,
après le culte de l'Être suprême et les agapes des
théophilanthropes, la religiosité mal antidotée
des masses se retourne vers l'ancien culte. Le
christianisme apparaît dans la pénombre plus
grandiose; on se passionne pour ses reliques; on
jurerait une apparition de la vieille foi. Telle est
l'attraction de l'âme vers les choses divines; et puis,

> Un seul jour ne fait pas d'un mortel catholique
> Un implacable athée, un brûlot anarchique.

Le premier Consul satisfit à ce retour de jeunesse,
en signant le concordat. C'était, dans l'opinion générale, un service signalé rendu à la cause sainte,
et d'une portée tout autre, vu la circonstance, que
la réinstallation de sainte Geneviève au Panthéon.
Mais est-ce que Dieu accepte les services des hommes?
est-ce qu'il se soucie de leur politique et de leurs
apologies? *Mon nom est sur leurs lèvres; mais leur
cœur est loin de moi!* Ni le concordat, ni les publications de MM. de Chateaubriand, de Bonald, de

de Maistre, etc., ne purent rendre à l'Eglise une influence acquise désormais à d'autres idées. Le sacerdoce condamné à rester dans sa discipline et dans sa foi, son retour ne parut à la génération révolutionnée, que ce qu'il était véritablement, une transaction tout humaine, affaire de sacristie et de reliquaire. La piété faiblit bientôt, et rapidement : quinze, seize ans s'étaient à peine écoulés depuis la réouverture des églises, lorsque l'abbé de Lamennais jeta son fameux cri d'alarme, l'*Indifférence !*

Indifférence ! voilà où en était le pays à la rentrée des Bourbons. L'Empereur avait cru rétablir le culte ; il n'avait fait que remplacer l'intolérance par l'indifférence, enveloppant dans le même sentiment le christianisme et toute religion. Cette aptitude du cœur, premier don de la grâce, qui avait amené la conversion du gentil et du barbare ; qui avait soupiré un instant dans les œuvres déistes de Rousseau et de Bernardin de Saint-Pierre et avait motivé le Concordat, maintenant elle était complétement éteinte. Il n'y avait plus, dans les âmes, de place pour la foi, et tandis qu'en 93, sous la Terreur, les pages de *l'Indifférence* eussent effrayé peut-être, en 1820 elles ne paraissaient plus que ridicules.

A cette voix, cependant, qui révéla la profondeur de l'incrédulité, il y eut un tressaillement dans l'Église. Une croisade apostolique fut organisée, sous les auspices du nouveau pouvoir, contre la philosophie et la révolution. L'année 1825 fut la grande époque des missions, suivie, en 1826, du jubilé. Eh bien ! qu'a produit cette surexcitati des consciences! Quelques débauchés, sans idées et sans vergogne, quelques jacobins décrépits, pour qui rien n'avait marché depuis Robespierre, englués par la parole de nos jeunes missionnaires : voilà les conversions éclatantes dont s'enrichirent à cette époque les fastes de la foi. Du reste les mêmes phénomènes qui avaient éclaté en 1801, dans la bourgeoisie, reparurent en 1825, dans le peuple. C'était le tour du peuple de faire à la religion de ses pères les derniers adieux. J'ai été témoin, dans ma ville bigote, de cet accès de dévotion intermittente, j'ai pu en observer tous les symptômes. J'ai vu hommes, femmes, jeunes gens, jeunes filles, se croiser, se confesser, répandre au pied des autels la surabondance de leur tendresse. Parce qu'ils étaient amoureux, ils se croyaient fidèles. Mais ce n'était que feu de paille, servant de chaufferette à la sensualité, comme il parut aux intrigues des jolies chanteuses avec les vicaires mondains. Les missionnaires, par une séduction pieuse, avaient eu l'idée de composer leurs cantiques sur les airs de la Révolution. Etrange façon de la faire oublier! En 1829, l'esprit révolutionnaire soufflait de partout; le *libertinage* avait repris ses droits; le peuple et la classe moyenne, secoués par la mission, avaient appris à se connaître : on s'en aperçut aux élections de 1830, où le clergé épuisa son influence et qui décidèrent la catastrophe de juillet. Avec le trône s'écroula la religion. Les porte-croix des missionnaires, devenus gardes nationaux, se mirent partout à détruire, au chant de la *Marseillaise*, le monument de leur piété : fiez-vous maintenant à la conversion d'une race révolutionnaire !

Quoi de plus? Le progrès est la croyance du siècle. L'humanité court, d'une course effrénée, et vous voulez que je croie à la résurrection du christianisme!... Le Christ aurait-il deux passions à endurer pour le salut des hommes?...

Sous Louis-Philippe, grâce à la protection de la Sicilienne Marie-Amélie, qui dans le cercle de ses commérages dévots crut faire autant de bien à la religion que son roué de mari faisait de mal aux mœurs publiques, le clergé travaille silencieusement à se refaire : il reprend position, sinon faveur. Sa foi est devenue plus âcre : c'est une revanche qu'il lui faut, et plus il se mêle aux agitations du siècle, plus il témoigne que le siècle gagne sur lui. Il sait à quoi s'en tenir sur le mouvement de l'*Idée*, et ne s'y engagera pas une seconde fois. Mais, par quels puissants travaux, par quelles fortes études, par quelle parole fondatrice, va-t-il capter l'attention de la multitude, racheter sa nullité passée, rajeunir la faculté de croire, combattre la folie du progrès? Quels contrepoids opposera-t-il à cette attraction fatale, qui ravit la civilisation à l'Église, l'humanité à son Dieu? O Providence adorable! le prêtre cherche la religion, il rencontre la superstition; il fuit la nouveauté, il donne dans la sénilité. La dévotion à sainte Philomène et au cœur de Marie, les guérisons miraculeuses de M. de Hohenlohe, *Dieu et l'Amour le plus pur*, des livres de piété dans le style à la mode, passionnés, voluptueux ou nauséabonds : voilà les créations de ce Verbe, qui jadis produisit les Origène, les Tertullien, les Augustin, les Hildebrand, les Bernard, les Thomas! La grande œuvre de l'Église moderne est celle de l'abbé Desgenettes, curé de Notre-Dame des Victoires, fondateur d'une société en l'honneur de la Vierge, dont il prétend avoir eu une révélation en disant sa messe. Moyennant un sou par semaine, chaque confrère et consœur participe aux suffrages de la société; et ce sou, à ce qu'on assure, produit à M. Desgenettes des millions. Que ne le fait-on ministre des finances! Maintenant *ab uno disce omnes*. Mesurez, d'après les exercices de M. Desgenettes, la puissance d'inspiration du christianisme dans notre clergé. Calculez son influence sur un siècle dix fois plus savant que celui de Constantin, et dix fois plus orgueilleux de sa science; et puis comptez sur la hauteur de doctrine, sur l'autorité du don prophétique, pour rendre à l'Église le gouvernement des sociétés modernes. Le sacerdoce s'affaisse, vous dis-je, et la religion envolée retourne au ciel d'où elle est venue.

Une révolution éclate : tous les écrivains l'ont annoncée; le prêtre seul n'a rien dit. Une république est proclamée : avant de la connaître, il lui offre ses prières. Des sectaires proposent leurs théories : il ne sait s'il doit applaudir ou condamner. Il y a des prêtres socialistes, il y en a d'anti-socialistes. Enfin, les bourgeois, les riches, ceux que Brydayne appelait *les oppresseurs de l'humanité souffrante*, lui révèlent que le socialisme, qui ne croit pas à Malthus, ne croit pas davantage à l'Église; et pour sauver l'Église, le sacerdoce se fait malthusien. Il flétrit, comme athée, le socialisme, sur la dénonciation de ces avares qui ne connurent jamais Dieu, et qui prennent le miroitement de leurs écus pour le soleil de la religion!

Non, il n'y a plus de sacerdoce, il n'y a plus de foi. Le christianisme ne tient plus qu'à cet instinct phosphorescent, dont je vous ai signalé l'extinction continue depuis Voltaire, qu'entretient, sous prétexte d'art, une littérature sensualiste; qu'adorent vos Héloïses nymphomanes, et que Robespierre, l'homme dont l'intelligence ne conçut, dont le cœur n'aima jamais rien, définissait l'*Être suprême*.

Connaissez-vous rien de plus niais que cet Être suprême, qui ressemble à un dieu comme l'*ordre* de vos doctrinaires ressemble à une politique, comme la *confiance* des agioteurs ressemble à une économie? Parlez-moi d'Allah, de Jéhovah, de Baal, de Brahma, de Pan, d'Osiris, de Vénus, de Thor, de Zeus, de cet Esprit qui dans toutes les théogonies féconde les Vierges, et que les Grecs personnifièrent en Priape; prenez, si vous voulez, les animaux et les légumes des Égyptiens : voilà des dieux vivants et significatifs, symboles plus ou moins grossiers, révélations préparatoires du Dieu chrétien. Mais l'Être suprême, *Bone Deus!* de quelle religion fut-il jamais, l'Être suprême?

C'est pourtant ce fantôme dont la vogue, ravivée par la flamme impure de la politique et des intérêts, conserve au christianisme un dernier souffle. Otez l'Être suprême, ôtez cet absolu dialectique, théomorphisé par les jacobins, les romantiques, et quelques communautaires; et l'idée de Dieu aura disparu de la société, il n'y aura plus de religion.

Et vous me demandez si je crois à une seconde mission de l'Église chrétienne? si je crois que cette Église, ainsi restaurée, puisse fournir à l'état qui la nie un principe de durée et de force? si c'est à ce mannequin, entouré de banderolles catholiques, que la France nouvelle dira, comme la fiancée romaine disait au jeune Romain son fiancé, *Sois mon Caïus, et je serai ta Caïa* ; donne-moi ta main, et je te donnerai mon cœur?...

O Fils des croisés, enfants de Loyola, postérité de cette illustre gentilhommerie, dont les Ordres, armés pour l'extermination de l'idolâtrie et de l'hérésie, faisaient la loi aux princes et embrassaient de leur réseau le monde fidèle; qui que vous soyez, chrétiens de la dernière et de la plus malheureuse des époques, n'essayez pas de donner le change à la Révolution : ce serait mentir au Saint-Esprit. Toute chair est révoltée, et nous hait. Nous sommes haïs d'une haine endémique, invétérée, constitutionnelle; d'une haine qui se raisonne, et s'accroît chaque jour de l'intelligence de son principe et de notre opposition. Après la mort de Cambyse, les mages, successeurs de Zoroastre et représentants de l'antique religion arienne, espérant à la fois rétablir leur culte dans sa pureté et leur propre institut dans sa puissance, entrèrent dans la conspiration d'un certain Smerdis, qui se disait fils ou neveu du grand Cyrus, et en cette qualité régna quelque temps sur les Perses. Mais bientôt la réaction des mages souleva contre elle les grands et le peuple. Smerdis fut détrôné; tous les mages, tous, massacrés; et une fête, la plus grande fête des Perses, instituée en réjouissance perpétuelle de ce massacre, la *Magophonia*. Toute religion se fonde par le sang; toute religion disparaît dans le sang. Adorons les desseins de la Providence, et que les

événements s'accomplissent! Bien pauvre serait
notre foi, si nous la faisions dépendre du nombre
des élus; bien faible notre espérance, si elle avait
besoin de garanties temporelles; bien mesquine
notre charité, s'il lui fallait pour aliment l'approbation des hommes! Le Christ est venu, le Christ se
retire : qu'il soit glorifié à tout jamais par ceux
qui, ne l'ayant pas vu, ont recueilli son amour,
et qui attestent sa parole!...

Que la religion puisse ainsi se distinguer de
l'humanité, comme l'entendait ce prêtre; que ce
soit celle-ci qui change, tandis que la première demeure immuable; ou bien que toutes deux confondant leur existence, la religion, de même que
l'état, n'étant qu'une des formes de la société, le
même mouvement les entraîne l'une et l'autre : le
résultat pour nous est absolument le même. Louis-
Napoléon ne peut se séparer de la société dont il
est le chef : donc Louis-Napoléon représente l'impiété révolutionnaire, impiété qui n'est pas seulement celle d'une époque, mais qui date de six
siècles. Quelle est cette impiété? le nivellement des
classes, l'émancipation du prolétariat, le travail
libre, la pensée libre, la conscience libre; en un
mot, la fin de toute autorité. Louis-Napoléon, chef
du socialisme, c'est l'ANTECHRIST!..

Or, en politique, de même qu'en économie, *On
ne vit que de ce que l'on est et que l'on crée* : cet
aphorisme est plus sûr que tous ceux de Machiavel.
Que Louis-Napoléon prenne donc hardiment son
titre fatal; qu'il arbore, à la place de la croix, l'emblème maçonnique, le niveau, l'équerre et l'aplomb:

c'est le signe du moderne Constantin à qui la victoire est promise, *in hoc signo vinces!* Que le 2 décembre, sortant de la fausse position que lui a faite la tactique des partis, produise, développe, organise, et sans retard, ce principe qui doit le faire vivre, l'anti-christianisme, c'est-à-dire, l'anti-théocratie, l'anti-capitalisme, l'anti-féodalité; qu'il arrache à l'Église, à la vie inférieure, et qu'il crée en hommes ces prolétaires, grande armée du suffrage universel, baptisés enfants de Dieu et de l'Église, et qui manquent à la fois de science, de travail et de pain. Tel est son mandat, telle est sa force.

Faire des citoyens avec les serfs de la glèbe et de la machine; changer en sages des croyants ahuris; produire tout un peuple, avec la plus belle des races; puis, avec cette génération transformée, révolutionner l Europe et le monde : ou je suis moi-même aussi aliéné de la civilisation que le dieu chrétien, ou il y a de quoi satisfaire à l'ambition de dix Bonaparte.

VII.

SEPT MOIS DE GOUVERNEMENT.

J'ai dit ce qu'était le 2 décembre de par la *né-cessité des choses* : il reste à savoir ce qu'il prétend être de par sa *volonté*.

J'appelle *volonté*, dans un gouvernement, non pas l'intention, qui s'entend exclusivement des personnes, et peut être présumée toujours bonne; mais la tendance, impersonnelle et collective, qu'accusent ses actes. Si despotique, en effet, que paraisse un gouvernement, ses actes sont toujours déterminés par les opinions et les intérêts qui se groupent autour de lui, qui le tiennent dans leur dépendance beaucoup plus qu'il ne les tient dans la sienne, et dont l'opposition, s'il essayait de les braver, amènerait infailliblement sa chute. Au fond, la souveraineté d'un seul n'existe nulle part.

Mais si la volonté, dans le pouvoir, est impersonnelle, elle n'existe cependant pas sans motifs; elle repose sur des considérations, vraies ou fausses, qui, adoptées par le gouvernement, et introduites

7.

dans l'histoire, y deviennent à leur tour, par l'entraînement des conséquences, une seconde nécessité. D'où il suit que pour tout gouvernement, dans lequel la volonté n'est point identique et adéquate à la raison d'être, il y a deux espèces de causes nécessitantes, les unes objectives, qui résultent de la donnée historique ; les autres subjectives, et qui ont pour bases les considérations plus ou moins intéressées qui le gouvernent.

Historien impartial, dégagé de tout ressentiment de parti, j'ai constaté, à l'avantage du 2 décembre, la raison historique, objective, et fatale de son existence. Je vais de même, sans malignité ni indiscrétion, en me tenant toujours dans la pure philosophie, descendre dans l'âme de ce pouvoir, rechercher le secret de ses décisions, secret que lui-même, j'oserais presque l'affirmer, ne connaît pas. La polémique et la satire me sont interdites : je n'en éprouve nul regret. Puissent à leur tour mes lecteurs confesser que je n'y ai rien perdu !

Quelle est donc la tendance du nouveau pouvoir, puisque c'est elle seule, après la chaîne des faits, qui importe à l'histoire, et qui compte en politique ? Quelle est la raison secrète, spontanée, qui, à son insu peut-être, dirige l'Élysée ? Tandis que sa signification historique lui assigne pour but la révolution, où le poussent, d'un commun effort, ses attractions et ses influences ? où va-t-il, enfin ?

A L'EMPIRE ! telle est la réponse uniforme. Et satisfaite d'une solution qui ne touche qu'à la superficie des choses, l'opinion s'arrête, attendant, avec plus d'inquiétude que de sympathie, cette manifestation impériale.

L'empire, il ne sert à rien de le nier, se laisse voir dans le train de maison, dans le style et l'étiquette de l'Élysée. Il apparaît dans la restauration des emblèmes, l'imitation du formulaire, la commémoration des idées, l'imitation des moyens, l'ambition plus ou moins déguisée du titre. Mais tout cela accuse plutôt un souvenir qu'un principe, une velléité qu'une spontanéité. Nous cherchons l'idée, on nous montre le symbole. L'empire serait proclamé demain, que je demanderais encore, comment, et en vertu de quoi l'empire existe, d'autant plus que rétablir un nom, ce n'est pas refaire une chose. Que Louis-Napoléon se fasse couronner un 2 décembre, des mains du Pape, dans l'église Notre-Dame : il ne sera pas plus l'empereur que Charlemagne acclamé en 800 par le peuple romain, ne fut césar. Entre Napoléon empereur, et Louis-Napoléon président de la République, il s'est passé trop de choses pour que celui-ci devienne le continuateur pur et simple de celui-là. De même qu'il n'y eut rien de commun entre le premier et le second empire romain, il n'y aurait non plus rien de commun entre le premier et le second empire français, rien, dis-je, si ce n'est peut-être le despotisme : or, c'est justement de ce despotisme que nous demanderions à voir, dans les conditions de l'époque, l'origine, la raison.

Les impulsions auxquelles obéit le 2 décembre, qui constituent ce que j'appellerai sa raison ou volonté propre, par opposition à sa raison historique, ont toutes leur point de départ dans la manière dont il entend la délégation.

Pour lui, de même que pour le vulgaire, l'élu du peuple n'est point, comme le dictateur romain, l'organe de la nécessité du moment, enfermé dans un cercle de conditions historiques, économiques, stratégiques, etc., qui lui tracent son mandat. L'élu du peuple, dans la pensée de l'Elysée, est affranchi de toutes considérations circonstancielles ; il agit dans l'indépendance absolue de ses inspirations. Il ne reçoit pas la loi des faits du dehors, il la produit du fond de sa prudence. Au lieu de chercher, comme nous l'avons fait, par une analyse infatigable, la nécessité de chaque jour, afin de la convertir en loi, et d'en procurer l'exécution ; il se crée à lui-même un idéal, que chacun de ses actes a pour objet de réaliser ensuite, et qu'il applique, d'autorité, à la nation. C'est ainsi que l'Église catholique, en vertu de la mission qu'elle s'attribue d'en-haut, tend incessamment à ramener la société à son type, sans tenir aucun compte des données de l'économie, de la philosophie et de l'histoire. Telle est l'humanité selon la foi, dit-elle ; rien en deçà, rien au-delà. Le 2 décembre suit exactement la même conduite. Il se meut dans une sphère d'idées à lui ; il gouverne d'après une certaine spontanéité de raison qui lui fait accepter ou rejeter l'enseignement des faits, suivant qu'il les juge conformes ou contraires à son propre dessein. Le 2 décembre, en un mot, se comporte avec le pays comme si le pays lui avait tenu ce langage : « J'ai » été peu satisfait du système de la Restauration, » de celui de Louis-Philippe, et j'ai peu profité de » celui des républicains. Je vous charge mainte- » nant d'appliquer le vôtre. Commandez, j'obéis.

» Ma confiance fait votre droit ; ma liberté sera dans
» ma soumission. »

C'est là ce que je nomme *subjectivisme* dans le
pouvoir, par opposition à la loi OBJECTIVE, que ré-
vèle la génération des faits et la nécessité des
choses. Le subjectivisme est commun à tous les
partis, aux démocrates aussi bien qu'aux dynastiques ; son action est plus intense dans notre pays
que chez aucun autre peuple. C'est de lui que nous
viennent cette manie des gouvernements forts, et
ces réclames en faveur d'une autorité qui, plus
elle se cherche dans une pareille voie, moins elle
parvient à s'atteindre.

Le premier fruit de la politique subjective, en
effet, est de soulever autant de résistances qu'il
y a d'idées et d'intérêts, conséquemment d'isoler
le pouvoir, de lui faire un besoin constant dès restrictions, défenses, censures, interdictions ; finalement, de le précipiter, à travers les mécontentements et les haines, dans les voies du despotisme,
qui sont le bon plaisir, la violence et la contradiction.

A ce propos, je ne puis m'empêcher de faire,
entre la subjectivité du 2 décembre et celle du
Gouvernement provisooire, un rapprochement qui
porte déjà sa leçon.

Tandis que le Gouvernement provisoire, par religion démocratique, s'abstenait, s'efforçait de rallier
les partis et les intérêts, ne réussissait qu'à les soulever tous, et s'usait dans l'insignifiance ; on va
voir l'Élysée, aspirant à les dominer, les frapper
l'un après l'autre, tailler de droite et de gauche à
coups de décrets, déployer une énergie irritante,

OSER, mais en osant, se compromettre par la personnalité, trop apparente, de sa politique. Le Gouvernement provisoire, avec ses bulletins, avait fait de la nullité ; le 2 décembre, avec sa terreur, fait de la bascule. Toutes choses compensées, l'un n'avance guère plus que l'autre ; les mêmes difficultés, accompagnées des mêmes oppositions, subsistent. Le Gouvernement provisoire, ignorant la révolution, la laissait tomber ; le 2 décembre veut lui faire sa part, la soumet à ses vues, et de fait l'escamote. Le Gouvernement provisoire s'en est allé ; le 2 décembre ne se soutient déjà plus que par la force. Mais la force qui ne sait que contraindre au lieu de créer engendre la haine, et la haine est le salpêtre qui fait sauter les gouvernements. Puisse ne pas l'éprouver, à ses dépens et à nos frais, Louis-Napoléon !...

1. Opinion du 2 décembre sur sa propre signification.

La proclamation de Louis Bonaparte se référait, ainsi qu'on l'a vu, aux principes de 89. Elle accusait les vieux partis, se prononçait contre la royauté, réclamait les améliorations tant promises, faisait appel, enfin, aux sentiments révolutionnaires.

Ce langage a-t-il été soutenu ? Oui et non, tour à tour, suivant que la politique du moment jugeait à propos d'avancer ou de reculer.

D'abord, la dissolution d'une assemblée aux trois quarts royaliste, et l'arrestation des principaux chefs des partis dynastiques, semblaient témoigner d'un parfait accord entre les vues de l'Élysée et la donnée révolutionnaire. Mais huit jours ne s'étaient pas écoulés que les journaux du pouvoir, coopérateurs du coup d'état, parlaient d'un autre style. C'était pour sauver la religion, pour rétablir le principe d'autorité, pour défendre la propriété et la famille, que Louis-Napoléon avait mis fin à une situation trop tendue ; c'était, enfin, pour museler la révolution. *L'Univers religieux* osait écrire, et n'était pas contredit, que ces rappels à la révolution et aux principes de 89 étaient *phrases de circonstance,* dont personne ne pouvait être dupe ; qu'*en fait* le coup d'état était dirigé contre les principes, l'esprit et les tendances de la révolution. Et les décrets concernant le jury, la garde nationale, la suppression de la devise *Liberté-Égalité-Fraternité,* la substitution du nom de Louis-Napoléon à celui de la république dans les prières publiques, venaient à l'appui de l'interprétation insolente de *l'Univers.*

La constitution du 15 janvier reproduisit la pensée du 2 décembre. — « Elle reconnaît, dit l'ar- » ticle premier, confirme et garantit les grands » principes proclamés en 1789, et qui sont la base » du droit public des Français. » — Comment les appliquait-elle ces principes ? c'est ce que nous examinerons plus bas. Mais, le surlendemain de la promulgation, *l'Univers,* revenant à la charge, écrivait encore :

« Nous ne sommes point alarmés de la déclara- » tion faite en l'honneur des principes de 89, » quoique cette formule par elle-même ait toujours » quelque chose d'inquiétant. Il y a plusieurs es- » pèces de principes de 89 : ceux des cahiers, ceux » de la déclaration du roi, ceux de l'Assemblée » constituante. Ce que les cahiers voulaient, ce que

» le roi acceptait, tout le monde le veut ou l'ac-
» cepte : c'était le fonds constitutif de la monar-
» chie française. Il n'y a point de théorie, si ferme
» qu'elle soit, qui ne s'incline à cet égard devant
» les faits accomplis. Le 89 de l'Assemblée consti-
» tuante, *le vrai 89 révolutionnaire*, est antipa-
» thique au caractère national. C'est le dogme des
» philosophes, des parlementaires, des niveleurs;
» c'est l'abus de la Liberté. *Loin de consacrer ces*
» *prétendus principes, la constitution nouvelle en*
» *est la négation.* »

Est-ce *l'Univers* qui a menti, ou la constitution
du 15 janvier?

Si nous suivions pas à pas les actes du pouvoir,
ils nous répondraient, interrogés l'un après l'autre:
C'est *l'Univers;* — C'est la constitution; — C'est
l'Univers; — C'est la constitution; — C'est *l'Uni-*
vers..., sans que nous pussions arriver à une réponse positive. D'où vient cette incertitude? d'un
fait très-simple, qui restitue en partie à la constitution du 15 janvier sa bonne foi, et enlève aux
jésuites de *l'Univers* l'honneur d'un mensonge de
plus. C'est que Louis-Napoléon, d'après la manière
dont il interprète la délégation qui lui a été faite
par le peuple, n'accepte évidemment la révolution
que sous bénéfice d'inventaire, et dans la mesure
de ses propres pensées; c'est qu'au lieu de se subordonner à elle, il tend, par une opinion exagérée
de ses pouvoirs, à la subordonner à lui; c'est enfin
qu'ayant contre lui tous les partis, et ne pouvant,
ne sachant, ou n'osant, ni se prononcer pour aucun, ni en créer un nouveau qui soit le sien, il se
trouve dans la nécessité de diviser ses adversaires,

et pour se maintenir, d'invoquer tour à tour la révolution et la contre-révolution. Cela, dans un certain monde, passera peut-être pour prudence, habileté ; mais c'est ce que j'appelle utopie, inintelligence du mandat, trahison à la fortune, infidélité à son étoile. Le chef d'état à la place de la raison d'état, l'homme se substituant à la nature des choses, il n'y a plus dans le gouvernement ni unité de vues, ni sincérité, ni force. Il se croit sûr, et il tâtonne ; intelligent, et il ne sait ni ce qu'il fait ni où il va. Il s'appelle Bonaparte ou Napoléon, et il ne peut dire quelle est sa nature et son titre. Abandonné à lui-même, il s'égare dans le dédale de ses conceptions. Qu'il poursuive dans cette voie, sans gloire et sans issue, et j'ose prédire à Louis-Napoléon qu'il n'arrivera pas même à la hauteur de M. Guizot, le docteur de la subjectivité gouvernementale, le théoricien de la bascule ; de M. Guizot, qui faisait de la corruption par *grande politique*, de l'intrigue par naïveté, de la violence par vertu ; de M. Guizot, le dernier des hommes d'état, s'il n'en avait été le plus *austère...*

2. Actes du 2 décembre relatifs au clergé.

Le 7 décembre, alors que la bataille sur quelques points des départements durait encore, un décret du Président de la République rendait au culte le Panthéon. C'était naturel.... au point de vue de la subjectivité !

Depuis 1848, le clergé, tout en suivant ses propres desseins, n'avait rendu que de bons offices à Louis-Napoléon, dont cependant il répudiait l'origine, la tradition et la raison. L'élection du 10 décembre avait été pour le clergé l'occasion d'une campagne contre les infidèles ; l'expédition de Rome, faite à son bénéfice, ne l'avait pas trouvé moins ardent ; et dans le coup d'état qui écrasait le socialisme il voyait une manifestation de la Providence. Avec ce système d'interprétation providentielle, l'Église sert qui elle veut, autant qu'il lui convient ; elle n'est jamais embarrassée dans ses panégyriques et ses anathèmes. Elle chante pour tous les pouvoirs, suivant qu'ils concourent à ses desseins, jure par tous les principes, aujourd'hui affirmant la souveraineté du peuple, *Vox Populi*, demain le droit divin, *Vox Dei*. Elle seule a le privilége de prêter serment sans engager sa conscience, comme de donner, à qui bon lui semble, *le bon Dieu sans confession*. Sa subjectivité l'élève au-dessus de toute loi. Le Président de la République, dont la foi ne dépasse pas sans doute celle du charbonnier, n'a pas regardé à l'intention : il s'est montré reconnaissant. Après le Panthéon, il a livré au clergé les colléges, déclaré les cardinaux de plein droit membres du Sénat, rétabli les aumôniers dans les régiments, supprimé, à la satisfaction des jésuites, les chaires de philosophie, l'école normale, pépinières d'idéologues ; assigné aux vieux vicaires une pension de retraite sur les biens d'Orléans, etc. Pouvait-il moins pour ses fidèles alliés ?... Soyons donc justes, et bien que la philosophie soit en interdit, considérons les choses philosophiquement.

Certes Louis-Napoléon, en donnant au clergé des marques si éclatantes de sa gratitude, n'a voulu autre chose que se conserver, en face des partis hostiles, un auxiliaire qui les pénètre et traverse tous. Il flattait d'ailleurs la ferveur, si subitement réveillée après février. N'est pas qui veut inventeur d'une religion. — Il faut, clamait la réaction, une religion au peuple! — Louis-Napoléon trouve sous sa main le catholicisme; il s'empare du catholicisme. Si ce n'est pas d'un génie transcendant, c'est au moins d'une pratique facile; et pour ma part, je loue sans réserve Louis-Napoléon de n'avoir point dogmatisé en matière de foi.

Mais, en s'engageant vis-à-vis du clergé, Louis-Napoléon a fait acte de politique purement individuelle, et si habile que soit cette politique, elle n'en compromet pas moins le principe véritable, qui est la révolution. Le parti prêtre, depuis Charles X, n'existait plus; les décrets du Président l'ont ressuscité. Louis-Napoléon lui-même l'a compris; et comme son intention n'est point apparemment, en se faisant du clergé un instrument de pouvoir, de lui accorder plus que n'avait fait l'Empereur, il a imposé par avance une borne aux empiétements de l'Eglise, dans ce réglement d'études qui débarrasse l'enseignement des sciences des conditions littéraires, et réserve à l'état, sur les écoles ecclésiastiques, un droit de haute inspection. Part à la religion et part à la science; part à la foi et part à la libre pensée; part à l'Église et part à l'état : tel est le principe d'équilibre, gloire de l'ancienne *doctrine*, qu'a suivi Louis-Napoléon, après avoir, moitié par reconnaissance, moitié par besoin, relevé le parti prêtre.

C'est déjà chose grave que dans une république les convenances du chef puissent ainsi être substituées à celles de la nation. Mais, comme dit le proverbe, un mal n'arrive jamais seul , et voici qui est bien autrement inquiétant pour nous. Avec l'Eglise, il n'est point d'équilibre : le 2 décembre sera poussé plus loin qu'il n'a voulu. Il n'est pas dans le caractère de l'Eglise de souffrir des bornes à son apostolat ; elle n'accepte point de partage ; elle veut tout, demandez à *l'Univers*. Le droit d'inspection, entre autres, la blesse profondément. Par ce droit, en effet, elle est constituée en dépendance de l'état ; l'autorité divine , dont elle se prévaut, la révélation, les écritures, les conciles, tout cela est nié. A peine relevée par le bras séculier, l'Eglise aspire donc à le dominer ; l'antagonisme des deux puissances, spirituelle et temporelle, recommence : on peut prévoir ce qui en sortira.

Supposons à l'établissement actuel une certaine durée. De deux choses l'une : ou bien il se rapprochera de la démocratie , et rentrera dans le mouvement révolutionnaire, dont le premier acte sera d'effacer des institutions du pays le catholicisme ; ou bien il persistera dans son système d'initiative , et dans ce cas, n'ayant que l'Eglise, avec l'armée, à opposer à l'action hostile des partis, il sera conduit de concession en concession à sacrifier à son alliée tout ce qui reste des libertés maintenues par la constitution.

Alors retentira de nouveau contre l'Eglise le cri de Voltaire, *Écrasez l'infâme!*... Alors aussi le clergé répondra aux libres penseurs par des représailles d'intolérance ; les égards, de simple convenance , que la loi recommande en faveur des cultes, se changeront en une obligation de pratique

ostensible, et toute profession d'incrédulité, manifeste ou tacite, sera poursuivie comme outrage à la
religion et scandale pour les mœurs. Il serait
étrange que l'étourderie d'un Labarre fût punie du
supplice, tandis qu'il n'y aurait que des récompenses pour les écrits d'un Dupuis et d'un Volney!
L'inquisition qui déjà plane, invisible, sur la
librairie, arrêtera dans son essor toute philosophie.
En vertu du principe que l'enfant appartient à
l'Eglise avant d'être à la famille, elle s'immiscera
dans le ménage, s'asseoira au foyer domestique,
surprendra le secret du père mécréant, qu'elle dé-
noncera ensuite, comme traître à son Dieu, à sa
patrie, à ses enfants, et livrera au bras séculier.
Ces jours de triomphe pour l'Eglise ne sont pas si
éloignés, peut-être. Ne possède-t-elle pas l'instruction publique, avec laquelle elle se propose de
refaire la génération? N'a-t-il pas été question de
rendre obligatoire la sanctification du dimanche?
Et qui m'assurerait que dans l'immense razzia qui
a suivi le 2 décembre, le crime d'indévotion n'a
pas été pour beaucoup de citoyens la cause première de la transportation et du bannissement?...

Eh bien ! que le pouvoir, que l'Eglise recueillent
ici ma profession de foi.

Je m'en tiens aux *principes de* 1789, garantis
par la constitution du 15 janvier. J'ai rompu, depuis la guerre de Rome, pour moi et pour les
miens, avec l'Eglise ; et je proclame bien haut
mon libre arbitre. Que le prêtre prodigue ses services à ces êtres infortunés, voisins encore de la
brute, vicieux par l'excès de leur nature animale,
qui pour pratiquer la justice ont besoin d'une

sanction infernale : je loué cette charité, qu'aucune institution n'a su remplacer encore ; et si, en assistant la faiblesse de mes frères, le prêtre respecte ma conscience, je le remercie au nom de l'humanité. Mais moi, je crois n'avoir aucun besoin de ces formules mystiques ; je les repousse comme injurieuses à ma dignité et à mes mœurs. Le jour où je serais forcé, de par la loi, de reconnaître la religion catholique, apostolique et romaine, pour religion de l'état; de faire acte de comparution à l'église et au confessionnal, d'envoyer mes enfants au baptême et à la sainte table, ce jour-là aurait sonné ma dernière heure. Défenseurs de la famille, je vous montrerais ce que c'est qu'un père de famille! Je ne crains rien pour ma personne : ni la prison ni les galères ne m'arracheraient un acte de latrie. Mais je défends au prêtre de porter la main sur mes enfants ; sinon, je tuerais le prêtre...

3. Actes du 2 décembre envers les républicains.

Je comprends ce qu'on appelle, par une assimilation du bon plaisir de l'homme à la loi des choses, raison d'état. Je sais que la politique n'est pas plus la charité que la morale, et j'admets qu'un chef de parti qui entreprend de donner la paix à son pays et d'en réformer les institutions en s'emparant du pouvoir par un coup de main s'assure ensuite de l'inaction de ses adversaires, par l'arrestation de leurs personnes. *Qui veut la fin veut les moyens :* une fois hors de la légalité, ce principe ne connaît plus de limites. Et c'est pourquoi je suis opposé à la dictature, et à toute espèce de coup d'état.

Mais, même en me plaçant sur ce terrain immoral de la force, je dis encore qu'il est, pour le dictateur, des considérations qui règlent l'exercice de son pouvoir et dominent sa subjectivité. L'arbitraire, en un mot, n'est pas vrai, même au service de l'arbitraire : comment en ferait-on, pour un seul jour, un principe de gouvernement?

Louis-Napoléon s'était proposé d'éteindre les partis : on a pu juger quelle différence il mettait entre eux, et avec quelle mesure inégale il traitait les dynastiques et les républicains. Établissons d'abord les faits.

Dès 1848, Louis-Napoléon, par le concours des partis conservateurs et l'opposition des nuances républicaines, qui portaient contre lui à la présidence MM. Cavaignac, Ledru-Rollin, Raspail, se trouvait de fait l'allié, le chef de la réaction. Cette position, évidemment fausse, et qui, je l'avoue pour ma part, fit jusqu'au 2 décembre l'espoir des républicains, n'eût pas dû se prolonger au delà de la période électorale. D'autres conseils dirigèrent l'Elysée : comme, en gage de bon accord, il avait adopté la politique des réacteurs, il leur demanda ses ministres. La journée du 13 juin, les élections de mars et avril 1850, la loi du 31 mai, etc., en resserrant chaque jour davantage les liens qui unissaient le Président à la contre-révolution, creusèrent l'abîme qui le séparait de la république.

En 1851, commença la scission qui devait l'affranchir de la majorité et aboutir au coup d'état. Louis-Napoléon rentrant ainsi dans la vérité de son rôle,

on devait logiquement s'attendre à ce que, tandis
qu'il serait en butte aux attaques de la majorité, il
serait appuyé par la gauche républicaine. Mais l'évolution qui venait de s'accomplir dans l'Assemblée
était loin d'entraîner le pays. Pendant que majorité
et minorité devenaient de plus en plus hostiles à
Bonaparte, les masses conservatrices, aussi mécon-
tentes de la majorité que le parti républicain l'était
de la Montagne, effrayées surtout de 1852, conti-
nuaient à se grouper autour du Président. C'est
dans ces dispositions que le coup d'état trouva le
pays. Le 2 décembre, quand les républicains se levèrent pour la défense de la constitution, les conservateurs se levèrent contre les républicains. Le
coup d'état fut ainsi détourné, comme l'élection
de 1848, au bénéfice de ceux qu'il menaçait : après
avoir commencé par une invocation à la révolution, il finit par une Saint-Barthélemy de révolutionnaires.

Puisque nous étions en dictature, il appartenait
au dictateur, tout en prenant ses sûretés contre les
hommes, de se prononcer une bonne fois sur les
choses. Que ne disait-il, à présent que rien ne le
pouvait gêner, et de manière à être entendu : *Je
suis la révolution, et la démocratie, et le socialisme!*
Comment, à peine échappé du traquenard des
questeurs, se laissait-il aller une seconde fois à l'entraînement fatal de la réaction? Certes, on ne saurait rapporter à Louis-Napoléon ces tables funèbres,
dressées par les commissions militaires, et qui ont
survécu à l'état de siége. Connaît-il un sur mille des
individus proscrits? sait-il les noms de tous ces citoyens, ouvriers, laboureurs, vignerons, industriels,

gens de loi, savants, propriétaires, qu'a frappés la terreur décembriste? non. Il a donc laissé faire : pourquoi? Que signifie cette contredanse où la révolution est invoquée comme principe et moyen, et le personnel révolutionnaire proscrit; où le principe dynastique est nié, et les partisans des dynasties pris pour conseils et auxiliaires?...

A Dieu ne plaise que je vienne semer dans ma patrie de nouveaux ferments de haine. Mais comment parviendrons-nous à rétablir la concorde, sans laquelle il n'y aura jamais pour nous de liberté, si nous n'apprenons à connaître la mécanique fatale qui nous arme les uns contre les autres, et nous pousse à nous exterminer? Ce sont les terrorisés de 52 qui sont devenus tout à coup, en 51, terroristes; c'est Bourbon, c'est Orléans, qui, tandis que Louis-Napoléon les jetait à Paris par les fenêtres, prêtaient main-forte dans les départements à ses soldats. Ce sont les hommes des vieilles monarchies, qui dès avant le 10 décembre 1848 remplissant les administrations, les tribunaux, les états-majors, propriétaires, capitalistes, grands entrepreneurs, effrayés des menaces de quelques fous, tremblant pour leurs fortunes et pour leurs vies, ont dirigé les arrestations, les perquisitions, les exécutions, et décidé, par l'emportement de leur égoïsme, la victoire du coup d'état contre leurs propres chefs.

Maintenant quelle est la situation?

Louis-Napoléon se flatte d'avoir détruit les partis dynastiques en prenant leur place et ruinant leurs princes; ces partis de leur côté considèrent comme un succès d'avoir obtenu de l'Élysée, pour part de butin, la proscription des démocrates. Qui a gagné, qui a perdu, dans cette campagne de contrerévolution? Il est aisé d'en faire le compte.

A présent que la République paraît écrasée, que la population est épurée, le pays placé sous un pouvoir tellement fort, que les vieilles monarchies peuvent déjà se représenter, dans la perspective, avec un vernis de libéralisme (voir les discours de MM. de Kerdrel et Montalembert au Corps législatif), les partisans des dynasties se séparent de Louis-Napoléon. Deux actes leur ont suffi pour opérer ce mouvement, et replacer l'Élysée dans une position critique : l'un est la lettre du comte de Chambord, qui interdit aux royalistes le serment; l'autre, l'opposition formée par les princes d'Orléans aux décrets du 22 janvier 1852. *Liberté-Propriété*, voilà la devise des royalistes, non plus contre la démocratie, mais contre Louis-Napoléon. Quant au coup d'état, bien qu'ils en acceptent les fruits, ils s'en déclarent innocents. Ils ne l'ont point conseillé, loin de là ils l'ont combattu. MM. Berryer, Vitet, Vatimesnil, etc., n'ont-ils pas signé la déclaration de déchéance de Louis-Bonaparte et sa mise hors la loi? MM. Thiers, Duvergier de Haurane, Baze, Changarnier, ne sont-ils pas proscrits? Sans doute, disent-ils, en foudroyant la démocratie et le socialisme, Louis-Napoléon a rendu à la société un service immense; mais en usurpant un pouvoir qui devait être décerné librement, en imposant de son chef une constitution qui n'a été ni discutée ni acceptée, qui est nulle de plein droit, dont l'application est un outrage quotidien aux libertés et aux traditions du pays, Louis-Napoléon s'est joué de la foi publique, et déclaré ennemi des Français.

L'Empereur, lui aussi, avait eu la faiblesse de ces perfides alliances. Sa politique d'intérieur ne fut qu'une suite de concessions aux émigrés et aux prêtres, et de persécutions envers les patriotes. Quand les royalistes lui lançaient une machine infernale, il envoyait à Madagascar cent républicains. Combien, sur les champs de bataille de Leipsig et de Waterloo, trahi par l'armée saxonne et par Bourmont, abandonné, comme Roland à Roncevaux, par Grouchy, il dut regretter ces 35,000 vieux soldats de la République, que sa méfiance envoya périr inutilement à Saint-Domingue ! Ah ! s'écriaient les *brigands de la Loire*, de retour dans leurs foyers, s'il n'avait pas rappelé les nobles ! s'il n'avait pas rétabli les prêtres ! s'il n'avait pas renvoyé Joséphine ! c'était, pour les soldats de l'empire, la déesse de la révolution que cette Joséphine. S'il n'avait pas épousé l'Autrichienne ! Ah ! ah ! ah !... *Sacer esto.*

4. Actes du 2 décembre concernant la réforme économique.

Résoudre la bourgeoisie et le prolétariat dans la classe moyenne ; la classe qui vit de son revenu et celle qui vit de son salaire dans la classe qui, à proprement parler, n'a ni revenu ni salaire, mais qui invente, qui entreprend, qui fait valoir, qui produit, qui échange, qui seule constitue l'économie de la société et représente véritablement le pays : telle est, avons-nous dit, la véritable question de février.

Ici, comme en plusieurs autres circonstances, j'aime à reconnaître que le 2 décembre n'a point failli par l'intention. C'est même dans les actes relatifs à la résolution des classes que Louis-Napoléon a le mieux montré à quel point il comprenait son mandat. Mais ici encore des considérations purement subjectives ont détourné le 2 décembre du véritable but, et neutralisé son bon désir. Là où le Président de la république aurait dû chaque jour recruter des adhésions par milliers, ses fondations ont passé presque inaperçues de la classe moyenne et du peuple, soulevé, du côté de la bourgeoisie, des méfiances et des mécontentements. D'autres vanteront cette politique de prétendue pondération et d'insensible progrès, qui désaffectionne les classes influentes et laisse indifférentes les masses : je m'en plains au nom de la sûreté publique et de la Révolution.

Rien n'est plus aisé, quand on le voudra, que d'accomplir, sans la moindre secousse, la révolution sociale, dont l'attente paralyse la France et l'Europe.

On comprend d'abord que pour ce qui regarde *la classe la plus nombreuse et la plus pauvre*, la Révolution consistant en garantie de travail, augmentation de bien-être, développement de connaissance et de moralité, aucune opposition aux mesures révolutionnaires ne peut surgir de ce côté-là. Le prolétariat ayant tout à recevoir, ne fera jamais obstacle à une révolution qui a pour but de lui tout donner.

Quant à la classe moyenne, il faut la considérer tout à la fois comme partie agissante, partie don-

nante'et partie prenante : au total, son compte de
révolution, si j'ose ainsi parler, doit se balancer
en sa faveur par une augmentation d'affaires, de
bénéfices, de pouvoir, de popularité, de sécurité.
Elle est le moniteur du peuple, dans cet enseignement mutuel de la révolution, et la cheville ouvrière du progrès : il ne s'agit pour le gouvernement que de la mettre au pas, en lui donnant
l'exemple, puis la laisser faire. De ce côté encore
point de résistance à craindre, point de difficulté.

Tout l'embarras provient de la bourgeoisie, dont
il s'agit de transformer l'existence, et qu'il faut
amener, par la conviction de la nécessité et le soin
de ses intérêts, à changer volontairement l'emploi
de ses capitaux, si mieux elle n'aime courir le
risque de les consommer dans l'improductivité,
et par suite d'arriver rapidement à une ruine
totale.

Comment cette conversion de la bourgeoisie,
plus difficile sans doute à opérer que celle du 5 0/0,
a-t-elle été attaquée ? Il n'y fallait que de la justice :
on y a mis de l'invective et de la mollesse.

Puisque, suivant les journaux élyséens, qui n'ont
pas encore fini d'exploiter ce misérable thème, le
coup d'état avait été dirigé uniquement contre les
rouges, les *socialistes*, les *partageux*, les *brigands*,
les *jacques*; qu'ainsi les bénéficiaires du 2 décembre
étaient les capitalistes, rentiers, propriétaires, gens
à priviléges, monopoleurs, sinécuristes, tout ce qui
est bourgeois, enfin, la conséquence était, ce semble,
qu'on leur en laissât, le plus longtemps possible,
l'illusion. La politique, au moins celle de cour,
prescrivait de ménager cette classe rancunière, de

la rendre de plus en plus complice du gouvernement, de l'engager, d'abord par ses vanités, ses
préjugés, ses terreurs, puis par l'autorité de ses
premières démarches, dans les nouvelles réformes.

La politique qu'on adopta fut celle de Louis XIV
et de Mazarin. On voulait bien refouler la nouvelle
féodalité, mais sans la détruire, et en tant seulement qu'elle pouvait contrarier le pouvoir; servir
le peuple, mais sans l'élever au-dessus de sa condition.... C'est du moins ce qui résulte, pour moi,
des actes du 2 décembre.

Comme le besoin de popularité se faisait sentir,
d'autant plus vivement que la bourgeoisie apportait
plus de zèle à la réaction, on manqua de mesure,
et le congé fut signifié à celle-ci outrageusement.
En lui rappelant le service rendu par le coup d'état,
on lui reprochait presque de l'avoir rendu nécessaire par son incapacité gouvernementale, et son
esprit révolutionnaire. *L'Univers, la Patrie, le
Constitutionnel*, marchant à la queue de *la Gazette*,
le lui déclarèrent durement. La bourgeoisie, suivant ces feuilles, c'était l'anarchie. C'est la bourgeoisie, disaient-elles, qui a fait périr Louis XVI,
qui a sacrifié les Girondins, Danton, Robespierre;
qui a conspiré contre le Directoire. C'est elle qui,
après les désastres de Moscou et Leipsig, a osé demander à l'Empereur des comptes, et deux fois l'a
plongé dans l'abîme. C'est elle qui a détrôné
Charles X, abandonné Louis-Philippe, compromis
le général Cavaignac, pour son concurrent heureux
que demain elle trahira. La bourgeoisie! c'est Voltaire et Rousseau, Lafayette et Mirabeau! c'est le

libéralisme des 15 ans, l'opposition des 18! Et elle prétendrait régner!...

Ainsi, à la subjectivité bourgeoise, le 2 décembre opposait la sienne!... L'opinion ainsi préparée, les actes suivirent. Pour ne pas trop nous étendre, nous mentionnerons, en ce qui concerne la bourgeoisie, les décrets du 22 janvier concernant la famille d'Orléans, l'institution du crédit foncier, la réduction du taux de l'escompte, la conversion de la rente, complétée ultérieurement par la réduction de l'intérêt sur les bons du trésor; — en ce qui concerne le prolétariat, un certain développement donné aux travaux d'utilité publique, notamment à Paris, la création de caisses de secours mutuels, les circulaires des ministres de l'intérieur et de la police en faveur des classes ouvrières, le retrait des projets de loi sur les chiens, les chevaux, le papier, etc.

Tel est à peu près l'ensemble des mesures prises par le 2 décembre à l'égard des deux classes extrêmes, et dans un but, dirai-je de transformation révolutionnaire? un peu, mais surtout de subordination générale.

Ce qu'il faut considérer dans les décrets du 22 janvier, c'est, à mon avis, beaucoup moins la dynastie qui s'en trouve diminuée, que les principes sur lesquels ces décrets reposent, et qui intéressent au plus haut degré la Révolution.

Si Louis-Napoléon s'était proposé simplement de ruiner une race de princes, de décapiter, en mettant une dynastie à l'aumône, le plus redoutable des vieux partis, il n'avait que faire de cet appareil de procureur sur lequel il a basé les considérants de

ses décrets, et qui a soulevé une réprobation presque générale. Il lui suffisait, par exemple, de dire
que les d'Orléans étaient en conspiration permanente contre la république; à ces causes et en
vertu du droit de légitime défense, de les déclarer
déchus de leurs propriétés. La police était-elle en
peine de donner à l'accusation une réalité? n'opé-
rait-elle pas tous les jours, vis-à-vis des républicains,
de plus surprenants prodiges? Est-ce que depuis
quatre ans les princes d'Orléans, par leurs vœux, par
les souvenirs qu'ils ont laissés, par les intrigues
de leurs partisans, ne conspirent pas? est-ce que
pendant 18 ans Louis-Philippe, par le concert
avec la Sainte-Alliance, l'embastillement de Paris,
les lois de septembre, la corruption constitutionnelle, etc., etc., etc., n'a pas conspiré?... A ces
raisons sommaires, personne n'aurait fait d'objection. Les princes auraient protesté de leur inno-
cence : *Tout mauvais cas est niable!* Le public en
eût cru ce qu'il eût voulu; l'égoïsme bourgeois
serait demeuré dans sa quiétude; et la démocratie,
qui avait bien d'autres comptes à demander aux
d'Orléans, aurait pu, sans faire tort à ses principes,
applaudir au décret.

Quel est donc le légiste qui a imaginé de motiver
les décrets du 22 janvier sur un principe de droit
féodal que la révolution de 89 avait aboli, qu'il
était du devoir de Louis-Napoléon, émendant et
corrigeant en vertu de son autorité dictatoriale les
actes des gouvernements antérieurs, de radier définitivement? Ainsi que l'avait prouvé M. Dupin
dans la séance de la chambre des députés du 7 janvier 1832, le principe de dévolution est un corol-

laire de l'organisation féodale. Le fief abrogé, la propriété constituée telle que l'a faite le Code, la royauté assimilée par l'établissement de la liste civile à une fonction publique, le retour au domaine des biens du prince qui reçoit la couronne ne peut pas plus être revendiqué que celui des propriétés patrimoniales d'un préfet ou d'un juge de paix... Il était aussi par trop naïf d'invoquer, à titre de précédent, une loi de 1815, rendue en faveur des *Jean-sans-Terre* de la Restauration. On conçoit que la communauté dût avoir des charmes pour les Bourbons, expatriés précisément pour avoir repoussé la division, et qui, rentrés nus en 1814, n'avaient qu'une pensée, celle de refaire de la nation entière leur propriété, suivant la politique de Louis XIV et la loi féodale. Mais qu'en 1832 une Opposition inconséquente essayât de faire revivre cet ancien droit, et que vingt ans après Louis-Napoléon à son tour l'invoquât : c'est ce qui doit, à tous ceux qui suivent la tradition de 89, paraître illogique, surtout contre-révolutionnaire.

Au reste, il faut croire que Louis-Napoléon, en rendant les décrets du 22 janvier, n'a eu d'autre vue que de réparer *la soustraction frauduleuse commise le 7 août, par Louis-Philippe, au détriment de l'état :* cet acte de haute justice lui paraissant de tous points préférable au procédé, quelque peu machiavélique, que j'indiquais tout à l'heure. C'est à ce point de vue que beaucoup de républicains ont pris la chose, et n'ont pas hésité à en exprimer leur satisfaction. A mes yeux, Louis-Napoléon, sans y penser, a fait grief aux principes de 89 ; et de tous les actes émanés de son libre arbitre, il n'en est pas qui renferme, dans sa lettre, de plus redoutables conséquences.

S'il est admis que les biens du chef de l'état, patrimoniaux aussi bien qu'apanagers, possédés avant son avénement ou postérieurement acquis, sont réunis de plein droit au domaine de la couronne, il s'ensuivra, avec le temps :

Que la loi qui ordonne la *réunion* des apanages, suppose par cela même la faculté d'en *créer;*

Qu'en conséquence le chef de l'état, administrateur et usufruitier des domaines de l'état, pouvant à l'aide du budget, de sa liste civile, de son crédit, de sa haute influence, par des transactions de gré à gré, les augmenter, amplifier, étendre, dans une progression continue, pourra également les concéder sous forme d'apanages, fiefs, majorats, etc., sous telle condition de retour, redevance, obédience, hommage, service, mainmorte, etc., qu'il lui conviendra de fixer;

Qu'ainsi, par l'extension du principe et les acquisitions et incorporations du prince, il se reformera, des domaines de l'état et de ceux des particuliers qui, de gré ou de force, avec ou sans indemnité, en reconnaîtront la suzeraineté, une nouvelle organisation féodale, dont les grands fonctionnaires seront les premiers et principaux membres;

Qu'à la suite, la masse des propriétés, entraînée dans le même mouvement, sera peu à peu, en vertu de transactions libres ou par voie d'assimilation, réputée démembrement du domaine public et concession de l'état, conformément au droit féodal et à la définition de Robespierre;

Que le même principe s'appliquant aux choses
du commerce et de l'industrie, la féodalité deviendra universelle ;

Que le prince, en raison de son autorité suze-
raine, aura le droit de limiter la possession de ses
vassaux, de la révoquer, de changer les conditions
de la tenure, de déclarer la suffisance des revenus ;

Qu'enfin à chaque emploi militaire, civil ou
ecclésiastique, pourra être attachée, en guise de
traitement, la jouissance de quelque terre ou privilége : déclarant au surplus le prince l'incompa-
tibilité de la propriété libre avec l'exercice des
fonctions publiques, et ordonnant en conséquence
la dévolution.

De cette manière l'ancien régime serait rebâti
de fond en comble : la bourgeoisie redeviendrait
noblesse, la classe moyenne tiers-état, le prolétaire
serf de la glèbe, de la houille, du fer, du coton, etc. ; le tout aux applaudissements de l'Église,
qui se verrait revenue aux beaux jours de sa puissance, et des ultra-communistes, ennemis de la famille et du travail libre, qui reconnaîtraient dans
cette marche rétrograde un progrès vers leurs idées.

L'exécution de ce plan est-elle une chimère ?
La centralisation politique, qui depuis soixante ans
n'a cessé de s'aggraver ; la loi de 1810 qui a organisé, presque sur les mêmes principes, la propriété
minérale ; l'abus des brevets d'invention et des
dépôts de modèles de fabrique ; les concessions
faites depuis six mois au clergé et aux compagnies
industrielles ; la manière, facile et large, dont se
délivrent les adjudications de travaux ; la création
de dignitaires avec augmentation de traitements ;

la liste civile et les acquisitions d'immeubles du Président de la République ; les tendances communistes et féodales de la multitude, tant d'autres faits qu'il serait trop long de recueillir, ont ouvert la voie. En d'x ans, il serait possible de mener si loin cette révolution, de la rendre si profonde, de lui créer tant et de si puissants intérêts, qu'elle pourrait défier toutes les rages démocratiques et bourgeoises. Le peuple est si pauvre en ce moment, la classe moyenne dans une situation si précaire, le préjugé hiérarchique si puissant, que ce système, habilement soutenu, pourrait être considéré, relativement, comme un bienfait. Serait-il de longue durée ? la question est autre. Mais durât-il moins encore que l'empire, la restauration ou la monarchie de juillet, ce serait toujours assez pour l'honneur de l'entreprise, toujours trop pour celui de la nation.

Certes, en déduisant ces conséquences du décret du 22 janvier, je ne calomnie pas Louis-Napoléon. Il ne les a sûrement ni voulues ni prévues, et je suis convaincu qu'il les repousserait énergiquement. Mais la vie de l'homme est fragile, tandis que les principes, une fois introduits dans l'histoire par les faits et la logique, sont inexorables. Tel est le malheur du gouvernement personnel, qu'en suivant même ses inspirations les plus vertueuses, presque jamais il ne produit le bien qu'il cherche, et que souvent il accomplit le mal qu'il ne veut pas...

Les décrets financiers offrent-ils des dispositions plus sages ?

Je mentirais à toute ma vie, à mes convictions

les plus intimes et les plus chères, si je blâmais soit le principe, soit le but ou l'opportunité de ces décrets. J'aime mieux m'y associer et réclamer ma part d'initiative, autant qu'il est permis à un citoyen dont les idées, longtemps controversées, finissent par obtenir, peu ou prou, la sanction du public et du gouvernement.

Je n'incidenterai pas davantage sur la quotité des réductions. — Pourquoi, demandera-t-on, n'avoir pas réduit tout de suite le taux de l'escompte à 2 ou 1 pour 0/0? L'encaisse de 600 millions représenté par pareille somme de billets circulants n'est-il pas propriété nationale? la nation a-t-elle besoin de payer, pour ses propres fonds, un intérêt aux actionnaires de la Banque?... Et la conversion de la rente : pourquoi, au lieu de la faire en 4 1/2, ne l'a-t-on pas faite en 4, voire même en 3?...

Ces critiques, si fondées qu'elles puissent être, manqueraient ici de justesse. On peut regretter la modération du législateur, qui n'a pas répondu à l'impatience de la révolution, et sert incomplètement les intérêts généraux. Mais il peut répondre qu'il préfère les progrès lents aux mesures radicales, et la chose ainsi ramenée à une question de mesure, sur laquelle le gouvernement a le droit de suivre son opinion, il n'y a rien à répliquer.

Ce que je reproche aux décrets concernant l'escompte, la rente et le crédit foncier, c'est leur incohérence, c'est le défaut de coordination qui s'y fait sentir, et qui trahit encore, dans le 2 décembre, des préoccupations toutes subjectives.

Puisque le gouvernement avait l'intention, très-louable assurément, de réduire l'escompte, de con-

vertir la rente et d'organiser le crédit foncier, la
première chose qu'il eût à faire, avant d'arrêter le
chiffre des réductions, c'était de chercher le rapport
des différentes valeurs entre elles, afin d'opérer
ensuite de manière à obtenir un résultat voulu. Par
exemple, voulait-on faire refluer les capitaux, qui
affluent à la bourse, vers le commerce et l'industrie? il fallait peser davantage sur la rente, de manière à offrir aux capitalistes l'appât d'un revenu
plus fort sur la commandite que sur la dette. C'est
le contraire qui a eu lieu : ici j'ai le droit de demander pourquoi?

Les sociétés de crédit foncier ont été autorisées,
les bases de leur constitution établies. Mais autre
chose est d'autoriser le crédit, autre chose de donner crédit. Le décret du 28 février a ouvert l'écluse
sans doute, mais le canal est à sec. Comment n'a-
t-on pas vu que pour amener les capitaux aux sociétés
de crédit foncier, il fallait les expulser de la bourse,
mieux que cela, décréter la réduction de l'intérêt sur
toutes créances hypothécaires, et du même coup
proroger de 2 à 5 ans tous les remboursements?

On dira peut-être que c'était attenter à la foi
des contrats et à la propriété. Nous ne nous enten-
dons plus. Est-ce que Louis-Napoléon, après le
2 décembre, n'était pas revêtu de la dictature, de
toute l'autorité législative et exécutive, ainsi que l'a
démontré M. Granier de Cassagnac? Est-ce que,
pouvant abroger ou ressusciter la loi, il ne pouvait
pas aussi la faire? Est-ce qu'il n'a pas usé de ce
pouvoir pour la saisie des biens d'Orléans, la déclaration de l'état de siége, la suspension de la liberté
individuelle, la réforme de la constitution, l'en-

chaînement de la presse, etc., etc.? S'il pouvait réduire l'escompte de 4 à 3, il pouvait, il devait généraliser la mesure ; car en législation, comme en logique, toute idée qui ne se généralise pas est fausse, est injuste. Il devait, marchant sur les traces de l'Empereur, déclarer que l'intérêt des capitaux, usuraire au-dessus de 5 pour 0/0 d'après la loi de 1807, le deviendrait désormais au-dessus de 4, 3, 2, 1, *ad libitum*, et cela pour toute espèce de capitaux et sans distinction de prêts. Il devait, en conséquence, confirmant pour le surplus les contrats existants, ordonner que tous intérêts stipulés suivant les anciennes règles seraient proportionnellement réduits d'après la nouvelle loi. En deux mots, ce qui devait occuper la religion du pouvoir, c'était que la réduction, rendue générale et frappant toutes les espèces de valeurs, ne pût être accusée d'inégalité par personne ; et que ceux-là mêmes qui auraient à souffrir, comme capitalistes, de la réduction de leur revenu, retrouvassent, comme consommateurs, une compensation à ce déficit, dans la diminution de leurs dépenses.

Le pouvoir en France ne fera rien de solide, le budget ne couvrira ses déficits, Louis-Napoléon en particulier ne triomphera de l'opposition bourgeoise et n'apportera au peuple de réel soulagement, à la classe moyenne de vraie garantie ; la nation, enfin, ne parviendra à vaincre la concurrence de l'étranger et à réduire ses tarifs, que lorsque le pouvoir, par ses lois sur l'intérêt, aura contraint le capital à demander à la commandite les bénéfices que lui offrent la dette publique et l'hypothèque. Louis-Napoléon a l'autorité : qu'il en

use en acceptant à son tour celle de la nécessité ;
et il n'aura rien à craindre des jugements de l'histoire, pas plus que des complots. Quand la raison
d'état n'est plus que la raison des choses, l'état,
quelle que soit sa constitution, est aussi souverain
que libre, et les citoyens sont comme lui.

Ces principes, de vraie politique, l'Élysée les a
entièrement méconnus, par esprit de tyrannie? non,
par esprit de compagnonnage. En même temps qu'il
réduisait le taux de l'escompte, il prorogeait le privilége de la Banque et laissait subsister l'obligation
des trois signatures ; en même temps qu'il dimi-
nuait la rente, d'une fraction qu'il eût été permis
de regarder simplement comme un impôt, il offrait
le remboursement, en prenant sous main ses mesures pour que la volonté d'être remboursé ne vînt
à personne ; en même temps qu'il organisait les
sociétés de crédit, il les laissait, par ce même respect du privilége, dans des conditions telles que des
emprunteurs sérieux auront encore moins envie d'y
chercher des fonds, que les prêteurs d'y porter
leurs capitaux. En effet, au delà d'un intérêt de 2
1/2 à 3 pour 0/0 et d'une commission de 1/4, le
remboursement par annuités est plus onéreux que
l'intérêt à 5 avec faculté de se libérer à volonté :
l'institution est impraticable.

En résultat, les réformes financières du 2 décembre, conçues d'après des considérations toutes
personnelles, des convenances corporatives, des
transactions arbitraires, n'ont point produit ce
qu'on en espérait. Le fisc gagne 18 millions sur la
rente ; mais cela n'empêche pas le déficit prévu au
1er janvier 1853 d'être de 720 millions ; — les

commerçants admis à la Banque gagnent 1 pour 0/0 sur leurs escomptes, mais le portefeuille se dégarnit de jour en jour; car, ce n'est pas tout de circuler, il faut d'abord produire, et le crédit, facile pour l'escompte, est inaccessible à la production; — le principe de l'annuité a été posé en contradiction de l'intérêt, mais sans possibilité d'application sérieuse. Tout cela est du bon plaisir, plus ou moins judicieux, estimable : ce n'est pas de la législation, ce n'est pas du gouvernement.

Je ne dirai qu'un mot du développement considérable donné aux travaux publics. Au point de vue de la circonstance, et comme satisfaction donnée aux travailleurs, les travaux de chemins de fer, d'embellissement de la capitale, etc., ne peuvent soulever de blâme. Que le gouvernement provisoire n'en a-t-il usé de même ! Engager les finances, dans des cas pareils, non-seulement est de bonne politique, c'est de nécessité. Toutefois je ne saurais m'empêcher d'observer que les travaux d'état, pour la plupart travaux de luxe et de progrès, et ce qui vaut moins instruments de popularité, doivent venir comme complément, jamais comme initiation du travail général. Il n'y a qu'un Méhémet-Ali qui puisse à commandement faire travailler ses sujets : en France, le travail, comme l'appréciation des actes du pouvoir, est libre. Aussi, malgré les provocations de l'Élysée, et grâce au décousu des décrets de finance, l'exemple du gouvernement est médiocrement suivi; tandis qu'il se lance dans les entreprises, les producteurs, qui ne voient ni plan ni issue, travaillent exclusivement sur commandes, et la nation vit au jour le jour !...

5. Actes du 2 décembre concernant les institutions politiques :
Presse, Serment.

Le mandat de Louis-Napoléon a pour objet de procurer la révolution ou la contre-révolution : je ne crois pas que l'on conteste l'alternative. Dans l'un et l'autre cas, son pouvoir, obtenu et organisé en vue de ce mandat, est dictatorial : ce n'est pas le contrôle, tel quel, du conseil d'état ou du corps législatif, qui pourrait infirmer cette seconde proposition.

J'appelle dictature le pouvoir conféré par le peuple à un seul homme pour l'exécution, non pas des projets particuliers de cet homme, mais de ce que commande au nom du salut public la nécessité. Ainsi le pouvoir dictatorial, illimité quant aux moyens, est quant à son objet essentiellement spécial : tout ce qui est en dehors de cet objet est soustrait par là même à l'autorité du dictateur, dont les pouvoirs cessent aussitôt qu'il a rempli sa mission.

J'ai dit déjà combien me répugnait la dictature, si familière aux Romains, et dont l'abus engendra, à la fin, l'autocratie césarienne. Je la considère comme une institution théocratique et barbare, menaçante, dans tous les cas, pour la liberté; à plus forte raison la repoussé-je, lorsque la délégation qu'elle suppose est indéfinie dans son objet et illimitée dans sa durée. La dictature alors n'est plus pour moi que la tyrannie : je ne la discute pas, je la hais, et si l'occasion se présente, je l'assassine...

Louis-Napoléon, je le veux bien, en prenant la dictature, n'a point voulu de la tyrannie. Il a réglé

les conditions et posé les bornes de son pouvoir,
par une constitution. Comme s'il avait dit au pays :
« La France a une révolution à opérer, révolution
qui, dans l'état de division des esprits, ne peut sortir régulièrement d'une assemblée, et qui exige,
pour toute une génération peut-être, le commandement d'un seul. Cette révolution, j'en assume le
fardeau, avec l'agrémemt du peuple, et voici quelles
seront mes attributions. »

En fait et en droit, la constitution du 15 janvier
n'est pas autre chose que ce pacte.

De même donc que je comprends la raison d'état,
que cependant je voudrais tenir muselée, je comprends aussi la dictature, que je n'aime point, malgré les exemples qu'en fournit l'histoire. Et puisqu'ainsi l'a voulu en 1851 le suffrage universel, je
n'ai rien à objecter, au fond, contre la constitution
du 15 janvier : mes observations sont de pure forme.

Je me demande pourquoi la constitution du 15
janvier, ayant à organiser un pouvoir dictatorial,
essentiellement transitoire, statue comme si ce
pouvoir était définitif ; pourquoi son objet étant exclusivement révolutionnaire, elle affecte une com-
préhension générale ; pourquoi elle ne définit rien,
ni sur les réformes à opérer, ni sur les institutions
à introduire, ni sur les rapports du pays avec
l'étranger, ses limites, ses colonies, son commerce,
ni sur l'ensemble des moyens que réclame l'ac-
complissement d'un tel mandat? Quand Camille fut
revêtu de la dictature, c'était pour chasser les Gaulois ; quand Fabius y parvint à son tour, c'était pour
arrêter Annibal ; quand César lui-même fut nommé
dictateur à vie, le motif, au moins apparent, était

connu, c'était la fin des guerres civiles, le triomphe de la plèbe sur le patriciat, la restauration sous une autre forme de l'antique autorité des rois. La constitution du 15 janvier, sauf quelques restrictions de peu d'importance, organise une dictature quasi-héréditaire, puisque le Président de la république a le droit de désigner par acte secret son successeur : dans quel but cette dictature? on l'ignore. Je prétends, avec l'histoire, que c'est pour la révolution ; l'*Univers*, les tables de proscription à la main, soutient que c'est pour la contre-révolution. Combien d'années, de siècles, durera cette dictature? la constitution du 15 janvier ne s'explique pas davantage.

J'ai donné trop de preuves de mon indifférentisme constitutionnel pour que j'attribue à l'acte du 15 janvier plus d'importance qu'il ne mérite, et que je m'en fasse un texte d'attaques contre le gouvernement du 2 décembre. Je sais, aussi bien qu'un autre, qu'un gouvernement ne vit point de la constitution qui le définit pas plus qu'un fabricant ne subsiste de sa patente : un gouvernement vit de ses actes, comme un fabricant vit de ses produits. La valeur des actes fait la valeur du gouvernement. Cependant j'ai le droit de chercher s'il y a ou non accord entre le pouvoir établi et l'idée qu'il sert, puisque c'est cet accord, plus ou moins observé, qui témoigne de l'intelligence que le pouvoir a de sa raison. On me dit que la constitution du 15 janvier est calquée sur celle de l'an 8! Mais, avec la permission de l'auteur, je réponds que l'an 8 n'a rien à faire ici, pas plus que l'an 40 : il s'agit de la révolution ou de la contre-révolution sociale.

En ce moment où les passions se taisent, où la société est comme suspendue, il faut rendre justice aux penseurs qui depuis 89 ont posé les bases de toutes nos constitutions politiques. Ils avaient le sentiment profond de cette loi de convenance entre le pouvoir et son idée, quand ils disaient qu'un acte de gouvernement n'est pas bon parce qu'il est utile, mais parce qu'il est dans la mesure ; qu'en politique, ce qui fait la légitimité, ce n'est pas le profit, mais la compétence ; conséquemment que ce qu'il faut considérer surtout dans les actes du pouvoir est moins le fond que la forme ; que hors de là, la république est livrée à l'arbitraire, et la liberté perdue.

C'est d'après ces principes qu'ils avaient conçu la théorie du gouvernement représentatif.

Étant admise pour une société la nécessité d'une centralisation gouvernementale, la loi de cette centralisation est que le pouvoir y soit divisé et équilibré dans toutes ses parties. Ainsi l'Église sera séparée de l'état, par conséquent les fonctionnaires ecclésiastiques ne pourront faire partie ni des assemblées ni du ministère ; — l'exécutif sera distinct du législatif, en conséquence le roi n'aura pas de *Veto ;* — si la nation est partagée naturellement en deux classes, comme en Angleterre, il sera bien que chacune soit représentée : de là la théorie des deux chambres. — Tous les agents du pouvoir exécutif seront responsables, le chef excepté, parce que la responsabilité de celui-ci le soumettant à l'autre pouvoir, ramènerait l'indivision. — Le progrès étant la loi de toute société, et la sécurité du peuple interdisant au pouvoir les aventures, les ministres, représentants du principe conservateur,

seront pris dans la majorité; le progrès sera représenté par l'opposition, qui, grandissant tous les
jours, deviendra, au moment utile, majorité à son
tour et ministère.

Tel fut le système inauguré en 1830, et qui, par
la mauvaise foi du prince et le scandale des intrigants qui en eurent la direction, aboutit, longtemps
avant l'époque où il devait naturellement finir, à
la catastrophe de février. Suivant la loi qui en faisait
la base, ce régime de liberté progressive tendait,
par la démocratie, à la réduction continuelle de
l'organisme politique, et à son absorption dans
l'organisme économique. Cette tendance, inhérente,
autant que la séparation des pouvoirs, à tout gouvernement libre, les querelles de parti, les dérisions
de la tribune, les envahissements de l'autorité
centrale, les hontes du règne, la firent perdre de
vue. De dégoût les esprits tournèrent à l'utopie,
et les romanciers aidant, on en vint à se prendre de
passion, qui pour la féodalité ou le suffrage universel et direct, qui pour le comité de salut public
ou pour l'empire, qui pour Platon, qui pour Pa-
nurge. C'est dans cet état de l'opinion qu'apparut
la république, et qu'en moins de quatre ans la
France a pu jouir de deux constitutions.

Maintenant qu'a voulu le 2 décembre? Servir la
révolution, et dans ce but organiser, sous le contrôle populaire, un pouvoir dictatorial? la constitution du 15 janvier n'en dit mot : elle ne laisse
apercevoir, sous des apparences empruntées à la
théorie représentative, que l'exorbitance de la prérogative présidentielle, sans donner la moindre
raison de cette exorbitance. Fonder un état régulier,

expression de la classe moyenne, ayant pour but le développement de toutes les facultés du pays, et l'éducation pacifique du peuple? en ce cas, une réforme de la constitution du 15 janvier est indispensable. Pour vivre de sa vie normale, cultiver son sol, exploiter ses mines, échanger ses produits, la France n'a pas besoin d'être tenue sur pied de guerre, menée tambour battant, dans le silence de la tribune et de la presse, comme s'il s'agissait d'un départ pour Madrid, Wagram ou Moscou. Les pouvoirs du président sont hors de proportion avec ses devoirs : ce n'est plus l'idée qui règne, c'est l'homme. Pourquoi ce *sénat* à côté de ce *corps législatif*, si le gouvernement du 2 décembre exprime la résolution des partis, la fusion des classes? Pourquoi, à l'encontre des principes de 89, et par un renversement d'idées tout féodal, le chef de l'état s'arroge-t-il l'initiative de la loi, tandis que les représentants n'ont que le *veto?* Comment, dans la démocratie napoléonienne, le contrôle, jadis une garantie d'ordre, est-il devenu un péril? Comment des représentants du peuple ne peuvent-ils interpeller le gouvernement, lui demander ce qu'il a fait de ses trésors et de ses enfants? Comment ces mandataires, délibérant sans publicité, bien que non sans témoins, ne peuvent-ils rendre compte au peuple de la manière dont ils ont rempli leur mandat?... Tout semble à contre-sens, faute d'explication suffisante, dans la constitution du 15 janvier. Et comme la raison publique ne se forme que d'après ce qui est exprimé, non sur ce qui est sous-entendu, tôt ou tard cette machine, mal construite pour l'office qu'elle doit remplir, trahira le mécanicien : il sera balancé, comme ce roi de Babylone qui, revêtu de tout le despotisme oriental et ne répondant point par ses actes à la grandeur de son pouvoir, fut trouvé trop léger, *Et inventus est minùs habens !*...

Que dirai-je du serment? une inconséquence de plus.

Les partisans de la légitimité, sur l'avis du comte de Chambord, refusent de le prêter : ils ont raison, et font en cela preuve de loyauté. Dans les idées royalistes, le serment est un acte de vasselage, qui lie, d'un lien unilatéral et personnel, celui qui prête le serment à celui qui le reçoit. Mais j'avoue que je ne saurais admettre cette délicatesse chez un républicain, et les raisons de MM. Cavaignac et Carnot ne m'ont pas convaincu. Le serment, pour un républicain, n'est qu'une simple reconnaissance de la souveraineté du peuple en la personne du chef de l'état, par conséquent un contrat synallagmatique, qui oblige également et réciproquement les parties. Le royaliste jure sur l'évangile, le républicain sur la révolution : ce qui est fort différent. C'est ainsi que prêtèrent serment à Louis-Philippe Garnier-Pagès, Lamartine, Ledru-Rollin. Louis-Napoléon l'entendrait-il autrement? Ce qui est certain, c'est qu'il ne l'oserait dire. J'estime donc que les représentants républicains, après avoir, sous le régime du 2 décembre, participé aux élections, devaient participer aussi aux travaux du corps législatif, et conditionner leur serment par leur opposition. Il n'y avait là ni parjure, ni restriction mentale : c'était s'accorder avec soi-même, et affirmer la république. Mais la subjectivité nous aveugle tous : dans nos opinions, nous ne voyons

que des hommes ; dans nos contradicteurs, que des
hommes ; dans les événements qui nous pressent,
que des hommes, et toujours des hommes. Louis-
Napoléon, Henri V, et le Comte de Paris ne sont
pas les seuls qui règnent sur la France : quant à la
république, à la patrie, au pays, termes honnêtes,
sous lesquels chaque chef de parti déguise son autocratie, chaque partisan sa servilité.....

Il serait fastidieux de prolonger cette analyse : le
lecteur peut se remémorer, dans ses détails, la politique du 2 décembre, et généraliser.

Ce qu'on ne peut refuser à Louis-Napoléon, c'est
le mérite, décisif à l'heure des révolutions, d'avoir
osé ; c'est d'avoir en quelques semaines touché à
tout, ébranlé tout, mis tout en question, propriété,
rente, intérêt, inamovibilité, privilèges d'offices,
bourgeoisie, dynastie, constitutionnalisme, église,
armée, écoles, administration, justice, etc. Ce que
le socialisme n'avait attaqué que dans l'opinion, le
2 décembre a prouvé, par ses actes, à travers le
chaos de ses idées, la confusion de son personnel,
la contradiction de ses décrets, les projets lancés,
retirés, démentis, combien fragile en était la struc-
ture, combien pauvres les principes et superficielle
la stabilité. Ces vieilles institutions, ces traditions
sacrées, ces monuments prétendus du génie national, il les a fait danser comme des ombres chi-
noises ; grâce à lui il n'est plus possible de croire à
la nécessité, à la durée d'aucune des choses qui ont
fait depuis trente ans l'objet des discussions parlementaires, et dont la défense, mal entendue, a
coûté tant de sang et de larmes à la République.
Que la démocratie, vaincue en décembre, revienne

quand elle voudra : elle trouvera les esprits préparés, la route ouverte, la charrue dans le sillon, le grelot au cou de la bête; elle pourra joindre encore, comme en 1848, au mérite du radicalisme, celui de la modération et de la générosité.

Avec tout cela, il est impossible de se dissimuler :

Que dans les actes du 2 décembre la raison de l'homme, au lieu de se cacher sous la raison des choses, s'en distingue essentiellement, et tantôt lui obéit, tantôt se la subordonne.

Que cette tendance subjective prend sa source dans la manière dont le 2 décembre, à l'instar de la multitude qu'il représente, des légitimistes qui refusent le serment, et d'une fraction même des républicains, entend la délégation ;

Que le but où mène cette tendance, la signification qu'elle se donne, n'est autre, en dernière analyse, qu'elle-même, l'autorité pour l'autorité, l'art pour l'art, le plaisir de commander à 36 millions d'hommes, de faire servir leurs idées, leurs intérêts, leurs passions, tour à tour excités, à des vues fantaisistes, à peu près comme ces rois d'Égypte, qui consumaient vingt ans de règne, toutes les forces de la nation, à s'ériger un tombeau, et se croyaient immortels.

Ainsi le 2 décembre, né dans l'histoire des fautes des hommes et de la nécessité des temps, après avoir essayé quelques réformes utiles, s'abandonne, comme ses devanciers, à l'arbitraire de ses conceptions, et retombe, sans qu'il s'en doute peut-être, sans qu'il sache ni comment ni pourquoi, de la réalité sociale dans le vide personnel.

L'histoire démontre cependant, que les sociétés ne marchent et les gouvernements ne durent qu'autant qu'il y a unité, accord parfait d'intérêts et de vues, entre le prince et la nation. Sous les premiers capétiens, Louis le Gros, Philippe Auguste, Louis IX, Philippe le Bel, tout le monde veut la commune, la séparation de l'Eglise et de l'état, la prépondérance de la couronne. Le peuple et le roi s'entendent; le paysan et le bourgeois crient l'un et l'autre : *A bas le dominicain! A bas le franciscain! A bas le templier!...*

Sous Charles V, Charles VI, Charles VII, il n'y a qu'une pensée, chasser l'Anglais. Que seraient devenus les Valois sans la Pucelle, sans cette union intime du prince avec le peuple ?

Louis XIV veut régner seul. A part les adjonctions de la Franche-Comté, de l'Alsace et de la Flandre, commandées par une saine politique, ses entreprises n'ont plus de raison que le bon plaisir de l'homme. Il rompt, par la succession d'Espagne, l'équilibre européen ; il retire la parole donnée aux protestants par son aïeul Henri IV ; il épuise la France, opprime la raison et la conscience, et arrive enfin au traité d'Utrecht, plus honteux, plus funeste à la France que ceux de 1815. Le peuple, après sa mort, insulte à son cadavre, et c'est de lui que date la haine traditionnelle pour les Bourbons, à laquelle furent dévoués tour à tour Louis XVI, Louis XVIII, Charles X et Henri V.

Mais s'il est un exemple qui doive frapper le pouvoir actuel, c'est celui de Napoléon....

VIII.

L'HOROSCOPE.

Nous sommes au lendemain du **18** brumaire.

Nous réfléchissons sur les causes qui de chute en chute ont amené cette solution déplorable, où périssent avec les libertés publiques le respect de la nation et des lois, et qui livre à un soldat un blancseing de gouvernement. Ces causes, nous n'avons pas de peine à les découvrir, d'abord, dans les habitudes politiques et intellectuelles des masses, qui, délivrées de l'oppression ecclésiastique et nobiliaire, incapables d'ailleurs de comprendre la théorie constitutionnelle et les conditions de la liberté, étaient invinciblement entraînées vers le pouvoir d'un seul ; en second lieu, dans la série des événements, qui après avoir porté au plus haut degré la concentration politique et la déconsidération des chefs parlementaires, rendait, à une époque de guerres continuelles, le despotisme d'un militaire inévitable.

Nous cherchons ensuite à percer le voile qui

couvre l'avenir de ce chef, dont la destinée est désormais inséparable de celle de la patrie. Et telles sont nos conjectures sur cet inquiétant avenir.

« Bonaparte est volontaire, au delà de toute volonté. Impatient du frein, il ne souffre aucun partage de pouvoir, aucune contestation d'autorité. Il s'est révélé dès sa première campagne, par sa résistance aux ordres du Directoire; dans la campagne d'Egypte, entreprise sous la seule garantie de son nom et de ses desseins; et finalement dans la manière dont il a quitté son armée pour venir à Paris, général désobéissant et fugitif, s'emparer du gouvernement.

» Tout vice, a dit un philosophe, provient de niaiserie : tout despotisme procède de faiblesse d'esprit. Bonaparte, volontaire et dominateur, étranger aux grandes études, n'a pas de génie politique. Elevé à l'école militaire, habitué à la vie des camps, incomparable dans le commandement des armées, il croit que le peuple se mène comme le soldat. Il est, par ses idées, incapable de présider aux destinées d'un état. Son intelligence, merveilleuse pour l'exécution, a besoin d'une autorité qui le dirige, et il repousse tout conseil, il répugne à toute autorité. Loin de devancer son siècle, il connaît à peine son époque; il n'en saisit ni le véritable esprit, ni les tendances secrètes. Jacobin avec Robespierre, modéré sous le Directoire, il a suivi avec la fougue de son caractère le flux et le reflux de la révolution. Aujourd'hui premier consul, il prend son mandat, à l'instar des plus infimes praticiens, pour une substitution de ses vues, qu'on suppose immenses, aux nécessités pratiques de la situation et du temps. Parce qu'il n'a pas d'idée, il hait les *idéologues*. Le voilà qui caresse l'ancien régime, cherchant dans le passé des analogies qui lui servent de principe : quand il se croit original, il n'est qu'imitateur. Comme il parla la langue révolutionnaire, il parlera la langue monarchique. Sa logique, étroite et raide, lui posant le dilemme entre la démocratie pure et le despotisme, il ne verra rien en dehors, rien au-dessus ; ce sera un autocrate par raison et de bonne foi ! Toujours supérieur dans l'exécution, il restera, dans la politique, médiocre et faux, couvrant à peine du charlatanisme de ses victoires, et de l'enflure de son style, la misère de ses conceptions. Tel prince, tel peuple. Sous l'influence de son gouvernement, la littérature et l'art semblent endormis, la philosophie affaissée. Au mouvement intellectuel du dehors, la France, ivre de poudre, asphyxiée sous ses lauriers, ne répondra que des œuvres mort-nées. Du reste, Il ne réussira, quelques succès qu'il obtienne, dans aucune de ses entreprises : son passé répond ici de son avenir. Il s'est couvert d'une gloire immortelle dans la campagne d'Italie, faite au service de la république, sous l'inspiration de la patrie et de la révolution à défendre. Il a échoué dans la campagne d'Egypte, proposée par lui, accordée à sa sollicitation, et qui ne pouvait guère avoir d'autre résultat que d'entretenir le vulgaire de sa renommée, en attendant qu'il s'emparât du pouvoir.

» Maintenant il est le maître, maître presque absolu. Son rôle, indiqué par l'histoire, serait, après avoir vengé la France et terminé la révolution, de fonder l'ordre constitutionnel, l'exer-

cice régulier des libertés publiques : il n'en veut
pas. Ce qu'il veut, c'est de régner seul, et à sa manière. La France ne lui est point de conseil ni
d'autorité : elle lui sert d'instrument. Or, comme
il ne saurait avoir de valeur, en tant qu'homme
d'état, qu'à la condition de se faire le ministre des
destinées publiques, et d'agir sous le couvert de la
volonté nationale loyalement représentée, il est inévitable qu'il se perde et nous perde avec lui. Ses
talents militaires, ses facultés puissantes, lui servi-
ront à prolonger contre la nécessité une lutte inutile. Mais plus, dans cette lutte, il déploiera d'héroïsme, plus sa folie sera gigantesque : si bien
qu'enfin en le voyant acculé à l'absurde, on se demandera si la vie de cet homme, dépourvue de
conscience, est autre chose que le somnambulisme
d'Alexandre ou de César. Ainsi nous sommes livrés
à la fantaisie d'un soldat de fortune, invincible
quand il est l'homme de son pays, insensé quand
il n'écoute que son orgueil. »

Et maintenant, voyons l'histoire.

D'abord, Bonaparte sent à merveille combien,
après sa fuite de l'armée d'Égypte et son usurpation du pouvoir, il a besoin de se faire absoudre.
Le but de l'expédition manqué par la destruction
de la flotte à Aboukir et la levée du siége de Jaffa,
son devoir était tracé par ses propres paroles :
c'était de revenir, *grand comme les anciens!* De
quel droit abandonnait-il ses soldats sur une plage
lointaine? De quel droit son ambition, trompée
dans ses calculs, et n'ayant plus rien à faire en
Égypte, s'en venait-elle, solitaire, se charger du
destin de la république? Si le Directoire eût fait

justice, Bonaparte était traduit devant un conseil de guerre et fusillé. La lâcheté des directeurs et l'étourdissement de la nation lui livrent le pouvoir : à la bonne heure. Mais l'absolution populaire ne suffit pas; il faut une réparation, et qui dit réparation, en matière de pénitence, dit, en l'absence du supplice, les bonnes œuvres.

Bonaparte le sait mieux que personne : c'est pourquoi il commence par s'identifier à la république, qu'il s'attache à relever au dedans et au dehors. Aussi bien il n'ignore pas que ses services lui compteront double, d'abord pour se faire amnistier, puis, pour obtenir la prorogation de son pouvoir. Rien n'est donc beau comme cette période de la vie de Bonaparte. Pendant deux ans, soutenu de toutes les notabilités militaires, administratives, financières, etc., qui voyaient en lui l'homme du pays, le gouvernement du premier consul marque chacune de ses journées par un succès. Qu'on jette l'œil sur cette chronologie.

ÉPHÉMÉRIDES CONSULAIRES.

1800.

18 *janvier.* — Les généraux Brune et Hédouville ont vaincu les chouans et pacifié la Vendée.

11 *février.* — Constitution de la Banque de France.

8 *mars.* — Formation de l'armée, dite de réserve, de 60,000 hommes.

14 *mars.* — Élection de Pie VII, Barnabé Chiaramonte. Le ciel semble applaudir à la République gouvernée par Bonaparte. Pie VII, étant évêque d'Imola, s'était fait remarquer par ses sympathies démocratiques : son avénement fut, pour l'époque, ce que fut 45 ans plus tard celui de Pie IX, Jean Mastaï.

20 *mars.* — Victoire d'Héliopolis, remportée par Kléber, suivie de la reprise du Caire.

6-20 *avril.* — Masséna, avec Soult et Oudinot, soutient dans une suite de combats héroïques, l'effort des Autrichiens et se replie sur Gênes.

3-11 *mai.* — Batailles d'Engen, Mœskirch et Biberach, gagnées par Moreau. Prise de Memmingen par Lecourbe.

16-20 *mai.* — Tandis que Masséna occupe les Autrichiens, le premier consul franchit le Saint-Bernard, renouvelant l'entreprise d'Annibal.

29 *mai.* — Occupation d'Augsbourg par Lecourbe.

2 *juin.* — Bonaparte à Milan : l'occupation de cette ville compense la reddition de Gênes, effectuée par Masséna après une défense immortelle.

9 *juin.* — Bataille de Montebello, gagnée par Bonaparte. Lannes y a la plus grande part.

14 *juin.* — Victoire de Marengo, gagnée par le premier consul. Elle est due à l'arrivée de Desaix, qui y trouve une mort glorieuse, et à la charge du jeune Kellerman. — Le 5 p. 0/0, qui était à 11 fr. 30 c. la veille du 18 brumaire, est coté à 35 fr.

19 *juin.* — Victoire de Hochstedt, remportée par Moreau, suivie de l'occupation de Munich, par Decaen.

14 *juillet.* — Prise de Feldkirch, par Lecourbe et Molitor.

30 *septembre.* — La France et les Etats-Unis s'unissent par un traité de commerce et d'amitié.

18 *octobre.* — Départ de l'amiral Baudin pour un voyage de découverte. Tout marche de front, les sciences, les arts, la politique et la guerre.

1er *décembre.* — Macdonald, général en chef de l'armée des Grisons, égalant l'audace du premier consul, passe les Alpes tyroliennes, et se met en communication avec Brune, général de l'armée d'Italie.

3 *décembre.* — Victoire de Hohenlinden, gagnée par Moreau. — Suivent, le 9, passage de l'Inn ; le 15, prise de Salzbourg, par Lecourbe ; le 19-20, passage de la Traun, occupation de Lintz.

25-27 *décembre.* — Bataille de Pozzolo, gagnée par Brune, et où se distinguent Suchet, Davoust, Marmont passage du Mincio.

1801.

9 *janvier.* — Traité de paix de Lunéville, entre la France et l'Autriche. La coalition est rompue, la révolution victorieuse, l'Angleterre réduite à ses propres armes.

21 *mars.* — Traité entre la France et l'Espagne.

28 *mars.* — Traité entre la France et Naples.

5 *juillet.* — Combat naval d'Algésiras, livré par l'amiral Linois. L'avantage reste à la flotte française.

4-15 *août.* — Nelson attaque la flottille rassemblée à Boulogne. Il est chaque fois repoussé.

29 *septembre.* — Traité entre la France et le Portugal.

8 *octobre.* — Traité avec la Russie, signé à Paris.

9 *octobre.* — Paix avec la Porte Ottomane.

1802.

25 mars. —La paix est signée à Amiens, entre la France et l'Angleterre. — Le 5 0|0 est coté à 53 fr.

La légende napoléonienne n'a conservé de cette éclatante période que les souvenirs du Saint-Bernard et de Marengo : tout le reste est demeuré plus ou moins dans l'ombre, comme si, dans ce concert de toutes les forces patriotiques, il n'y avait en but qu'une seule gloire, une seule existence, celle de Bonaparte. Cependant il résulte des faits, et des conditions de toute cette guerre, que la campagne ouverte en Italie a pour pendant nécessaire celle d'Allemagne ; que le 14 juin, où la gloire du premier Consul souffrit un instant d'éclipse, n'est que la première moitié de la tâche accomplie à Hochstedt et Hohenlinden ; que le passage du Saint-Bernard est le corrélatif de celui des Alpes tyroliennes, exécuté dans des conditions peut-être plus difficiles ; enfin, que les traités de Lunéville et d'Amiens sont le produit d'un double effort, conduit, *ex æquo*, par les deux guerriers les plus renommés de l'époque, Moreau et Bonaparte. Mais tel est le privilége du pouvoir, que tout succès obtenu par le subalterne profite exclusivement au supérieur, ou est considéré comme non avenu par la légende. Bonaparte est le chef : il suffit. En pleine république, l'injuste renommée lui subordonne ses compagnons, et le peuple, dans son instinct monarchique, se rend complice de cette partialité, que bientôt il payera cher.

Après le traité d'Amiens, la dictature de Bonaparte était finie. Il ne lui restait qu'à déposer les faisceaux après avoir inauguré, sur de nouvelles bases, le régime constitutionnel. Il le comprenait, certes; aussi, ses mesures étaient prises de longue main, et six semaines après la signature du traité d'Amiens, il se faisait nommer Consul, pour *dix ans!* Un an plus tard la paix était rompue avec l'Angleterre, et le pouvoir de Bonaparte ne rencontrait plus ni contradicteurs ni obstacles.

Rappelons, en quelques dates, cette partie beaucoup moins remarquée du consulat, où le héros, qui sans doute avait la faiblesse de se croire nécessaire, laisse voir à nu le travail de son ambition et son jeu de bascule.

1799.

11 *novembre* (19 brumaire). Déportation et internement de 62 républicains, opposés au coup d'état.

24 *décembre.* — Proclamation de la constitution de l'an 8, toute à l'avantage du premier Consul. —Cambacérès, régicide, deuxième consul; Lebrun, ancien secrétaire intime du chancelier Maupeou, troisième consul : Bonaparte est comme le Christ entre les deux larrons!

1800.

5 *janvier.* — Déportation de 133 républicains.

17 *janvier.*—Loi contre la presse, suppression de journaux.

13 *février.* — Loi en faveur des émigrés. On déporte les patriotes, on rappelle les nobles.

26 *septembre.* — Loi en faveur de la loterie : la passion du jeu entretenue aux dépens de l'esprit public.

24 décembre. — Explosion de la machine infernale. La police prouve que les coupables sont royalistes : le premier consul condamne à la déportation 130 républicains.

1801

7 février. — Création de tribunaux criminels spéciaux dans les départements.

21 mars. — Par le traité de Madrid, Bonaparte, ex-jacobin, consul de la république française, fait Louis de Bourbon, ex-prince de Parme, roi d'Italie.

1er juillet. — Les noirs de Saint-Domingue se donnent une constitution. Leur chef, Toussaint-Louverture, nommé gouverneur à vie, écrit à Bonaparte avec ce protocole : *Le premier des noirs au premier des blancs.* La comparaison blesse Bonaparte, et décide de sa politique vis-à-vis de la colonie.

15 juillet. — Signature du Concordat. Bonaparte relève le parti prêtre, qui l'appelle *Nouveau David,* et lui rend en bénédictions ce qu'il en reçoit en argent et en influence.

7 septembre. — Ouverture de la Diète helvétique : le premier consul de la république française, protecteur naturel de l'indépendance des nations, intervient dans les affaires d'une autre république.

14 décembre. — Expédition de Saint-Domingue. Une foule d'anciens militaires, surtout d'officiers, élevés à l'école de la république, et dont les opinions faisaient ombrage, sont éloignés.

1802.

26 janvier. — Bonaparte se fait nommer président de la république italienne. Cumul injustifiable dans un chef d'état républicain, aussi bien au point de vue du droit des gens qu'à celui de la liberté française. Bonaparte voulait un trône : à défaut de la France, il se ménage l'Italie.

26 avril. — Amnistie générale en faveur des émigrés. Les jacobins resteront à Madagascar.

8 mai. — Bonaparte est nommé consul pour dix ans. « Il » eût voulu, dit-il, *terminer à la paix sa carrière politique.* » Mais le Sénat a jugé qu'il devait au peuple encore ce sacri- » fice; il se conformera à la volonté du peuple! » — Tant il est vrai qu'à la paix d'Amiens expirait la mission de premier Consul, et que des influences d'entourage, jointes à l'ambition de l'homme, déterminèrent seules, en sa faveur, cette nou- velle aliénation de la souveraineté.

18 mai. — Levée de 120,000 hommes. — En 1800, alors que la France avait sur les bras toute la coalition, la levée n'avait été que de 60,000 hommes ; aujourd'hui, en pleine paix, le recrutement est porté au double. Il est évident que la guerre est une des conditions du nouveau gouvernement.

19 mai. — Établissement de la Légion d'honneur, vive- ment combattu par le tribunat. — « Aux républiques la » vertu, aux monarchies l'honneur, » avait dit Montesquieu.

20 mai. — Malgré les promesses faites à la population de lui conserver ses droits politiques, l'esclavage est rétabli dans toutes les Antilles. Les réformes des nègres sont abolies par les blancs!

10 juin. — Enlèvement de Toussaint-Louverture, mal- gré la capitulation : il est conduit au fort de Joux.

2 août. — Bonaparte est nommé consul à vie, par 3,568,885 *oui,* contre 8,374 *non.* La spontanéité du peu- ple est à l'unisson du premier consul. Il dit : « Content » d'avoir été appelé, par l'ordre de CELUI de qui tout émane, » à ramener l'ordre et l'égalité sur la terre, j'entendrai » sonner la dernière heure sans regret, comme sans inquié- » tude sur l'opinion des générations futures. »

4 août. — Réforme de la constitution de l'an VIII. —

Elle était incompatible, en effet, avec le consulat à vie, par ses formes encore trop démocratiques, trop libérales. Désormais le règne de la subjectivité consulaire est assuré : *Qui veut la fin, veut les moyens.*

10 août-11 septembre. — L'île d'Elbe et le Piémont sont réunis au territoire de la république française. Infraction au principe des nationalités, et aux principes du droit public sur l'équilibre européen. Qui eût dit alors que cette réunion était impossible, se serait attiré le mépris du prince et de la nation. Douze ans ne s'écouleront pas, avant que cette impossibilité soit devenue un axiôme.

9 octobre. — Occupation des états de Parme par ordre du premier consul. Bonaparte ne déguise plus ses projets d'envahissement en Italie.

1803.

19 février. — Acte de médiation rendu par Bonaparte pour mettre fin aux différends entre les cantons Suisses. Cet acte est appuyé d'une armée de 20,000 hommes, qui, dès le 21 octobre précédent, avaient commencé de pénétrer en Suisse, sous les ordres du général Ney.

26 février. — Bonaparte fait, dit-on, proposer secrètement à Louis XVIII de lui céder ses droits au trône de France. « Je ne confonds pas, répond Louis XVIII, M. Bo-
» naparte avec ceux qui l'ont précédé. J'estime sa valeur,
» ses talents militaires; je lui sais gré de quelques actes
» d'administration. Mais il se trompe, s'il croit m'enga-
» ger à renoncer à mes droits; loin de là, il les établirait
» lui-même, s'ils pouvaient être litigieux, par les démarches
» qu'il fait en ce moment. » N'est-ce point déjà Henri V, remerciant Louis-Napoléon de ce qu'il a fait contre les révolutionnaires, et engageant ses féaux à refuser le serment?

25 mars. — Levée de 120,000 hommes, en prévision de la rupture avec l'Angleterre.

30 avril. — La Louisiane est vendue aux États-Unis, pour la somme de 81,300,000 francs : conséquence anticipée de la cessation de la paix.

13 mai. — L'ambassadeur d'Angleterre reçoit ses passeports : on se prépare à la guerre.

Cette rupture était-elle inévitable ? les politiques ont disputé du pour et du contre : il n'y faut point tant de recherche. Ce qui reste établi, par la démonstration chronologique et par les faits, c'est qu'un chef d'état, dans la position de Bonaparte, pouvait, à volonté, moyennant quelques concessions, faire la paix ou la guerre ; c'est que les prétextes allégués de part et d'autre étaient plutôt du ressort de la diplomatie que des armées ; que si, par exemple, l'Angleterre ne voulait pas rendre (l'île de Malte), Bonaparte voulait toujours prendre (l'île d'Elbe, le Piémont, l'état de Parme) ; c'est que tandis que les intérêts de la Grande-Bretagne étaient évidemment compromis par la prolongation de la paix, du côté de la France la guerre n'était utile qu'à Bonaparte ; que cette guerre il l'avait prévue, qu'il s'y tenait prêt, que dès longtemps il agissait comme si elle eût été déclarée ; c'est, enfin, qu'autant la France trouvait d'avantages à épuiser, avant de combattre, tous les moyens diplomatiques, transactions, compensations, etc., autant l'Angleterre, pour qui la situation était tout autre, était intéressée à faire naître le conflit, et à chercher une solution par la voie des armes.

L'Angleterre, en effet, voulait l'empire de l'Océan, qu'alors, comme aujourd'hui, il était difficile de lui enlever. Pour balancer cette domina-

tion maritime, la France n'avait que deux moyens :
c'étaient, ou de fermer à l'Angleterre le continent
européen, comme elle-même nous fermait l'Océan,
ce qui entraînait, si l'Europe refusait d'entrer dans
ce système, la nécessité de la conquérir, chose impossible ; ou bien de combattre sa rivale avec ses
propres armes, par l'industrie, le commerce, la
navigation, les alliances, etc. : moyens sûrs, mais
lents, peu compatibles avec la récente constitution
du pouvoir, et qui n'étaient ni dans le génie du
premier consul, ni dans la nature de son commandement.

Ainsi, dans la lutte avec l'Angleterre, la politique d'exclusion, c'est-à-dire de conquête, qu'a-
vaient rêvée les hommes de la Convention, notamment Barère, politique absurde au point de vue
des intérêts et des libertés du pays, mais indispensable à la conservation d'un pouvoir excessif ; politique sans but, puisque prétendre à tout, c'est ne
prétendre à rien ; cette politique personnelle, qui,
ramenée à sa plus simple expression, n'eût jamais
été soufferte, prévalut dans les conseils de la nation,
grâce à l'éclat des victoires récentes, aux prétextes
habilement colorés de la diplomatie, et à l'excita-
tion des rivalités nationales. De ce moment, il fut
facile de pronostiquer, aux dates et aux lieux près,
les péripéties de la lutte, et de prédire le résultat.

À l'intérieur, Bonaparte nommé consul à vie,
débarrassé de toutes entraves constitutionnelles, ne
peut maintenir son autorité qu'en la concentrant
de plus en plus, et en occupant la nation d'entreprises qui absorbent son énergie et fassent diversion
aux esprits. Ce plan est déjà contradictoire : le pou-

voir plus fort est toujours plus attaqué ; l'opinion, dès qu'elle ne se reconnaît pas en lui, se tourne contre lui. Viendra le jour fatal où la liberté comprimée, la tendance nationale froissée, réagiront contre le despote : alors la nation, au moins celle qui pense, la seule qui compte, se séparera de son chef, et de cette scission résultera infailliblement ou la chute de l'un, ou la dégradation de l'autre, peut-être la ruine de tous deux.

Au dehors, l'Angleterre maîtresse de la mer, protégée par sa position insulaire, subventionnant les rois, soulevant les peuples, tenant par l'universalité de son commerce la nation française, pour ainsi dire, en état de blocus ; l'Angleterre force Bonaparte, pour se dégager de ce blocus, de le retourner contre elle, c'est-à-dire de s'emparer successivement de tous les états de l'Europe, de détrôner l'un après l'autre tous les rois, de changer les dynasties, et d'abolir les nationalités. En deux mots, l'Angleterre pousse Bonaparte, bon gré mal gré, à la monarchie universelle. S'il s'arrête un seul jour, il perd le fruit de ses victoires : la France lui redemande sa constitution, les peuples leur liberté. Les conspirations sont là aussi pour lui dire : Marche, marche ; sinon, abdique !

Dans cette entreprise d'autocratie européenne, combien y avait-il de chances pour Bonaparte ? pas une seule. Combien pour l'Angleterre ? toutes. Le traité de Westphalie, en faisant grief, en plus d'un endroit, aux nationalités, avait posé l'idée d'une fédération européenne, et jeté les fondements de cet équilibre, dont le perfectionnement est une des données les plus authentiques de l'histoire, et formera l'œuvre supérieure de la révolution. Un peu plus tôt, un peu plus tard, Bonaparte, en contradiction avec la destinée universelle, devait avoir devant lui toute l'Europe en armes, derrière lui la France épuisée, pleine de murmures. S'il ne tombait du premier choc, ce qui après tout était une chance, il était inévitable qu'à l'heure suprême de l'insurrection des peuples, sa chute ne devînt le gage de la paix générale, et le prix des efforts de l'Angleterre. Il faudrait dix ans, peut-être, pour déterminer ce grand armement; il en pourrait coûter à l'Europe six millions d'hommes tués sur les champs de bataille et une dette de 30 milliards : même à ce prix, la politique anglaise ne pouvait reculer. Depuis 1789, la révolution française n'avait pas coûté beaucoup moins : pour sa prépondérance maritime, pour l'honneur de sa diplomatie, pour l'orgueil de sa race, l'Angleterre ne se refuserait pas un égal sacrifice.

Toute l'épopée impériale est dans le jeu de cette partie, dont l'issue apparaît de loin avec la certitude de la fatalité, mais dont Bonaparte, plein de ses projets, redoutant sur toute chose de s'amoindrir, n'aperçoit pas le péril et le machiavélisme. Le grand stratége, pris au piége de son utopie tandis qu'il poursuit les idéologues, est dès cet instant condamné. Lui, superstitieux et fataliste, n'aperçoit pas l'infortune attachée aux entreprises qu'il conçoit et dirige seul. Ni la reddition de Malte aux Anglais (5 septembre 1800), fruit amer de l'expédition d'Égypte ; ni la reddition d'Alexandrie (30 août 1801), dernier poste occupé par nos soldats; ni la révolte des noirs (14 septembre 1802), ne le peuvent tirer de ses illusions. Il se précipite avec une joie insensée dans la voie où l'appelle l'ennemi, dont il semble prendre à tâche de réaliser de point en point les prévisions.

Mais que cet homme sera dur à réduire! quelle peine, a la providence des nations, pour avoir raison de ce Briarée! quels prodiges d'intelligence, d'activité, de séduction, d'audace, accomplis par cet antagoniste du destin, pour soutenir une prétention impossible! L'histoire de l'empereur Napoléon, véritable hors-d'œuvre dans l'histoire de l'humanité, simple dans son motif comme l Iliade et l'Enéide, est devenue à bon droit pour le peuple une légende, un mythe. Peu d'écrivains en ont démêlé la raison organique, s'il est permis d'appliquer ici le style du personnage Du reste, nul n'a moins connu le secret de sa destinée, les causes de sa grandeur et de sa décadence, que Napoléon. Il s'est ignoré jusqu'à la fin. En voyant, dans les méditations de Sainte-Hélène, le vagabondage de cet esprit superbe, qui jusqu'au dernier moment proteste contre la défaite, parce qu'il ne peut la comprendre, on dirait un astre qui, poussé loin de son orbite, n'aperçoit plus sa route dans l'éblouissement de ses rayons, et court au hasard à travers l'empyrée.

J'ai cru devoir, pour l'intelligence des événements contemporains, et la confirmation des principes que nous avons posés sur la génération de l'histoire, présenter ici le résumé chronologique de la période impériale. La vérité, offusquée dans la longueur des dissertations et des récits, apparaît dans la pure chronologie, avec une évidence qui ne se retrouve que dans les mathématiques. On verra, une fois compris le point de départ, la filiation inéluctable des faits, l'impossibilité de plus en plus apparente de la politique napoléonienne, l'inutilité des victoires ; et, en comparant la richesse des moyens, la puissance des facultés, avec l'absurdité du but, on aura la vraie mesure de l'homme.

ÉPHÉMÉRIDES IMPÉRIALES.

1803.

20 *mai*. — Commencement des hostilités contre l'Angleterre. A dater de la rupture du traité d'Amiens, il n'y a plus qu'un individu qui pense et agisse pour la nation, c'est Bonaparte. Délégué du peuple, muni de son blanc-seing, il se croit dispensé de prendre désormais aucun conseil, et tout en ne suivant d'autre raison que sa raison, il ne se juge point despote. Ceux qui l'aidèrent à organiser le gouvernement consulaire sont devenus les commis de ses volontés, ses compagnons d'armes, les valets de son empire. La France, aliénant sa souveraineté, est au service de ce citoyen, qui bientôt marchant de pair avec les rois fera de son autorité individuelle un article de foi, et de son délire une manifestation de la providence.

22 *mai*. — Le premier consul ordonne d'arrêter tous les Anglais voyageant en France, et les déclare prisonniers de guerre. Comme Brunswick, dans son fameux manifeste, ce n'est plus seulement au gouvernement anglais qu'il fait la guerre, c'est à la nation !

3 *juin*. — Invasion du Hanovre par le général Mortier.

27 *septembre*. — La censure est établie, *pour assurer*, dit l'arrêté, *la liberté de la presse.*

30 *novembre*. — Evacuation de Saint-Domingue, pre-

mier fruit de la politique de Bonaparte. La garnison réduite à 5,000 hommes, dont 800 officiers, est prisonnière de guerre. 50,000 Français ont péri dans cette expédition : autant avait déjà coûté celle d'Égypte. Ainsi échoue la seconde entreprise, personnelle, de Bonaparte.

20 *décembre.* — Sénatus-consulte qui règle la forme des séances du corps législatif. A la tribune, comme dans la presse, la liberté ne passe pas. En effet, pour l'exercice du pouvoir, dans les termes du plébiscite du 2 août 1802, et pour la carrière que nous avons à fournir, la liberté est de trop.

1804.

15 *février.* — Conspiration contre le premier Consul. La liberté proteste ! Moreau est arrêté.

25 *février.* Etablissement des droits réunis.

28 *février.* — Arrestation de Pichegru. Bienheureux Kléber, Desaix, Hoche, Marceau, Joubert! ils n'ont eu le temps ni de trahir la révolution, ni de conspirer contre le tyran. Ils sont morts pour la patrie : dorénavant on ne mourra plus que pour l'empereur !

9 *mars.* — Arrestation de Georges Cadoudal. De quoi se mêlait cet hurluberlu? La France avait une expérience à suivre avec son empereur : après lui, les Bourbons !

21 *mars.* — Le duc d'Enghien est fusillé à Vincennes. Royaliste ou républicain, tout ce qui fait résistance est écrasé.

24 *mars.* — Levée de 60,000 conscrits.

28 *avril.* — Proclamation de Dessalines aux Haïtiens : *Guerre à mort aux tyrans ! Liberté, Indépendance!* On dirait le cri de 92. La révolution, arrêtée en Europe, fait un tour chez les Indiens.

4 *mai.* — Bonaparte est nommé *Empereur héréditaire.*
La motion en est faite au Tribunat, adoptée par le Sénat
conservateur, « afin d'assurer au peuple français sa dignité,
» son indépendance et son territoire, et d'empêcher le re-
» tour du *despotisme,* de la *noblesse,* de la *féodalité,* de la
» servitude et de l'ignorance, seuls présents que puissent
» faire au peuple les Bourbons, s'ils revenaient jamais. »
Ce sénatus-consulte est ratifié par 3,521,675 *oui,* contre
2,579 *non.*

19 *mai.* — Création de maréchaux : destinés sans doute,
d'après le vœu du Tribunat, à combattre la *féodalité* et la
noblesse.

27 *mai.* — Prestation du serment. — Le clergé compare
Napoléon à Josaphat, Mathathias, Cyrus, Moïse, César, Auguste, Charlemagne. Dieu lui a dit : « Siége à ma droite,
» *sede à dextris meis.* Le gouvernement lui appartient, la
» soumission lui est due : tel est l'ordre de la Providence ! »
Ils diraient, ces prêtres, s'ils l'osaient, que l'Éternel ayant
trompé Mme Lætitia, en avait eu Napoléon.

10 *juin.* — Procès et bannissement de Moreau : Pichegru s'étrangle en prison, Georges Cadoudal est fusillé.

10 *juillet.* — Établissement du ministère de la police.

2 *octobre.* — Une flottille est rassemblée à Boulogne, pour
la descente en Angleterre. Les Anglais tentent inutilement
de la détruire.

8 *octobre.* — Le nègre Dessaline prend le titre d'*Empereur de Haïti.* L'ironie de Toussaint-Louverture passe à ses
successeurs : il est écrit que Saint-Domingue sera le cauchemar de Napoléon.

2 *décembre.* — L'Empereur est couronné à Notre-Dame.
Les dépenses du sacre, d'après les journaux de l'empire, ne
s'élèvent qu'à *six millions !*

3 décembre. — Alliance de l'Angleterre avec la Suède. Tandis que le conquérant s'apprête, l'Angleterre travaille de son côté les gouvernements et les peuples.

1805.

17 janvier. — Levée de 60,000 hommes.

29 janvier. — Fondation de Napoléonville ou Bourbon-Vendée.

18 mars. — L'Empereur déclare au Sénat qu'il accepte la couronne d'Italie, d'après le vœu manifesté par la population italienne. Comme si une voix secrète protestait en lui contre la fatalité qui l'entraîne, il dit : « …. Le génie du » mal cherchera en vain des prétextes pour mettre le conti- » nent en guerre : *aucune nouvelle puissance ne sera incor-* » *porée dans l'état français !* »

5 avril. — Pie VII, qui avait espéré, en venant à Paris sacrer l'Empereur, recouvrer les anciens domaines de l'Église, s'en retourne les mains vides, aux sifflets de l'Europe.

8 avril. — Traité d'alliance entre l'Angleterre et la Russie.

8 mai. — L'empereur de Haïti, Dessaline, décrète une constitution impériale.

26 mai. — Napoléon est couronné à Milan, Eugène Beauharnais déclaré vice-roi d'Italie. La *féodalité*, malgré le vœu du Tribunat, recommence donc, par la famille de Napoléon.

4 juin. — Réunion de Gênes à la France.

23 juin. — La république de Lucques est transformée en principauté, et donnée à Élisa, sœur de Napoléon.

21 juillet. — Réunion de Parme à la France. Ainsi se justifient les griefs de l'Angleterre, ainsi se poursuit, malgré la lumière intérieure qui l'éclaire, la carrière anti-provi-

dentielle de l'Empereur. Mentait-il, quand il déclarait le
18 mars *qu'aucune puissance ne serait incorporée dans
l'état français?* point : la force des choses l'écrasait. A
chaque alliance que faisait l'Angleterre, il répondait par un
agrandissement de territoire, voilà tout.

22 juillet. — Combat naval à la hauteur du cap Finistère
(Espagne), entre la flotte franco-espagnole et les Anglais.
L'avantage reste à ces derniers.

9 août. — L'Autriche adhère au traité du 8 avril, entre la
Russie, la Suède et l'Angleterre.

8 septembre. — 3e *coalition contre la France.* Si la réflexion pouvait naître au cœur de Napoléon, il sentirait en
ce moment quelle est l'anomalie de sa position. Il verrait
que cette anomalie résulte de son système de gouvernement,
lequel à son tour a sa source dans l'idée qu'il se fait, avec le
vulgaire, du mandat politique. Il se dirait alors que des
victoires, au service d'une méchante cause, sont autant à
redouter que des défaites, et dès à présent il ne combattrait
plus que pour le *statu quo* et pour la paix. Le mauvais génie
l'emporte : en avant !

Passage de l'Inn par le général autrichien Klénau.

9 septembre. — Rétablissement du calendrier grégorien.
A mesure que Bonaparte est poursuivi par l'ancien régime,
il revient aux institutions de l'ancien régime. Tous les actes
de son gouvernement, parfaitement liés entre eux du reste,
sont à contre-sens de son mandat.

24 septembre. — Sénatus-consulte qui ordonne la levée
de 80,000 conscrits, met en activité ceux de 1801, 2, 3,
4, 5; ordonne la réorganisation des gardes nationales. —
Mandements des évêques, qui ordonnent des prières publiques, et répandent leurs bénédictions sur l'*Oint du Seigneur, envoyé du ciel pour visiter la terre.*

Où donc est la vérité en France? où est la raison ? N'est-il
pas vrai que sous cette avalanche d'adulations dont il est

l'objet, le plus sincère de tous, le plus honnête, c'est encore Napoléon ?

8-20 *octobre*. — Combats de Wertingen, Guntburg, Langenau; occupation d'Augsbourg, Munich; capitulation d'Ulm. En 15 jours, l'ennemi a perdu 50,000 prisonniers.

21 *octobre*. — Bataille de Trafalgar, gagnée par Nelson sur l'amiral français Villeneuve. Ce qu'avait été Aboukir à l'expédition d'Égypte, Trafalgar le sera pour toue la période impériale. Napoléon, sans marine, est irrévocablement condamné à s'emparer du continent. C'est ce qu'on appellera *Système* ou *Blocus continental*. A Trafalgar, comme à Aboukir, Napoléon est donc vaincu, et sans rémission, puisque la position qui lui est faite est telle, que vaincu en Allemagne, il perd tout; victorieux, il est de plus en plus compromis. Toutes ses victoires sont frappées d'avance de stérilité, et changées en défaites.

25 *octobre*. — Le roi de Prusse adhère à la coalition.

Novembre. — Le 2, Masséna, commandant l'armée d'Italie, force l'archiduc Charles à la retraite; le 4, combat d'Amstetten, occupation de Steyer, prise de Vicence; le 7, occupation d'Inspruck; le 9, combat de Marienzell; 1; 11, combat de Dernstein; le 13, occupation de Vienne; le 14-24, occupation de Trente, Presbourg, Brunn, Dœrnberg, Trieste; le 28, jonction de l'armée d'Italie et de la grande armée.

4 *novembre*. — Combat naval, en vue du cap Villano, (Galice). Quatre vaisseaux français, échappés du désastre de Trafalgar, sont forcés de se rendre, après une action de 4 heures.

2 *décembre*. — Victoire d'Austerlitz, gagnée par l'Empereur.

26 *décembre*. — Paix de Presbourg, avec l'Autriche. — En voilà un hors de combat; que fera de lui Napoléon ?

La règle de la guerre est d'affaiblir l'ennemi vaincu : les états de Venise, la Dalmatie, l'Albanie, sont réunis au royaume d'Italie; l'électeur de Bavière et le duc de Wurtemberg, déjà à la dévotion de l'Empereur des Français, sont agrandis aux dépens de l'Autriche, et prennent le titre de rois. Ainsi ce qu'il ne peut ou n'oserait encore incorporer à ses états, il le divise, le donne à des subalternes, dont il se fait des auxiliaires contre la coalition. Par suite de ce traité, Neufchâtel, Berg et Clèves sont réunis à la France, et Napoléon déclaré en outre *Protecteur de la confédération helvétique.*

1806.

23 *janvier.* — A la nouvelle de la défaite d'Austerlitz, Pitt est frappé d'apoplexie et meurt. Son rival Fox arrive au ministère : des négociations sont entamées pour la paix.

28 *janvier.* — Le sénat décerne à Napoléon le titre de GRAND : un monument est décrété en son honneur. La nation, enivrée, partage l'aveuglement de son chef, dont elle partagera aussi la ruine.

6 *février.* — Combat naval, dans la baie de Saint-Domingue, entre une escadre française et une escadre anglaise : terminé à l'avantage de l'ennemi.

8-15 *février.* — Invasion du royaume de Naples, en représailles de la neutralité mal gardée par le roi Ferdinand. Constamment battu sur mer par les Anglais, Napoléon n'a que la ressource de les expulser du continent : après l'Italie, il continue par Naples.

30 *mars.* — L'Empereur nomme son frère, Joseph Bonaparte, roi des Deux-Siciles.

5 *juin.* — Napoléon rétablit, pour la conservation de ses conquêtes, le système féodal. Il nomme Murat, son beau-frère, grand duc de Berg et Clèves ; donne à Talleyrand la

principauté de *Bénévent*, à titre de *fief immédiat* de la couronne ; déclare en outre un autre de ses frères, Louis Bonaparte, roi de Hollande. Pressentant le danger des conquêtes, il voudrait se borner à des changements de dynasties. Mais ce moyen est pire que l'autre : les rois de la création de Napoléon lui donneront plus de souci que n'eussent fait les indigènes.

6 *juillet*.— Le général Régnier est défait par les Anglais à Sainte-Euphémie en Calabre. Le peuple se soulève contre les Français, l'assassinat est organisé contre eux : prélude de ce qui arrivera, quelques années plus tard, en Espagne.

12 *juillet.* — Confédération du Rhin, sous le *Protectorat* de Napoléon. Ce traité, qui inféode à l'empire quatorze princes allemands, assure à la France, contre la coalition, un contingent de 60,000 hommes. De pareils princes eussent mérité la corde, si les peuples avaient l'intelligence de leurs intérêts : ils en furent quittes, après la retraite de Moscou, pour une trahison de plus.

20 *août*.— En présence des agrandissements de Napoléon, la Russie refuse la paix, entraînant la Prusse dans son orbite.

6 *octobre*. — *4e coalition*. Rien n'est conquis, tant qu'il reste à conquérir, dit l'Angleterre. Conquérons donc, répond l'Empereur.

9-10 *octobre*.— Combats de Schleitz et Saalfeld : les Prussiens sont battus.

14-31 *octobre*.— Victoire d'Iéna : capitulation d'Erfurth, occupation de Leipsik, Halberstadt, Brandebourg, Berlin, Varsovie, etc. Prise de Spandau et Stettin.

Novembre.— Prise d'Anklam, Kustrin, Lubeck ; occupation de Hesse-Cassel, Hambourg, Brême, reddition de Magdebourg ; capitulation de Hameln, entrée de Murat à Varsovie.

21 *novembre*.— Décret impérial, daté de Berlin, relatif au

Système continental. Les îles britanniques sont mises en état de blocus ; tout Anglais saisi dans les états français est déclaré prisonnier de guerre ; toute marchandise provenant de cette nation est prohibée. Provisoirement la Prusse est condamnée à une contribution de guerre de 150 millions. Et de deux. Restent, avec l'Angleterre, la Russie et la Suède.

Ainsi Napoléon, non-seulement fait la guerre aux états, il la fait aux peuples ; non-seulement il fait la guerre aux hommes, il la fait aux choses. Cela durera-t-il longtemps ?... Poursuivons.

1807.

15 *décembre.* — Levée de 80,000 hommes. En même temps, l'Empereur ordonne aux gardes nationaux de se préparer pour un *service actif.*

23-26 *décembre.* — Combats de Czarnovo, Mohrungen, Pultusk, Golymin, contre les Russes. Partout les Français obtiennent l'avantage.

Janvier. — Les opérations militaires continuent : prise de Breslau et de Brieg, sur l'Oder.

8-26 *février.* — Bataille sanglante d'Eylau ; combats d'Ostrolenka et de Braunsberg, où les généraux Bernadotte et Ney taillent en pièces l'ennemi.

7 *avril.* — Levée de 80,000 hommes, classe de 1808. L'Empereur, pour entretenir ses armées, et faire face aux affaires, anticipe ses coupes d'hommes. Là déjà se dévoile sa faiblesse.

5-14 *juin.* — Combats de Spanden, Deppen, Guttstadt, Heilsberg, où les Français sont constamment victorieux. Enfin, la victoire de Friedland, suivie de la prise de Kœnigsberg et de la Neisse, de la capitulation de Glatz et Kasel, oblige la Russie à demander la paix.

7-9 *juillet*. — Paix de Tilsitt. La coalition est vaincue. Elle le sera aussi longtemps que les puissances, au lieu de masser leurs forces, agiront séparément, et que les peuples ne se croiront pas intéressés à la querelle.

La Prusse perd la moitié de son territoire, qui passe, partie à la France, partie à la Saxe. La Pologne, qui avait été pour Napoléon d'un si grand secours, est oubliée, ou plutôt sacrifiée par lui à l'amitié du czar. Elle apprend, à ses dépens, que l'antagonisme des princes ne va jamais jusqu'à leur faire servir l'émancipation des peuples.

16 *août*. — La guerre sur le continent est terminée : Napoléon rentre triomphant à Paris. L'enthousiasme est au comble. Mais cet enthousiasme se changerait bientôt en consternation, si quelqu'un en ce moment pouvait se douter que toutes ces victoires sont autant d'insultes à l'étoile de Bonaparte, des méfaits qui ne font qu'exaspérer le destin contre la France et contre lui. Aussi comment condamner le héros, comment ne pas le plaindre, au contraire, quand on voit jusqu'où s'abaisse l'imbécillité de son parterre ? « *Il est au* » *delà de l'histoire*, s'écrie le président Séguier ; *au dessus* » *de l'admiration !* Il ne peut être égalé que par l'Amour ! » Folie et pitié !

18 *août*. — Formation du royaume de Westphalie : le plus jeune frère de Napoléon, Jérôme, âgé de 27 ans, en sera titulaire. Universel applaudissement.

19 *août*. — Le Tribunat est supprimé : il s'y manifestait des velléités d'opposition ! Le constitution impériale, tant de fois remaniée, est modifiée de nouveau. N'est-ce pas logique, nécessaire ? Ceins tes reins pour le combat, ô guerrier ! car, plus tu remportes de triomphes, plus tu te crées d'oppositions, et te tailles de besogne ; plus par conséquent tu auras besoin, comme l'athlète, de te ramasser dans ta force !

1er *septembre*. — Organisation de la république ionienne, comme partie intégrante de l'empire français. Napoléon, après avoir manqué l'Angleterre par l'Égypte, la ressaisit par la Grèce ! *L'Univers bientôt ne le contiendra plus !*

2 *septembre.* — Le roi de Prusse adhère au *Système continental.*

7 *septembre.* — Prise de l'île de Rugen par le maréchal Brune : la Suède rappelle ses troupes.

C'est en ce moment que les Anglais, aveuglés par la cupidité et la haine, bombardent Copenhague, capitale d'un état neutre. Le motif de cette aggression odieuse est le refus qu'avait fait le roi de Danemark de prendre part à la coalition. On pouvait, sans crime, ne point comprendre une politique que les Anglais eux-mêmes servaient si mal : aussi, cet acte de vandalisme fit plus de mal à l'Angleterre que toutes les victoires de Napoléon. Un moment les puissances se séparèrent d'elle, et Napoléon faillit, en haine de ses rivaux, devenir l'arbitre accepté de l'Europe.

9 *septembre.* — Le roi de Danemark interdit à son peuple toute communication avec les Anglais.

14-16 *octobre.* — Napoléon, adoptant hautement les idées de Barère, déclare qu'il s'opposera à toute alliance des princes du continent avec l'Angleterre. Rien n'égale l'outrecuidance de ce *casus belli*, si ce n'est sa niaiserie. Mais telle est en ce moment la clameur contre les Anglais, que le czar se joint à Napoléon, et accède à son tour au *Système continental.*

Ainsi une faute politique, un crime contre le droit des gens, semble un moment faire fléchir le destin ! Ce moment fut pour la Grande-Bretagne le plus critique de sa lutte avec Napoléon : mais le doute ne fut pas de longue durée. L'intempérance de l'Empereur ramène vite aux Anglais ceux que leur barbarie en avait un instant détachés.

13 *novembre.* — Première expédition de Portugal. La cour de Lisbonne n'ayant pu, par crainte de l'Angleterre qui menaçait ses possessions d'Amérique, entrer dans le

Système continental, Napoléon rend un décret portant *que la maison de Bragance a cessé de régner en Europe*, et charge le général Junot de l'exécution. Ainsi, il suffit que les Anglais mettent le pied dans un état, pour que cet état devienne un ennemi de l'Empereur !

30 *novembre.* — Prise de Lisbonne par les Français. Une contribution de 100 millions est imposée au Portugal. — Que dites-vous de cette représaille au bombardement de Copenhague, ô sage Alexandre?...

10 *décembre.* — Réunion du royaume d'Etrurie à la France : l'armée française en prend possession.

17-18 *décembre.* — L'Empereur lance décrets sur décrets touchant le *Système continental.* Le roi d'Angleterre y répond par une déclaration portant que la Grande-Bretagne est *le seul boulevard des libertés de l'Europe.*

1808.

1er *janvier.* — Etat de la marine anglaise : 253 vaisseaux de ligne, 29 de 50 canons, 261 frégates, 299 sloops, 258 brics : total 1,100 vaisseaux de guerre, non compris les cutters et autres bâtiments de moindre dimension.

Etat de la marine française : zéro.

On demande laquelle des deux puissances, de la France ou de la Grande-Bretagne, tient l'autre en état de blocus?

3 *janvier.* — L'Espagne, à l'instigation de Napoléon, effrayée par le sort du Portugal, entre dans le *Système continental.*

21 *janvier.* — Réunion de Kehl, Cassel, Wezel et Flessingue au territoire français.

Levée de 80,000 hommes.

2 *février.* — Rome est occupée par les Français : *Système continental.*

17-29 *février.* = Occupation de Pampelune, Barcelone, Figuière, Saint-Sébastien, par mesure *continentale.* Plus de 100,000 Français se répandent dans la Péninsule.

19 *mars.* — À la suite d'intrigues de cour, où se voit la main de Napoléon, Charles IV, roi d'Espagne, abdique en faveur de son fils.

2 *avril.* — Décret impérial qui annexe les provinces d'Ancône, Urbin, Camerino, Maccrata, à l'empire français, *Système continental.*

5 *mai.* — Traité de Bayonne, par lequel Ferdinand VII restitue la couronne à son père Charles IV, qui la transporte à Napoléon. A cette nouvelle une insurrection éclate à Madrid : les mécontents sont fusillés par les soldats de Murat.

Tous les historiens blâment la conduite de Napoléon envers l'Espagne, comme artificieuse, immorale, inique. Ce qu'il nous appartient ici d'en relever, c'est qu'elle est la réduction à l'absurde du *Système* de Napoléon. Combien devait se sentir forte l'Angleterre, en voyant ce chef d'un grand état refaire et défaire sans cesse la carte politique de l'Europe, dépersonnaliser peuples et gouvernements, agrandir sans cesse son territoire, comme un particulier arrondit sa propriété, ne reconnaître enfin dans la constitution des états qu'une œuvre artificielle, que l'épée produit, que l'épée peut détruire.

27-30 *mai.* — La politique de Napoléon, ou pour mieux dire la politique imposée à Napoléon par l'Angleterre, porte ses fruits. L'Espagne se soulève tout entière : la guerre des peuples commence contre l'Empereur.

6 *juin.* — Napoléon ne peut plus reculer. Décret impérial qui proclame roi d'Espagne Joseph Bonaparte, frère aîné de l'Empereur.

14 *juin.* — Les insurgés de Cadix s'emparent des débris de la flotte française, derniers restes de Trafalgar : 2 vaisseaux de ligne, 1 frégate, 4,000 marins.

16 *juin.* — Insurrection des Portugais. L'incendie est allumé dans toute la Péninsule, attisé par l'Angleterre. La fortune commence à tourner. Que les peuples du Nord suivent l'exemple de ceux du Midi, et c'en est fait de Napoléon.

22 *juin.* — Capitulation de Baylen : 13,000 soldats et officiers français mettent bas les armes, et sont envoyés à Cadix sur les pontons.

29 *juillet.* — Le roi Joseph, effrayé du progrès de l'insurrection, abandonne Madrid, après une résidence de *huit jours.*

31 *juillet.* — Une armée anglaise débarque en Portugal. La guerre est sûre, en pays ami, contre l'étranger qui l'opprime.

10 *août.* — Le général espagnol la Romana, occupé en Danemark au service de l'Empereur, s'évade avec 22,000 hommes, et retourne en Espagne aider l'insurrection.

21 *août.* — Bataille de Vimeïro, entre Junot et Wellington. Les Français, inférieurs en nombre, se retirent en bon ordre.

30 *août.* — Convention de la Cintra : les Français évacuent le Portugal et rentrent en France, transportés sur des vaisseaux anglais. Wellington fait la guerre en marchand : il ne se risque qu'avec des forces supérieures, et ne regarde pas à l'honorabilité d'une capitulation, pourvu que les Français partent! Ainsi, depuis trois mois, l'Empereur éprouve dans la Péninsule une suite d'échecs, qui rendent de plus en plus manifeste l'impossibilité de ses plans. Pendant que l'insurrection pullule, la contrebande foisonne : Napoléon est vaincu par les masses populaires, dans sa stratégie et sa politique.

8 *septembre.* — Convention de Paris, pour le règlement des affaires avec la Prusse. Attiré en Espagne par le péril du *Système,* l'Empereur se hâte de traiter dans le Nord avec la coalition.

10 *septembre.* — Levée de 80,000 conscrits, classe de 1810 ; rappel de 80,000 autres, sur-les classes de 1806, 7, 8, 9 : total 160,000 hommes, rendus nécessaires par la guerre d'Espagne. La France ne sourcille pas !

12 *octobre.* — Entrevue d'Erfurt, entre Napoléon et Alexandre. Les deux souverains adressent au roi d'Angleterre une lettre collective pour l'engager à la paix ! Napoléon, à Sainte-Hélène, a traité le czar Alexandre de Grec du Bas-Empire. Il est certain que ce *grec* commit, dans la circonstance, un acte d'insigne bêtise. Si, dans ce moment, au lieu de servir complaisamment les vues de Napoléon, il eût appuyé l'Angleterre, le Portugal, l'Espagne, le roi de Naples, le Pape, il pouvait hâter de quatre ans la débâcle impériale. Cette faute coûtera cher aux coalisés.

4 *novembre.* — L'Empereur, tranquille sur les intentions de l'Autriche, de la Prusse, et de la Russie, entre en Espagne avec 80,000 hommes, retirés des forteresses d'Allemagne.

10-23 *novembre.* — Combat et prise de Burgos ; bataille d'Espinosa et de Tudéla, gagnées par les Français.

4 *décembre.* — Reddition de Madrid par les insurgés. L'Empereur adresse aux Espagnols une proclamation menaçante. « Aucune puissance, dit-il, ne peut exister sur le » Continent, influencée par l'Angleterre !... Je chasserai les » Anglais de l'Espagne, et leurs adhérents seront envelop- » pés dans leur ruine. »

5-16-21 *décembre.* — Prise de Roses en Catalogne ; combats sur le Lobregat, à San-Felice, et à Molino-del-Rey, livrés par Gouvion Saint-Cyr. Les Espagnols, constamment battus en bataille rangée, prennent leur revanche comme guérillas. Les triomphes de l'armée française passeront à la postérité ; son extermination en détail échappe à l'histoire.

1809.

Janvier. — L'œuvre impossible continue. Combats de Priéros, de Taraçona, et de la Corogne ; prise du Ferrol. Les Espagnols sont toujours vaincus ; mais les Français s'usent toujours !

21 *février*. — Prise de Saragosse, nouvelle Numance ! par Lannes.

24 *février*. — Reddition de la Martinique aux Anglais, par Villaret-Joyeuse.

12-29 *mars*. — Une seconde expédition est dirigée contre le Portugal, sous les ordres du maréchal Soult. — Combat de Lanhozo, bataille et prise d'O-Porto.

9 *avril*. — 5ᵉ *coalition*. L'exemple des peuples finit par entraîner les rois. L'Autriche, impatiente du joug, stipendiée par l'Angleterre, rompt la paix. Passage de l'Inn et de la Salza par l'archiduc Charles : diversion rationnelle, mais insuffisante, en faveur du Portugal et de l'Espagne. Se peut-il rien de plus stupide que ces prétendus coalisés ?

12 *avril*. — Nouveau désastre maritime, éprouvé par la France, à l'île d'Aix. Depuis Trafalgar, nos marins ne se risquent plus sur l'Océan ; ils sont enlevés, brûlés dans leurs rades. A l'île d'Aix, 13 vaisseaux et frégates sont détruits.

15-16 *avril*. — Combat de Pordenone et de Sacile, sur le Tagliamento. Les Français, commandés par le prince Eugène, sont d'abord battus par les Autrichiens.

19-22 *avril*. — Combats de Pfaffen-Hoffen et de Tann, livrés par Oudinot et Davoust ; batailles d'Abensberg et d'Eckmuhl : les Français gagnent partout.

23 *avril*. — Levée de 30,000 hommes, classe de 1810 ; plus 10,000 à reprendre sur celles de 1806 à 1809.

4 *mai*. — Attaque du fort d'Ebersberg, où périssent 5,000 braves, inutilement sacrifiés par les généraux. Au rebours du travail, la guerre, en devenant métier, se démoralise : preuve à *priori* qu'avec la civilisation elle doit disparaître.

10-18 *mai*. — Le maréchal Soult, ayant perdu une partie de son artillerie et de son matériel, évacue le Portugal. La seconde expédition contre ce pays échoue comme la première. Ce que Napoléon obtient d'avantages d'un côté, il le perd de l'autre. — *Il faudrait que je fusse partout !* s'écrie-t-il. Eh ! sans doute, invincible Empereur, et c'est pour cela que votre *Système* ne vaut rien.

13 *mai*. — Occupation de Vienne.

17 *mai*. — Décret impérial qui réunit les états romains à l'empire français. Napoléon révoque les dons de Charlemagne, et assigne au Pape un revenu de deux millions. Toujours le *Système*.

21-22 *mai*. — Bataille d'Essling, très-sanglante. L'Empereur est rejeté sur la rive droite du Danube, et s'établit dans l'île Lobau.

26 *mai*. — L'armée d'Italie, après une suite d'actions heureuses, opère sa jonction avec l'armée d'Allemagne.

11 *juin*. — Le pape Pie VII, qui n'avait pas eu de foudres contre le *Système continental*, dépouillé maintenant de son état, fulmine contre Napoléon. L'ancien démagogue d'Imola parle maintenant comme Grégoire VII. Toute ridicule et intéressée que paraisse cette démonstration du Saint-Siége, elle n'en produit pas moins son effet sur les chrétiens du nouvel empire, dont la foi avait été si mal à propos ravivée par le Concordat.

5-6 *juillet.* — Victoire de Wagram. L'Autriche, qui conservait encore une belle armée, et pouvait prolonger la lutte, se jette aux pieds de Napoléon. L'empereur François payera, pour préliminaire, une contribution de guerre de 238 millions. La débandade de la coalition, signalée par tous les publicistes depuis 92, sauve encore une fois l'Empereur, comme elle avait sauvé la révolution.

Le même jour, Pie VII est enlevé par ordre de Murat, transféré à Grenoble, et de là à Savone, où il est gardé à vue.

28 *juillet.* — Bataille de Talavera, sur le Tage, où le maréchal Victor est battu par Wellington.

15 *août.* — Reddition de Flessingue aux Anglais, par le général Monnet. Présage funeste : la perte de Flessingue est le pendant de la capitulation de Baylen.

5 *octobre.* — Levée de 36,000 hommes, répartis sur les classes de 1805, 7, 8, 9, 10.

14 *octobre.* — Paix de Vienne, entre la France et l'Autriche. Les provinces illyriennes sont réunies à la France. D'importantes cessions de territoire sont faites à la Confédération germanique, au grand duché de Varsovie, et à la Russie. Le *Système continental* va toujours : la guerre continue avec le Portugal, l'Espagne et l'Angleterre.

25 *octobre.* — Nouveau désastre maritime éprouvé par les Français : trois vaisseaux et deux frégates, commandés par l'amiral Baudin, sont échoués ou brûlés sur la côte de l'Hérault. Contre l'aigle, il n'y a bec ni ongles : coupez-lui les ailes ! C'est la tactique des Anglais.

19-28 *novembre.* — Bataille d'Ocana, livrée par Mortier ; combat d'Alba de Tormès, par Kellerman. Les Espagnols sont mis en déroute, et les Français se consument.

16 *décembre.* — Napoléon avise un nouveau moyen de

consolider son empire, c'est de se donner un héritier. Le divorcé est prononcé entre lui et Joséphine.

1810.

6 janvier. — La Suède fait la paix avec la France, et adhère au *Système continental*. — Ainsi, au commencement de cette année, le Nord tout entier se tait devant Napoléon. Mais, pendant que les gouvernements fléchissent, la force des choses conspire contre l'Empereur. La contrebande annule les traités; ce que le sabre a lié, le commerce le délie; jusque dans le palais impérial, l'Angleterre s'ouvre des débouchés. La guerre de la Péninsule n'est que l'éruption, sur un point, de cette lutte souterraine, universelle.

2 février. — Séville est occupée par les Français : la junte insurrectionnelle se réfugie à Cadix.

6 février. — Reddition de la Guadeloupe aux Anglais. La France n'aura bientôt plus une seule station sur le globe. Qu'est-ce donc que les lauriers de Wagram, de Friedland, d'Iéna, d'Austerlitz, les adjonctions forcées de territoire, les dynasties intronisées malgré les peuples, auprès de cet isolement maritime, qui rompt, pour ainsi dire, tout rapport de la France avec le reste du monde ?

7 février. — Mariage entre Napoléon et Marie-Louise, célébré à Vienne, par procureur. La nation française a toujours regretté cette alliance, impolitique, orgueilleuse, qui faisait de Napoléon le neveu de Louis XVI, le cousin de tous les despotes, le pupille de la contre-révolution. Mais il faut avouer qu'elle ne se comprend guère mieux du côté de l'Autriche, qui, au lieu de se tenir dans une protestation muette, pactisait avec le dévorateur de ses états, le maître futur de l'Europe !

9 mars. — Napoléon réalise la fable du Soleil qui se marie : plus il engendre, plus il brûle. Gare aux grenouilles !

Par décret impérial, HUIT prisons d'état sont établies, en faveur des prévenus de délits politiques qu'il ne serait convenable, *ni de traduire devant les tribunaux, ni de faire mettre en liberté!* Le régime des lettres de cachet recommence. Les historiens ne savent accuser que le despotisme : mais la cause du despotisme, où est-elle? la délégation, la délégation, vous dis-je! Toute nation qui ne pense plus est dévouée au despotisme.

16 *mars.* — Le 5 p. 0/0 est à 88 fr. 90 cent. Ce cours est le plus élevé auquel parviendront les fonds publics sous la période impériale.

6-13 *mai.* — Prises d'Astorga et de Lérida, par les généraux Junot et Suchet.

8 *juin.* — Prise de Méquinenza : les Français tiennent les murailles, la population ne se livre pas. Toutes ces prises de ville n'avancent en rien la conquête, et ne servent qu'à emplir de butin les fourgons des généraux.

1-9 *juillet.* — Louis Bonaparte, roi de Hollande, reconnaît l'impossibilité pour ses états d'observer le *Système continental.* Souverain honnête, mais sans pouvoir, il donne sa démission. La Hollande est incorporée à l'empire français. Ainsi le système s'use et se crevasse : trois ans de paix, au cas d'une soumission générale, suffiraient pour en faire justice. — Ce fait, peu remarqué, est un des plus graves symptômes qui aient dû frapper Napoléon.

7-8 *juillet.* — Prise de l'île Bourbon, par les Anglais.

10 *juillet.* — Troisième expédition de Portugal : Masséna et Wellington. Prise de Ciudad-Rodrigo, par le maréchal Ney.

5-27 *août.* — Décrets relatifs au *Système continental.* Les denrées coloniales sont soumises à des tarifs élevés ; les marchandises anglaises condamnées au feu.

21 *août.* — Bernadotte est élu roi de Suède. — « Allez, lui dit Napoléon en soupirant, et que les destins s'accom-

plissent!... » Ici, se découvre un autre vice du système continental. Que les pays privés de leurs dynastes se donnent, comme la Suède, pour chefs les généraux de Napoléon, l'empire est immédiatement dissous, la France ramenée à ses justes limites. La conduite récente de Louis Bonaparte, plus tard celle de Murat, le prouvent. Tant la féodalité répugne aux nations modernes !

27 *août*. — Prise d'Alméïda, en Portugal, par Masséna.

27 *septembre*. — Bataille de Busaco, où Masséna est repoussé par Wellington.

18 *octobre*. — Institution des cours prévôtales pour la répression des contrebandiers et de leurs complices ! L'Empereur semble ignorer que plus la contrebande offre de dangers, plus la prime s'élève, plus par conséquent la protection se démoralise. Le *Système continental* tourne à la folie : ni l'Empereur ni la France ne s'en aperçoivent.

3 *décembre*. — Prise de l'île de France par les Anglais.

13 *décembre*. — Réunion des villes anséatiques et du Valais à l'empire français. L'Empereur se dédommage, sur les états du continent, des pertes que lui font éprouver les Anglais sur l'Océan. Nous n'avons plus de colonies : mais les Italiens, les Allemands, les Hollandais, les Suisses, les Savoyards, les Illyriens, les Grecs, sont Français ! la Méditerranée est un lac français : il est vrai que nous n'y avons plus un seul vaisseau. Tout est Français !...

Levée de 160,000 hommes, classe de 1811, pour la continuation de la guerre d'Espagne et du *Système continental.* « Poursuivez, Sire, s'écrie le Sénat, cette GUERRE SACRÉE, » *pour l'honneur du nom français, et l'indépendance des* » *nations !* »

1811.

Qu'a fait Napoléon, pendant l'année 1810 ? Du haut de son palais des Tuileries, il a monté la garde du *Système con-*

tinental, sévissant contre les contrebandiers, et attendant de jour en jour la soumission de la Péninsule: Que va-t-il faire pendant cette année 1811 ? Il continuera sa garde, un instant réjoui par la naissance de son fils, le roi de Rome; et faisant toujours passer de nouvelles troupes dans cette Espagne, dont le peuple, écrasé dans cent batailles, dévore les armées et ne se rend pas. L'esprit de Napoléon veille : ni jour ni nuit il ne se repose. Mais cette veille est celle du somnambule; cette vie n'est pas de l'histoire, c'est un rêve d'Ossian.

2-20 *janvier*. — Prise de Tortose, par Suchet : occupation d'Olivenza.

19 *février*. — Bataille de la Gébora, gagnée par Soult sur les Espagnols.

28 *février*. — Réunion du duché d'Oldenbourg à la France, sans autre motif ni prétexte que l'intérêt du *Système continental*. Cette incorporation décide la brouille avec la Russie.

5-12 *mars*. — Combat de Chiclana, prise de Badajoz, combat de Redinha. Les généraux Victor, Mortier, Soult, Ney, se signalent à l'envi contre les Espagnols et les Anglais.

20 *mars*. — Naissance du roi de Rome. Cet enfant vient trop tard. Mieux eût valu, à l'exemple des anciens césars, s'associer un homme tout fait ; le prince Eugène.

4 *avril*. — Masséna bat en retraite devant Wellington : il est remplacé par Marmont.

10 *mai*. — Evacuation d'Alméïda : l'expédition de Portugal échoue pour la troisième fois.

16 *mai*. — Combat d'Alboerra, où les Anglo-Espagnols, malgré une perte immense, restent maîtres du terrain. Ils investissent Badajoz.

3 *juin*. — Henri-Christophe, dit le *Singe noir* de Napo-

léon, est sacré avec de l'huile de Cacao, par un capucin nommé Brell, roi de Haïty. La constitution donnée par ce nouveau chef est entièrement calquée sur la constitution napoléonienne. En 93, on eût dit que cette figure méphisto-phélique était payée par les Anglais pour narguer l'Empereur !

11 juin. — Ouverture d'un concile à Paris, convoqué pour régulariser l'institution des évêques, auxquels le Pape refuse d'envoyer des bulles. Pauvre Empereur ! le voilà tombé en théologie : il ne se réveillera pas !...

28 juin. — Prise de Tarragone, après 2 mois de siége et 5 assauts. Le général Suchet est fait maréchal.

20 septembre. — Le Pape, prisonnier à Savone, approuve les décrets du concile de Paris ; la cour papale refuse de ratifier cette approbation. De tous côtés le spirituel et le temporel, l'excommunication et la contrebande, s'insurgent contre Napoléon.

25 octobre. — Bataille de Sagonte, gagnée par Suchet, suivie de la reddition de la place.

20 décembre. — Levée de 120,000 conscrits, classe de 1812. Encore une année d'écoulée : le rêve ne finit point ! La nation est sous le fluide de l'Empereur.

1812.

9-19 janvier. — Prise de Valence par Suchet, et de Ciudad-Rodrigo, par Wellington. Il y a balance !...
Décret impérial qui affecte 100,000 hectares de terre à la culture de la betterave. Napoléon cherche les moyens de remplacer par des produits indigènes les produits coloniaux dont ses sujets ne peuvent se passer. Un jour, ses efforts porteront leurs fruits ; pour le moment, et dans l'idée qui le préoccupe, ils ne montrent que l'absence de sa raison.

26 janvier.— Décret impérial qui réunit la Catalogne. Pourquoi pas, puisque nous sommes en train, toute la Péninsule ? C'est que Napoléon, ne voulant pas de l'originalité de son siècle, ne peut plus être qu'imitateur. La Catalogne avait fait partie des états de Charlemagne, elle fera partie des états de Napoléon.

24 février.— L'heure marquée par la fatalité approche. Il était inévitable que Napoléon, après les traités de Tilsitt et de Vienne, forcé par le *Système continental,* seul moyen de défense qu'il eût contre l'Angleterre, de s'étendre toujours, finît par pousser de nouveau toutes les puissances à la lutte, et que la guerre éclatât, toujours plus générale. L'incorporation du duché d'Oldenbourg avait été pour la Russie le sujet du mécontentement qui devait amener une rupture. Dans la prévision de cet événement, Napoléon se hâte de conclure avec la Prusse un traité qu'appuie le maréchal Oudinot avec un corps d'armée. La Prusse en conséquence renouvelle son engagement de soutenir le *Système continental;* en cas de guerre avec la Russie, elle fournira 20,000 hommes.

13 mars.— Sénatus-consulte qui organise la garde nationale. Elle est divisée en trois *bans,* dont le premier, formé d'abord de cent cohortes de 971 hommes chacune, est mis à la disposition de l'Empereur.

14 mars. — Traité entre la France et l'Autriche, signé à Paris. Celle-ci fournira un contingent de 30,000 hommes.

24 mars.— 6ᵉ *Coalition.* Traité entre la Russie et la Suède (Bernadotte !) auquel l'Angleterre s'empresse d'adhérer.

7 avril. — Badajoz est pris d'assaut par les Anglais : le général Philippon est fait prisonnier avec 3,000 hommes.

9 mai.— Ouverture de la campagne de Russie : Napoléon quitte Paris, suivi des regards inquiets des populations.

A cette heure l'empire français, successivement accru de

conquêtes impolitiques, mais rendues inévitables par la guerre avec l'Angleterre et le *Système continental*, se compose de 132 départements, non compris la Catalogne, formant ensemble une population de 42 millions d'habitants. D'un autre côté, les états soumis à la domination indirecte et plus ou moins réelle de Napoléon, ne comptent pas moins de 44 millions. C'est donc 86 millions d'âmes, la moitié de l'Europe, auxquelles commande l'empereur des Français. Avec cette immense étendue de territoire, sans marine, chassé de l'Océan, il étouffe !... L'armée qu'il conduit en Russie est de 500,000 hommes, traînant 1,200 bouches à feu. Tout annonce que l'instant décisif est venu : il s'agit de savoir si la monarchie de l'Europe, du globe, sera constituée, pour la gloire de Napoléon et la confusion de l'Angleterre. Napoléon le sait : mais l'illusion de son esprit lui montre les choses à rebours du vrai. *La fatalité entraîne les Russes*, dit-il, *que les destins s'accomplissent !...*

28 juin.— Entrée de l'Empereur à Wilna.

22 juillet.— Bataille des Arapiles, où le maréchal Marmont est défait par Wellington. L'empire avance au nord, rétrograde au midi : c'est la toile de Pénélope.

12-14 août.— Occupation de Madrid par Wellington : la garnison française capitule. L'Anglais se hâte : il est clair que si, pendant que Napoléon envahira la Russie, les Français sont forcés d'évacuer l'Espagne, rien n'est fait pour Napoléon.

17 août.— Bataille de Smolensk gagnée par Napoléon. Mais la guerre est nationalisée en Russie comme en Espagne, et la question n'est plus de savoir si les armées fléchissent, mais si les peuples sont en état de fournir l'holocauste que réclame, pour en finir, cette armée de 500,000 hommes, commandée par Napoléon.

1er septembre. — Levée de 120,000 conscrits, classe de 1813 ; plus 17,000 pour remplacer les manquants de la garde nationale.

7 septembre. — Bataille de la Moscowa. 20,000 Français

hors de combat ; 30,000 Russes tués, blessés ou prisonniers. Kutusoff se proclame vainqueur : peut-être ne mentait-il pas autant qu'on a dit. Car si les Français sont 500,000, et les Russes 1,000,000, et que les premiers perdent 500,000 hommes, tués ou blessés, et les seconds, 750,000 : déduction faite de part et d'autre, ce sont les Français qui sont vaincus. La guerre d'Espagne et la campagne de Russie sont tout entières dans ce calcul.

14 *septembre.* — Occupation de Moscou. Les habitants ont été avertis d'évacuer la ville, que le fanatisme livre aux flammes. L'Empereur est épouvanté : la tactique du guerrier civilisé se sent impuissante devant la fureur barbare.

11-18 *octobre.* — Napoléon est à Moscou, attendant les soumissions d'Alexandre. Pendant ce temps-là, il est attaqué sur ses derrières par les généraux russes, accourus de toutes les parties de l'empire. Le maréchal Gouvion Saint-Cyr leur résiste à peine à Potolsk ; Murat est complétement battu, à Winskowo, par Kutusoff, le vaincu de la Moskowa ; Bresc sur le Bug est enlevé aux Autrichiens par Tschitchagoff, qui menace les communications de l'Empereur avec Varsovie.

23 *octobre.* — Conspiration du général Mallet à Paris : symptôme effrayant de la désaffection du pays et de l'isolement de l'Empereur. Si Mallet parvient à s'emparer du préfet de police et du ministre de l'intérieur, la France est enlevée, par un coup de main, à Napoléon. Quelle politique, que celle qui a jeté de si misérables fondements !

Le même jour, Napoléon ordonne la retraite. Ainsi il n'a rien obtenu, la campagne est perdue ; et quelque honorablement qu'il s'en tire au point de vue de l'honneur militaire, la moitié de son armée aura péri. Et cependant il a été toujours vainqueur !

7 *novembre.* — Arrivée à Smolensk, 100 lieues de Moscou, après une retraite marquée par des combats quotidiens, où l'armée, toujours victorieuse, s'affaiblit cependant toujours ! Gloire et grandeur d'âme du maréchal Ney.

14-16 *novembre.* — L'armée française évacue Smolensk. La nature vient au secours des Russes : le thermomètre tombe à 25 degrés. Tous les chevaux périssent, de famine autant que de froid : ceux des cosaques trouvaient à se refaire. —Prise de Minsk et des magasins français par les Russes.

28 *novembre.* — Passage de la Bérézina (180 lieues ouest de Moscou), journée la plus affreuse de la retraite. C'est là que le maréchal Ney reçoit le nom de *Brave des braves.*

5 *décembre.* — Napoléon, apprenant la tentative de Mallet, prend aussitôt les devants, et quitte l'armée à Smorgony.

10-11 *décembre.* — Evacuation de Wilna (218 lieues de Moscou), où l'armée française avait espéré se refaire. Désespoir général, déroute complète, massacre des soldats par les habitants.

18 *décembre.* — Arrivée à Paris du 29e bulletin de la Grande-Armée, daté de Malodeczno (200 lieues ouest de Moscou). La consternation est immense. Le surlendemain, 20, l'Empereur arrive à Paris : il est *félicité* par le Sénat. « *Le bon sens*, lui dit le grand-maître de l'Université, Fon-» tanes, *le bon sens s'arrête avec respect devant le mystère du* » *pouvoir et de l'obéissance. Il l'abandonne à la religion,* » *qui rendit les princes sacrés, en les faisant l'image de Dieu* » *même.* » — « Ah ! Sire, s'écrie à son tour le premier prési-» dent, l'autorité impériale n'aura jamais de plus ferme ap-» pui que les magistrats, qui sont les plus chers garants du » respect pour les droits de la souveraineté. Nous sommes » prêts à *tout sacrifier pour votre personne sacrée,* et la » prospérité de votre dynastie. Veuillez recevoir ce nouveau » serment : nous y demeurerons fidèles *jusqu'à la mort.* »

30 *décembre.* —Défection du général York, commandant le contingent de 20,000 hommes fourni par la Prusse (voir plus haut 24 février). Cette défection est provoquée par le *Tugendbund* (Société de la Vertu), qui déjà remplit toute l'Allemagne, et prêche la croisade contre Napoléon.

1813.

11 *janvier*. — Levée de 150,000 hommes, classe de 1814; rappel de 100,000 conscrits des classes de 1809, 1810, 1811 et 1812. L'Empereur, dit le Sénat, n'a dépensé que *le superflu de la population*.

25 *janvier*. — L'Empereur essaye de se réconcilier avec le Pape, qui se moque de lui. Un concordat est signé à Fontainebleau, et rejeté par la cour de Rome.

1ᵉʳ *février*. — Proclamation de Louis XVIII aux Français. Celui-là a réfléchi. Il a vu l'erreur de Louis XVI et de Napoléon : il propose de rétablir la liberté d'après les bases de 89, c'est-à-dire, une Charte constitutionnelle. Ainsi Napoléon est attaqué sur la manière dont il a interprété et rempli son mandat; son procès s'instruit dans l'opinion : est-ce clair?

10-22 *février*. — Proclamation de l'empereur Alexandre. Tous les rôles sont intervertis : les chefs de la coalition appellent les peuples aux armes, comme avait fait la Convention en 92, et les invitent à secouer le joug de Napoléon. Pendant ce temps-là, les préfets de Napoléon continuent de le féliciter d'avoir triomphé de la *féodalité* et de l'*anarchie*.

1ᵉʳ *mars*. — 7ᵉ *coalition*. Traité entre entre la Prusse et la Russie. Tout se réunit pour accabler l'Empereur : Bernadotte lui écrit et l'accable de reproches. Cet autre jacobin, devenu roi légitime, ose parler d'*ambition!*

3 *avril*. — Sénatus-consulte qui met à la disposition de l'Empereur, en sus de la levée du 11 janvier : 90,000 hommes, classe de 1814; 80,000, rappel de 1806, 7, 8, 9, 10, 11 et 12; 10,000 gardes d'honneur à cheval, équipés à leurs frais; en tout 180,000 hommes.

15 *avril*. — Départ de Napoléon; ouverture de la campagne de Saxe. Les forces des Français en Allemagne s'élè-

vent en ce moment à 166,000 hommes; les alliés comptent 225,000.

2 *mai-4 juin.* — Batailles de Lutzen, Bautzen, etc. Armistice de Pleswitz. Napoléon d'abord victorieux, si la victoire doit se présumer toujours d'après le nombre des morts et des blessés, cherche à gagner du temps. Mais le temps profite encore plus aux alliés : chaque jour de trêve qui lui amène un régiment, donne un adhérent à ses adversaires.

21 *juin.* — Bataille de Vittoria, gagnée sur le roi Joseph par Wellington. Elle aura pour résultat de déterminer l'évacuation de l'Espagne par ce qui reste des armées françaises. Ainsi échoue cette expédition, dans laquelle auront été sacrifiés inutilement 500,000 soldats.

· 28 *juillet-10 août.* — Congrès de Prague, sous la médiation de l'Autriche. Les alliés rejettent les propositions de l'Empereur, qui demande que l'incorporation de la Hollande, des villes anséantiques et de l'Italie dans l'empire français soit maintenue : ils déclarent que la France doit rester bornée à la Meuse, au Rhin et aux Alpes.

On s'est étonné que Napoléon n'ait pas trouvé cette transaction suffisante, et qu'il ait préféré risquer le tout pour le tout. Mais que serait-il venu faire à Paris, dépouillé de son prestige militaire, souffleté dans son *Système continental,* amoindri, démonétisé, obligé de soutenir, dans une paix industrieue, son omnipotence gouvernementale, en présence d'un prince légitime qui offrait la sous enchère d'une Charte constitutionnelle et d'une bourgeoisie qui murmurait? Napoléon se sentait ruiné; dès ce moment, en effet, il ne combat plus pour le trône, il combat pour sa propre dignité. Le monarque a disparu, l'homme reste : tel est le sens de la dernière campagne de Napoléon.

31 *juillet.* — Combats de Roncevaux et de Cabiry, où se signale le maréchal Sou't. Mais le courage cède à la fatalité : la retraite d'Espagne est le pendant de celle de Russie.

12 *août.* — L'Autriche signifie à l'empereur Napoléon, son gendre, son adhésion à la coalition.

15 *août.* — Proclamation du roi de Suède, Bernadotte, aux Allemands. Il les exhorte à suivre l'exemple des Français de 92 : l'ancien soldat de la république sait comment on précipite les peuples contre les despotes. Défection du général Jominy.

18 *août.* — Evacuation du royaume de Valence, par Suchet.

24 *août.* Levée de 30,000 conscrits, rappel des classes de 1812, 13, 14, dans 24 départements du Midi.

27 *août.* — Bataille de Dresde, gagnée par l'Empereur. Mort de Moreau, revenu des États-Unis, à la voix de Bernadotte, pour diriger les opérations des alliés. — Ce succès est balancé par les défaites multipliées des généraux Oudinot, Macdonald, Vandamme, Ney, La Martinière, tant en Allemagne qu'en Espagne, l'évacuation de Schwérin par Davoust, la prise du fo.t Saint-Sébastien par les Anglais.

7 *octobre.* — Passage de la Bidassoa par Wellington.

9 *octobre.* — Levée de 160,000 hommes, classe de 1815 ; — rappel de 120,000 hommes, sur toutes les classes des années antérieures : total 280,000 hommes.

15 *octobre.* — Défection des Bavarois.

18-19 *octobre.* — Bataille de Leipsig, dite *des Nations :* 175,000 Français contre 330,000 alliés. Les Saxons abandonnent la cause de l'Empereur sur le champ de bataille : Napoléon est vaincu ; la volonté de l'homme est écrasée par la volonté des choses.

26 *octobre.* — Défection du Wirtemberg.

30 *octobre.* — Combat de Hanau, où les Français en retraite sont *vainqueurs* des Bavarois, avec perte de

10,000 hommes tués ou blessés, et autant de prisonniers. Hanau est la Bérézina de 1813.

31 *octobre*. — Capitulation de Pampelune : l'Espagne occidentale est affranchie.

10 *novembre*. — Wellington, toujours à la poursuite de l'armée française, attaque le maréchal Soult et le force à Saint-Jean de Luz.

11 *novembre*. — Reddition de Dresde. La capitulation obtenue par Gouvion-Saint-Cyr est violée par Schwarzemberg ; 23,000 hommes et 6,000 malades, sont retenus prisonniers par les alliés.

14-15 *novembre*. — Napoléon est congratulé, au nom du Sénat, par Lacépède. « Le Sénat, dit cet imbécile, a frémi » des dangers que Votre Majesté a courus. Votre Majesté a » combattu pour la paix. Avant la reprise des hostilités, Vo- » tre Majesté avait offert la réunion d'un congrès. Vos en- » nemis, Sire, s'y sont opposés ; c'est sur eux que doit re- » tomber le blâme de la guerre ! » Cela dit, le Sénat décrète une levée de 300,000 hommes, à répartir sur toutes les classes antérieures, de 1803 à 1814.

24 *novembre*. — Prise d'Amsterdam par les Prussiens ; la Hollande proclame son indépendance.

8-13 *décembre* — Suite de combats entre Soult et Wellington, dans les Pyrénées. Les Français reculent toujours.

11 *décembre*. — Traité de Valençay : Napoléon *rend* à Ferdinand VII ses états !...

13 *décembre*. — Murat, espérant sauver sa royauté de Naples, se pose en représentant de la nationalité italienne, et se sépare de l'Empereur. Le calcul était faux assurément, mais il reposait sur un principe vrai, qui se dressait avec l'évidence d'un monument, la nationalité. Tout accuse donc Napoléon, ses frères, beaux-frères, son ex-maréchal Ber-

nadotte, la guerre nationalisée en Calabre, en Espagne, en Russie, et dans tout l'empire germanique.

15 *décembre.* — Défection du Danemark, dernier allié de Napoléon.

19 *décembre.* — Le Corps législatif est convoqué. L'Empereur proteste « qu'il a toujours voulu la paix ; que mo-
» narque et père, il sait ce qu'elle ajoute à la sécurité des
» trônes et des familles ; qu'il n'a pas dépendu de lui qu'elle
» ne fût jamais troublée. » Ces paroles ont été taxées d'hy-
pocrisie : comment au contraire n'en pas reconnaître la sincérité ? Ce n'était pas l'Empereur qui repoussait la paix, c'était le système. Et ce système n'était point une fantaisie de despotisme ; c'était la résultante de toutes les idées de Napoléon, en matière de gouvernement.

21 *décembre.* — L'invasion commence sur toute la ligne du Rhin : les Suisses y prennent part, en livrant le passage aux alliés. Juste reconnaissance de la médiation du premier Consul (19 février 1803) !

30 *décembre.* — La commission du corps législatif pré-
sente son rapport contre la politique impériale. Il y est dit, que ce n'est pas assez que l'Empereur renonce à conserver un *territoire trop étendu,* à exercer une *prépondérance incom-
patible* avec l'indépendance des nations ; qu'il faut une *patrie,* des *lois protectrices,* la *liberté,* l'*exercice des droits politiques,* etc. — L'impression est votée à la majorité de 225 voix contre 32. La police fait enlever les épreuves !

31 *décembre.* — Le corps législatif est ajourné par décret impérial. L'Empereur n'aperçoit que l'inopportunité d'un acte fait sous le canon de l'ennemi, au moment où il fallait tendre toutes les forces du pays pour repousser l'invasion. Mais à qui la faute, en vérité, si dans ce moment la France craignait peut-être moins les alliés que l'Empereur ?

1814.

1er *janvier* — Réception du jour de l'an. — L'Empereur, à la vue des députés du corps législatif, se fâche, divague. Son discours improvisé, incohérent, démontre ce fait étrange : c'est que Napoléon, homme d'état, ne voyait dans l'indépendance des états, le respect des nationalités, l'équilibre des territoires, que des *moralités* banales, à l'adresse des ambitions princières ; il ne concevait point ces choses comme des PRINCIPES nécessaires, des LOIS absolues de l'économie des sociétés. Comment, avec cette idée superficielle des conditions de la politique, après dix ans d'une adoration universelle, pouvait-il recevoir la leçon des représentants, dominer une situation dont il ne comprenait que les accidents stratégiques, faire face à une diplomatie hypocrite, qui se prévalait de ses erreurs aux yeux des populations, et s'apprêtait elle-même à violer, pour son profit, les principes qu'elle lui opposait ?

8 *janvier*. — La France est envahie sur tous les points. Le montant des troupes alliées, en mouvement contre nous, est *d'un million* d'hommes ; l'effectif des troupes françaises, non compris les gardes nationaux mobilisés, 360,000 hommes.

25 *janvier*. — Départ de Napoléon pour l'armée : Campagne de France.

27-29 *janvier*. — Saint-Dizier est repris : combat de Brienne, où les Français se dégagent d'une mauvaise position. Blucher se replie.

1er *février*. — Bataille de la Rothière : sans résultats. — Les Français battent en retraite sur Troyes.

5 *février*-19 *mars*. — Congrès de Châtillon. Les alliés exigent que la France reprenne ses anciennes limites, et

donne pour sûretés plusieurs places de guerre : refus de Napoléon.

7 *février*. — Les premiers symptômes de royalisme éclatent à Troyes, en Champagne.

10-11 *février*. — Combats de Champaubert et de Montmirail, où les troupes alliées sont battues par Napoléon.
Proclamation du duc d'Angoulême.

17-24 *février*. — Combats de Nangis, Montereau, Méry-sur-Seine : les alliés battent en retraite devant Napoléon ; Troyes est repris.

24 *février*. — Décret impérial, daté de Troyes, contre les partisans des anciennes dynasties. Ils sont déclarés traîtres à la patrie, et punis de mort.

27 *février*. — Bataille d'Orthez, entre Wellington et Soult : décidée en faveur des gros bataillons.

27-28 *février*. — Combats de Bar et de la Ferté-sur-Aube : les maréchaux Oudinot et Macdonald se retirent avec perte.

1er *mars*. — Traité de Chaumont entre les alliés. La cause de l'Empereur est séparée de celle de la France ; la liberté, contradiction déchirante ! apparaît à la nation, sous les drapeaux des coalisés et les auspices des Bourbons !...

5 *mars*. — Napoléon décrète la levée en masse, dans les villes et les campagnes, contre les alliés. Hélas ! lui seul ne le sait pas : le peuple est changé depuis 92. L'ancien fanatisme de l'inviolabilité du territoire n'existe plus. Que l'Empereur se défende, puisque la France c'est lui !

12 *mars*. — Le duc d'Angoulême est reçu à Bordeaux, aux acclamations des habitants.

13-14 *mars*. — Reprise de Reims par l'Empereur : les alliés avancent toujours.

20-21 *mars*. — Combats d'Arcis-sur-Aube. L'Empereur s'expose en soldat : les alliés entrent à Lyon.

25-26 *mars*. — Combats de Fère-Champenoise et de Saint-Dizier. Les maréchaux Mortier et Marmont sont battus dans le premier ; Napoléon est vainqueur dans le second.

29 *mars*. — Le 5 p. 0|0 est descendu à 45 francs.

30 *mars*. — Bataille de Paris. La défense est abandonnée par Clarke, Lacuée, Savary, le baron Pasquier, le roi Joseph, qui refusent d'armer le peuple. Après la plus héroïque défense, les maréchaux Mortier et Marmont évacuent la capitale. Le lendemain, 31, Paris capitule ; le 5 p. 0|0 hausse de 2 francs.

1ᵉʳ *avril*. — Le Sénat institue un gouvernement provisoire, la municipalité publie une proclamation aux Français contre l'*Usurpateur*, et les invite à revenir *à leurs rois légitimes*. — Le 5 p. 0|0 est à 51 francs.

2 *avril*. — Napoléon est déclaré par le Sénat *déchu du trône ; le droit d'hérédité aboli dans sa famille ; le peuple et l'armée déliés envers lui de leur serment*.

Les conscrits de la dernière levée sont renvoyés dans leurs foyers.

5 *avril*. — Convention de Chevilly : le maréchal Marmont, plus citoyen que soldat, se rallie au gouvernement provisoire, le soldat abandonne son général pour son pays : la ruine de l'Empereur est consommée. Le 5 p. 0|0 est à 63 fr. 75 c. ; hausse en 7 jours, 18 fr. 75. Le même flot de bourse qui accueillit le premier Consul, fait la conduite à l'Empereur.

6 *avril*. — Les bases d'une constitution sont décrétées par le Sénat, pour être proposées à Louis XVIII : la nation reprend la cocarde blanche.

10 *avril*. — Bataille de Toulouse. Wellington, qui connaissait la capitulation de Paris, veut, avant de poser les armes, se donner l'honneur d'une victoire et attaque le maréchal Soult dans ses retranchements. Il est repoussé avec honte et une perte énorme.

11 *avril.* — Abdication de l'Empereur.

3 *mai.* — Louis XVIII fait son entrée à Paris, aux acclamations des habitants.

Il a été fourni à Napoléon Bonaparte, consul décennal, consul à vie et empereur, depuis le 18 mai 1802 jusqu'au 15 novembre 1813, pour le service de sa politique personnelle, un total de 2,473,000 conscrits, non compris les enrôlements volontaires, les douaniers, le surplus des levées à raison des déserteurs et réfractaires, les gardes nationales de Paris, Strasbourg, Metz, Lille, etc., qui firent un service actif dans la dernière campagne, et la levée en masse organisée au commencement de 1814, dans plusieurs départements. Ajoutons 100,000 hommes, soldats et matelots, envoyés en Égypte et à Saint-Domingue, et rappelons-nous que cette jeunesse, une fois enrégimentée, était perdue pour le pays ou ne revenait que mutilée : ce sera un effectif de 2,573,000 hommes, consommés en entreprises auxquelles manqua l'inspiration du pays, la connaissance des temps et l'intelligence des choses.

Avec cette force armée de 2,573,000 hommes, un pouvoir sans limite et sans contrôle, avec l'entraînement de la France et l'enthousiasme des soldats, Napoléon échoue dans toutes les entreprises qui ne relèvent que de son génie. Il échoue en Égypte, à Saint-Domingue, en Portugal, en Espagne, en Russie ; après la retraite de Moscou, la dé-

fection générale de ses alliés, protégés et feuda-
taires, la Prusse, l'Autriche, la Saxe, la Bavière, la
Hollande, les villes hanséatiques, la confédération
du Rhin, le Danemarck, la Suisse, l'Italie, où commande son beau-frère Murat qu'emporte le torrent,
prouve qu'au moment même où il se flattait d'avoir
réussi dans ses projets de concentration européenne,
il avait au contraire complétement échoué ; que les
peuples, autant que les rois, supportaient impa-
tiemment et son joug, et sa protection, et sa médiation, et son alliance. Et le résultat, après douze ans
de luttes, que les chantres de la Grèce et de l'Inde
eussent regardées comme fabuleuses, c'est l'expulsion de l'homme, de sa famille, de sa dynastie, la réduction de la France à ses limites, telles qu'elles exis-
taient au 1er janvier 1792 : les conquêtes de la république ne sont pas même conservées par Napoléon.

Maintenant pour expliquer cette chute profonde
après une si brusque élévation, faut il ressasser les
raisons banales d'ambition et d'orgueil, l'incendie
de Moscou, le froid de 25 degrés, les fausses ma-
nœuvres du chef, la trahison des peuples et des rois,
accuser la France et l'Europe, ou bien outrager le
héros ?

Tout cela est absurde.

Le principe de l'insuccès n'est point dans les
accidents de la nature et de la guerre, pas plus
que dans le crime et la lâcheté des hommes ; il est
tout entier dans le faux des conceptions politiques.
Napoléon luttait contre la raison des peuples appuyée sur la raison des choses : il était donc vaincu
d'avance et infailliblement, vaincu, dis-je, non pas
seulement après Moscou et Leipsig, mais dès Aus-

terlitz, dès le jour où commence avec l'Angleterre cette dispute de prééminence, dans laquelle on voit Napoléon conduit, sans qu'il s'en aperçoive, par là raison d'état qu'il s'est faite, à une continuité de despotisme et de conquêtes évidemment absurde. Dans la guerre comme dans la politique, comme dans l'histoire, c'est la raison générale, raison des peuples et raison des choses, qui triomphe en définitive : Napoléon ne paraît point s'être douté que cette raison, dont l'intelligence fait seule les hommes d'état, fût d'une qualité autre que la sienne. Parce qu'il se trouvait, dans sa profession, plus de génie qu'à la plupart de ses contemporains, surtout de ceux que leur naissance avait fait princes, il crut que ce génie, très-*spécial*, suffirait pour lui assurer le triomphe toujours et partout. Il n'oubliait qu'une chose, d'ailleurs hors de sa portée et qu'il appelait lui-même son *étoile*, c'est-à-dire son mandat, déterminé d'avance, sans lui, sans aucune considération de sa personne, par les nécessités de l'histoire et la force des situations.

Ainsi, dès son départ pour l'Egypte, Bonaparte ne sait plus où va le siècle, et ce qui jusqu'à certain point l'excuse aux yeux de la postérité, ses contemporains n'en savent pas plus que lui. Pour combattre l'Angleterre, nation mercantile et industrielle, Bonaparte ne connaît que la guerre : il s'en va, militairement, prendre sa rivale par-derrière, chercher un passage qui ne pouvait être obtenu qu'un demi-siècle après lui, par la vapeur et les chemins de fer. Du premier coup, l'Anglais met à néant cette singulière stratégie, en détruisant les moyens de transport de Bonaparte, et l'enfermant comme dans une trappe. Que signifient alors les victoires des Pyramides, du Mont-Thabor, etc.? Qu'importe que Bonaparte se dédommage sur les Mamelouks, les Arabes, les Turcs, de l'irréparable revers d'Aboukir? Il triomphe de la barbarie; il est vaincu par la civilisation. Tous ces faits d'armes ne peuvent exercer d'influence que sur les imaginations folles des Français et des Orientaux : quant à l'entreprise, néant.

Le *Système continental* n'est qu'une variante de l'expédition d'Égypte. L'idée première n'appartient pas à l'Empereur : elle paraît, d'après Barère, être venue au Comité de salut public dans le feu de 93, et l'ignorance où l'on était généralement alors des lois de l'économie. Puisqu'on ne pouvait atteindre Pitt et l'Angleterre à travers l'Océan, il n'y avait, pensait-on, qu'à lui fermer l'Europe, et ses marchandises lui restant pour compte, l'Angleterre serait ruinée. Quelle folie!... Mais, pour garder l'Europe de la visite des Anglais, il eût fallu, sur l'immense étendue de ses côtes, une marine dix fois plus nombreuse que pour opérer chez eux une descente. Dans l'impossibilité de se procurer une pareille flotte, il ne restait de ressource, contre le commerce de ces insulaires, que l'abstention, volontaire ou forcée, du continent. Telle est la théorie du blocus continental. C'est à peu près comme si, pour ôter au gouvernement du 2 décembre la recette des impôts indirects, et le pousser plus vite à la banqueroute, les citoyens supprimaient de leur consommation le vin, la bière, les eaux-de-vie, le sel, le sucre, le tabac, etc.!... Si étrange que paraisse aujourd'hui l'idée, Bonaparte se charge de l'exécution. Il n'aperçoit pas un seul instant qu'en excluant de cette manière les Anglais de l'Europe, c'est l'Europe elle-même qu'il va séquestrer du reste du monde, c'est le monopole du globe qu'il assure aux Anglais, et en fin de compte la prépondérance de la Grande-Bretagne, l'infériorité du continent, et sa propre incapacité qu'il signe. L'esprit de l'Empereur est fermé, bloqué, sur toutes ces choses : d'où saurait-il, d'ailleurs, que la méthode des mathématiciens ne peut s'appliquer aux choses de la raison pure, et qu'une idée désignée par A dans son expression élémentaire, poussée à sa dernière conséquence devient Z, c'est-à-dire, une contradiction ?... Pendant dix ans le Blocus continental, contre-partie de la centralisation politique qu'il tenait aussi des jacobins, — deux idées contradictoires, deux antinomies ! — voilà, au dehors et au dedans, tout le fond de la politique impériale ; voilà ce que devient, dans la personnalité d'un homme, le génie de la révolution !

Dix ans de luttes avaient déprimé toutes les intelligences : le génie politique de 89 était tombé tour à tour du fanatisme de Babeuf aux platitudes des théophilanthropes. L'idée mère de la grande époque, GOUVERNEMENT REPRÉSENTATIF, machine d'investigation sociale plutôt qu'institution véritable, cette idée, dis-je, trahie par l'ancienne royauté, déconsidérée par les scènes de la Constituante, de la Législative, de la Convention, niée par les coups d'état du Directoire, était obscurcie. Il n'eût pas moins fallu, en 99, que le génie de Mirabeau et le bras de Bonaparte pour la remettre à flot dans l'opinion et lui restituer son éclat : l'homme du

18 brumaire n'avait que la moitié des talents qu'exigeait ce rôle.

Bonaparte, en effet, traitant la politique exactement comme la stratégie, gouvernant les peuples comme il commandait les armées, toute sa carrière, si glorieuse pour un barde, n'est plus aux yeux du publiciste qu'une infraction perpétuelle aux lois élémentaires de l'histoire. Il se comparait aux conquérants fameux, Alexandre, César, Charlemagne ; et certes, à ne considérer que les coups, il pouvait encore passer pour modeste. Mais il ignora, ou il oublia que ces hommes fameux représentaient l'idée, la nécessité tendentielle de leur siècle ; qu'en eux les peuples reconnaissaient leur propre incarnation, leur génie ; qu'ainsi Alexandre, c'était la confédération hellénique et sa prépondérance sur l'Orient ; que César, c'était le nivellement des classes romaines et l'unité politique des nations groupées autour de la Méditerranée, unité qui impliquerait un jour la cessation de l'esclavage ; que Charlemagne enfin, c'était l'éducation par le christianisme des races du Nord, et leur substitution dans l'initiative humanitaire aux races du Midi.

Or, quelle idée représentait, au 19e siècle, Napoléon ? La révolution française ? C'était bien ce que lui disait son Sénat, et ce qu'il lui arrivait aussi par moments d'entrevoir. Mais il est évident qu'aux yeux de l'Empereur la révolution n'était plus qu'une lettre morte, un billet protesté et impayé, passé par profits et pertes, qui lui servait, au besoin, à motiver son titre, mais dont il répudiait l'origine.

La révolution française avait eu pour but :

1° D'achever l'œuvre monarchique, suivie depuis Hugues Capet jusqu'en 1614 avec autant d'intelligence que le comportait l'état des esprits, détournée après la dernière convocation des états-généraux au profit du despotisme, par Richelieu, Mazarin et Louis XIV ;

2° De développer l'esprit philosophique dont le dix-huitième siècle avait donné le signal, et que Condorcet avait formulé d'un seul mot, le *progrès* ;

3° D'introduire dans le gouvernement des nations l'idée économique, appelée à éliminer peu à peu celle d'autorité, et à régner seule, comme une religion nouvelle, sur les peuples.

Napoléon n'était pas à cette hauteur : ni homme d'état, ni penseur, ni économiste, soldat et rien que soldat, il y en avait trois fois plus qu'il n'en pouvait porter. Tout en lui se soulevait contre de pareilles données. La tradition historique, il la niait, la cherchant où elle n'était pas. Rival de César, d'Annibal et d'Alexandre, dans les batailles, il copie dans la politique Charlemagne. Il se compose un empire taillé sur le même patron que celui du chef franc, s'étendant à la fois sur la Gaule, l'Espagne, l'Helvétie, la Lombardie, l'Allemagne. Il ne sait point que depuis le traité de Westphalie le droit public de l'Europe a pour base indestructible l'équilibre des états et l'indépendance des nationalités. Quant à la philosophie, à l'économie, au gouvernement représentatif, transition obligée à la démocratie industrielle, il les repousse également. Les *idéologues* lui sont aussi suspects que les *avocats*, et ne jouissent d'aucune considération sous son règne ; les *économistes*, il

les assimile aux idéologues et les persécute à l'oc-
-casion. On sait comment il traita les démocrates,
rendus si odieux sous le nom de jacobins. Mirabeau n'était plus; Sieyès, en révélant sa vénalité,
avait achevé de déconsidérer le système constitutionnel; J.-B. Say se tenait à l'écart; Saint-Simon
poursuivait, inconnu, le cours de ses observations
sur l'humanité, et prophétisait à quelques amis la
fin du *régime militaire et gouvernemental;* Fourier,
simple commis, rêvait au fond d'un magasin; Chateaubriand continuait à sa manière la réaction de
l'ancien régime, et jetait les fondements de la restauration. Napoléon restait seul, n'ayant trouvé ni
son Aristote ni son Homère, personnage à l'antique,
doué de toutes les qualités qui font le héros, mais
qui chez lui ne pouvaient plus servir qu'à masquer
la faiblesse de l'homme d'état.

Le monument le plus réel de la période impériale, celui auquel l'orgueil de Napoléon semble
tenir surtout, est la rédaction des codes. Or, qui ne
voit aujourd'hui, surtout depuis le 2 décembre,
que cette compilation de la jurisprudence des siècles, qui devait fixer à jamais les bases du droit,
n'est qu'une utopie de plus? Trois ou quatre décrets
de Louis-Napoléon ont suffi pour infirmer l'œuvre
législative de l'Empereur, et porter à sa gloire la
plus grave atteinte. Le code Napoléon est aussi incapable de servir la société nouvelle que la république platonienne : encore quelques années, et
l'élément économique, substituant partout le droit
relatif et mobile de la mutualité industrielle au
droit absolu de la propriété, il faudra reconstruire
de fond en comble ce palais de carton!

Certes, Napoléon fut un grand virtuose de batailles et de victoires : toute sa vie est une épopée, dans
le goût du peuple et des anciens. Héros incomparable, luttant contre les dieux et les hommes, si
profond dans ses calculs qu'il peut défier la fortune, et vaincu seulement par l'inflexible destin :
il y a dans cette carrière de quoi composer un
poëme vingt fois long comme l'Iliade, un Mâha-
bhârata. C'est ainsi, du reste, que le peuple comprend Napoléon, et qu'il l'aime. La raison d'état de
la révolution a rejeté l'Empereur ; la spontanéité
populaire lui donne asile : l'élection du 10 décembre n'est elle-même qu'une protestation de cette
poésie des masses contre l'inexorable histoire.
Comme action politique, la vie de l'Empereur ne
demande pas cent pages, et si pour plus d'évidence
on veut suivre la filiation chronologique, il n'en
faudra pas 25. Toute cette série de batailles, qui
nous a valu tant de trophées, qui nous a coûté
tant de trésors et tant de sang, se réduit à une trilo-
gie militaire, dont le premier acte s'appelle Aboukir, le deuxième Trafalgar, le dernier Waterloo.

Un mot seulement sur ce dernier exploit.

Napoléon, après les adieux de Fontainebleau,
ne pensait point qu'il fût fini. Sa raison admettait
la chance des combats, les conséquences de la défaite : elle ne pouvait se faire à l'idée du rétablissement des Bourbons. De leur légitimité, de leur
droit divin, naturellement il en riait : mais par
quel talisman ces princes, oubliés depuis 25 ans,
dédaignés de la coalition, odieux à la nation française, avaient-ils ressaisi leur couronne ? Comment,
en un jour, sans armée, sans budget, sans pres-

tige, ces émigrés avaient-ils pu le supplanter, lui, le triomphateur de 20 ans, l'élu de 5 millions de suffrages? L'intrigue seule, même avec les Talleyrand et les Fouché, n'opérait pas de ces miracles. C'était donc une surprise, honteuse, ridicule, dont la France tôt ou tard voudrait avoir raison, et dont lui-même, le vieil Empereur, serait appelé à faire justice.

On faisait grand bruit de la Charte. Mais pouvait-il croire, après ce qu'il avait vu de tout ce parlementage, et sous la Constituante, la Législative, la Convention, et sous le Directoire; pouvait-il croire que pour ce chiffon de papier la France se fût donnée aux Bourbons?... Plus il y pensait, plus la restauration devait lui paraître misérable, irrationnelle.

C'était pourtant là, dans la Charte, que se trouvait le mot de l'énigme. Ce qui avait déterminé la chute de l'Empereur était l'idée politique et sociale de 89, abandonnée par lui, noyée dans les listes de conscription et les constitutions de l'empire. Ce qui faisait la fortune des Bourbons était cette même idée de 89, affirmée par eux, après 25 ans de résistance, sous le nom de Charte. Rien n'était plus logique que cette expulsion et cette restauration; rien de plus légitime, à cette condition, que la *Légitimité*. Ainsi va la révolution.

L'ex-empereur eut le temps de s'en convaincre, pendant les dix mois qu'il passa à l'île d'Elbe. Il put suivre de là les actes du Congrès de Vienne, reprenant les bases du traité de Westphalie; les premiers débats des chambres de la restauration; observer l'essor de l'industrie, de la littérature et de la philosophie française, sous un régime de paix, et de liberté pourtant bien modeste.

Quel enseignement tire de tous ces faits Napoléon ?

Dans le congrès de Vienne, il voit des intrigues diplomatiques, des remaniements injustes ; dans le gouvernement des Bourbons, il saisit des ridicules et des maladresses. En toute chose son esprit s'arrête à la superficie, ne juge, n'apprécie que le mal. Et c'est sur ces données qu'il bâtit aussitôt le plan de son retour !

Napoléon s'imagine qu'un rôle historique peut se recommencer ; il se flatte, dans un nouvel essai, de réussir mieux que la première fois. L'exemple même des Bourbons lui vient en argument de son erreur ; il ne se doute seulement pas que dans cette prétendue *restauration*, il n'y a de restauré qu'une demi-douzaine d'individus ; que le principe qu'ils défendaient jadis a été par eux abjuré, et que leur métamorphose, au moins apparente, a été la condition *sine quâ non* de leur rentrée. Dans cette Charte tant dédaignée, il n'aperçoit pas la révolution, qui bientôt remise en marche par la pratique constitutionnelle, forcera ses mandataires à la suivre ou les expulsera de nouveau. — Un trône pour une Charte ! se dit Napoléon. Je leur donnerai aussi une Charte, à laquelle je prêterai serment !... Comme en 1799, simple homme de guerre, après avoir vu défiler tant de gouvernements et de ministères, il s'était cru naïvement aussi capable, et plus capable que tant d'autres de tenir le timon de l'État ; il ne douta pas davantage, en 1815, qu'il ne fût apte, autant et plus que les Bourbons, à faire un monarque constitutionnel. De lui aux autres, la comparaison était à son avantage : mais c'est des CHOSES qu'il s'agissait, et Napoléon n'y pensa jamais.

Ainsi l'Empereur est à la remorque du roi! A l'erreur des restaurations, à la chimère de sa propre résipiscence, il joint le désavantage de l'imitation constitutionnelle, course au clocher de la popularité, et poussant la copie jusqu'à la niaiserie, il écrit en tête de son nouveau contrat : *Acte additionnel aux constitutions de l'empire.* C'est-à-dire que comme Louis XVIII en signant la Charte se comptait dix-neuf ans de règne, Napoléon dans son Acte additionnel se comptait quatorze ans de constitutionnalité!... Drôle de plagiat!

Après avoir triomphé à Ligny et aux Quatre-Bras, l'empereur succombe à Mont-Saint-Jean : l'irrévocable destin confirme son arrêt. Là, sans doute, il eût pu vaincre encore, comme on l'a répété à satiété, sans l'immobilité de Grouchy, sans la trahison de Bourmont, sans l'arrivée de Blücher, sans les incertitudes de Ney, sans le chemin couvert, sans le manque de clous pour mettre hors de service, après chaque charge des cuirassiers, les canons des Anglais. Alors c'eût été à Wellington de dire : J'aurais vaincu, sans le retard des Prussiens, sans l'arrivée de Grouchy, sans ceci, sans cela!... Que s'en serait-il suivi? une seconde invasion, une seconde campagne de France, et très-probablement une seconde abdication. Car, qui ne voit ici que les accidents de la guerre, pris en détail, sont pour tout le monde; considérés d'ensemble, sont pour la logique? Waterloo, jour néfaste dans les annales de la France, est légitime dans la marche de la révolution et la destinée de l'Empereur.

Au reste, Napoléon, superstitieux, fataliste, croyant à son étoile, disant de lui-même, *Je suis l'enfant des circonstances*, et se trompant seulement sur la signification de son rôle et les articles de son mandat, était encore plus près de la vérité que ses contemporains. Il se sentait poussé, et il s'inquiétait, ne sachant où il allait ! Qui donc alors eût su le lui dire ? Personne, de son temps, n'eut cette intelligence de l'histoire, qui assure la raison contre les succès momentanés d'une fausse politique. Jusqu'à l'arrivée du 29ᵉ bulletin (18 décembre 1812), la France fut dans l'éblouissement. A l'étranger même, on eut de la peine à en revenir. Un moment, après le bombardement de Copenhague, l'Angleterre est abandonnée. Alexandre est ami, François donne sa fille. Déjà Fox avait négocié pour la paix. Pitt lui-même avait agi par haine, plus que par une juste appréciation des choses. Le reste allait comme moutons. Partout, le fil des traditions était rompu, la conscience historique s'évanouissait sous le prestige des événements. Seul le peuple espagnol opposait son moi au moi impérial. Mais on ne croyait pas que des armées françaises fussent dévorées par des guérillas, et Wagram avait fait désespérer de la nationalité espagnole. Comme on ne regardait qu'à la superficie, on jugeait indestructible un édifice miné, dont, avec un peu plus d'attention, on aurait calculé la fin avec une précision chronologique.

Ainsi, parmi ses contemporains étonnés, Napoléon reste supérieur encore, grâce au sentiment mystique qu'il a de sa destinée ; ce qui revient à dire que l'ignorance des peuples et de leurs chefs a fait les trois quarts de sa gloire. Combien le grand homme eût disparu plus vite, si comme de nos jours l'esprit d'analyse se fût avisé de computer les éléments de son règne, et d'en tirer l'horoscope ! *Dis-moi d'où tu viens, et je te dirai où tu vas !*... L'histoire de l'établissement d'un pouvoir, en donnant la mesure de son mandat, est une garantie de plus de la liberté des peuples.

IX.

NE MENTEZ PAS A LA RÉVOLUTION.

Toute l'histoire est figurative ; toutes ses époques sont fatidiques et se servent l'une à l'autre d'annonce et de correction. Et la destinée sociale n'est aussi qu'un long mythe, où se joue l'Esprit infini, préludant à la création de quelque nouvelle humanité...

J'ai dit la légende impériale : je vais en montrer dans les faits contemporains la réalité. *Hoc est somnium, et hæc est interpretatio ejus.*

Comme Nabuchodonosor a rêvé Cyrus, l'Empereur a prophétisé Louis-Napoléon. A part l'opposition déjà signalée, savoir que l'Empereur venait clore une révolution, tandis que Louis-Napoléon en ouvre une autre, opposition qui dans la série historique est une ressemblance de plus, on retrouve entre les deux figures, entre leurs situations et leurs époques, la plus constante analogie.

Le premier Bonaparte n'est heureux en rien de ce qu'il entreprend de sa propre initiative : il n'a de succès que sous le couvert de la nation. Laissons aux Ossians populaires ses éternelles batailles : elles sont en général bien combinées, bien jouées, supérieurement gagnées, ou brillamment perdues. Il ne s'agit point ici de l'individu, dans son métier de héros; il s'agit de l'homme politique. C'est comme conceptions politiques qu'il faut juger les expéditions d'Egypte et de Saint-Domingue : elles ont échoué, parce que l'inspiration publique avait complétement manqué à la première, et qu'une entreprise de cette importance devait jaillir exclusivement de la raison nationale ; parce qu'ensuite le souffle révolutionnaire avait fait défaut à la seconde, et qu'il était absurde, criminel, de remettre les Haïtiens dans les fers, en vertu de la déclaration des droits de l'homme.

Malgré ce double insuccès, malgré ses travers d'administration et de police, déjà trop apparents, le premier Consul réussit néanmoins; et jusqu'à la rupture dū traité d'Amiens, son gouvernement, réparateur et pacificateur, fort de l'adhésion générale, est fécond et prospère. Mais l'Empereur, affranchi de la tutelle de l'opinion et des lisières constitutionnelles, tombe de faute en faute, et bientôt d'insuccès en insuccès. La chronologie nous en a fait toucher la raison : cette tête olympienne, impatiente de la voix publique, et qui voulait penser toute seule, finit par ne rien penser du tout !...

Ramenée à ses véritables termes, la comparaison entre les deux Bonaparte peut donc se suivre. Louis-Napoléon, il est vrai, n'a pas gagné de batailles : qui sait s'il n'en gagnerait pas? Mettez en présence deux armées, deux généraux. L'un des deux sera nécessairement vainqueur, l'autre vaincu; le pre-

mier un héros, le second une mazette, disait Paul-
Louis. Et puis une victoire peut s'acheter, comme
toute chose... il ne s'agit que d'y mettre le prix.
Triomphes et lauriers à part, abandonnant le terrain de la guerre *et de ses hasards* pour nous
placer sur celui de la politique, je dis, sans flatterie
comme sans ironie, que l'oncle et le neveu se va-
lent, bien plus, que leurs destinées se suivent et
s'apparient, comme en une métempsycose. A Strasbourg et à Boulogne, Louis-Napoléon échoue, comme
Bonaparte en Egypte et à Saint-Domingue. Il réussit le 10 décembre, avec les mêmes éléments, lorsqu'au lieu de surprendre, dans une conspiration
in-promptu, les sympathies nationales, il se présente dans des conditions régulières aux suffrages
du peuple. Il est heureux encore le 2 décembre,
malgré la violation du pacte, comme son oncle
l'avait été le 18 brumaire : je crois avoir suffisamment expliqué comment, en cette circonstance, la
fatalité de la situation couvrit l'anomalie de la
forme.

Mais si, dans les deux hommes, la volonté, le
jugement, la conception politique, l'alternative des
succès et des revers, paraissent en tout semblables
et par les mêmes causes, la parité des conjonctures
est bien autrement frappante.

Les antagonistes de l'Empereur étaient, d'une
part, l'aristocratie féodale, représentée par les émigrés, les prêtres et la coalition ; de l'autre l'aristocratie financière et mercantile, représentée par
l'Angleterre. Ces deux aristocraties faisant cause
commune et combinant leurs moyens, c'était par
une combinaison de moyens analogues que l'Em-

pereur devait les combattre. On a vu, dans la chronologie que nous avons dressée du consulat et de l'empire, comment Bonaparte, au lieu d'organiser contre l'ennemi les forces économiques de la nation, puis d'entraîner dans le même mouvement, sous la pression des libertés françaises, le continent de l'Europe, s'enchevêtra et périt dans sa politique de sabre, dans le dédale d'une police ressuscitée de la Terreur, enfin, dans la nécessité de conquêtes sans fin et l'absurdité de son *système continental.*

Louis-Napoléon a aussi pour adversaires, d'un côté, l'ancienne féodalité, représentée par la Sainte-Alliance, le parti légitimiste et ultramontain ; de l'autre, l'aristocratie capitaliste, représentée par la haute bourgeoisie et par l'Angleterre. Comme en 1805, ces aristocraties s'entendent, se concertent, se *fusionnent.* Pour les vaincre, il faut, sans négliger la force militaire, une combinaison de moyens empruntés à la pratique des intérêts, à la science économique ; il faut, surtout, embrasser fortement, franchement, l'idée révolutionnaire. Déjà cependant, funeste analogie ! déjà, par les fausses mesures du 2 décembre et les déclamations de ses journaux, la révolution est abandonnée ; les aristocraties hostiles se présentent sous le couvert des intérêts généraux et des libertés publiques ; encore un peu, et comme en 1809 et 1813, les peuples eux-mêmes, à la voix de leurs nobles, de leurs prêtres, de leurs exploiteurs et de leurs despotes, jetteront l'anathème, courront sus à Louis-Napoléon.

Je pourrais, prophète de malheur, pénétrant plus à fond dans le mystère de l'avenir, marquer les phases de cette lutte dont les symptômes jaillissent déjà des dernières élections de l'Angleterre ; montrer la révolution, tour à tour invoquée, repoussée, comme sous le consulat et l'empire, abandonnant enfin le 2 décembre, et Louis-Napoléon, trahi comme son oncle par sa personnalité, donner une fois de plus l'exemple des vengeances du Destin : *Discite justitiam moniti, et non temnere divos !*

J'aime mieux, pour l'enseignement de mon pays, pour l'édification de ses maîtres, présents et à venir, et par mesure de garantie contre des factions qui, sans plus d'intelligence et de bonne vo'onté les unes que les autres, dévorent déjà en idée la succession du 2 décembre, démontrer une dernière fois, et par un nouvel argument, l'inviolabilité des révolutions.

Non, dirai-je à l'Elysée, vous ne pouvez continuer de sang-froid cette triste parodie de l'épopée impériale. Et si, comme certains philosophes seraient induits à le penser, vous êtes une nouvelle incarnation de votre oncle, vous n'êtes point revenu pour retomber dans vos anciens égarements, mais pour en faire pénitence. Vous nous devez l'expiation de 1814 et 1815, ce qui veut dire, des dix années de la servitude impériale ; l'expiation de la légitimité, que vous avez fait restaurer ; l'expiation de la quasi-légitimité, que vous avez rendue possible. Mettez-vous donc à l'unisson de votre époque et de votre pays, car vous ne pouvez faire par vous-même, pas plus que l'Ital'e de Mazzini, *Italia farà da se !...* Votre étoile ne le veut pas ; le peuple ne le veut pas ; l'ombre gémissante, non encore purifiée, de Napoléon, ne le veut pas ; et moi, votre astrologue bénévole, qui n'aspire, comme tant d'autres, qu'à en finir, je ne le veux pas non plus.

Quel doit être, d'abord, votre point de départ? je vous l'ai dit, la révolution.

La révolution, *démocratique* et *sociale*, tous les deux, entendez-vous, est désormais pour la France, pour l'Europe, une condition forcée, presque un fait accompli, que dis-je? le seul refuge qui reste au vieux monde contre une dissolution imminente.

Tant que le malade a la gangrène, il engendre de la vermine. De même, aussi longtemps que la société sera livrée à une économie de hasard, il est inévitable qu'il y ait des *exploiteurs* et des *exploités*, un parasitisme et un paupérisme, qui la rongent d'une dent rivale; — aussi longtemps que pour soutenir ce parasitisme et pour en pallier les ravages la société se donnera un pouvoir concentrique et *fort*, il y aura des partis qui se disputeront ce pouvoir, avec lequel le vainqueur boit dans le crâne du vaincu, avec lequel on fait et l'on défait les révolutions; — aussi longtemps, enfin, qu'il y aura des partis antagonistes et des classes hostiles, le pouvoir sera instable et l'existence de la nation précaire.

Telle est la généalogie de la société, abandonnée aux agioteurs, aux usuriers, aux empiriques, aux gendarmes et aux factions! Le vice du régime économique produit l'inégalité des fortunes, et par suite la distinction des classes; la distinction des classes appelle, pour la défendre, la centralisation politique; la centralisation politique donne naissance aux partis, avec lesquels le pouvoir est nécessairement instable et la paix impossible. Une réforme économique , radicale, peut seule nous tirer de ce cercle : on la repousse. Ce sont les conservateurs qui retiennent la société à l'état révolutionnaire.

La France, pays de logique, semble s'être donné pour mission de réaliser, de point en point, cette théorie *à priori* de la misère, de l'oppression et de la guerre civile.

Il existe en France, et tant que la révolution ne sera pas faite dans l'économie, il existera : 1. une *bourgeoisie* qui prétend maintenir, à perpétuité, les rapports antiques du travail et du capital, bien que le travail n'étant plus repoussé comme une servitude mais réclamé comme un droit, et la circulation des produits pouvant s'opérer presque sans escompte, le privilége capitaliste n'ait plus de raison d'existence ; 2. une *classe moyenne*, au sein de laquelle vit et s'agite l'esprit de liberté, qui possède la raison de l'avenir, et qui, refoulée de haut et de bas, par l'insolence capitaliste et l'envie prolétarienne, n'en forme pas moins le cœur et le cerveau de la nation ; 3. un *prolétariat*, plein de sa force, que la prédication socialiste a enivré, et qui, à bon droit, sur l'article du travail et du bien-être, se montre intraitable.

Chacune de ces classes se disputant le pouvoir, la première, pour refouler une révolution qui menace ses intérêts ; la seconde, pour la modérer ; la troisième, pour la lancer à fond de train, la division par classes se change en une division par partis, entre lesquels on distingue : 1. le parti de la *légitimité*, représentant de la loi salique et des traditions féodales, seules capables, selon lui, d'arrêter la révolution; 2. le parti de la *monarchie constitu-tionnelle*, plus bourgeois que noble, et qui, dans ce moment, par la voix de M. Creton, rappelle le pays aux bienfaits et aux gloires de 1830; 3. le parti de la *république modérée*, qui, très-circonspect à l'endroit des réformes économiques, ne veut plus cependant ni de royauté, ni de noblesse, ni de présidence; 4. le parti de la *république rouge*, plus gouvernemental encore qu'économiste, et qui a pris pour programme la constitution de 93; 5. le parti *bonapartiste*, qui tend à satisfaire ou tromper par la guerre l'appétit du prolétariat; 6. le parti *prêtre*, enfin, qui, parfaitement renseigné sur la marche du siècle, ne voit plus d'issue pour la société, et pour lui-même de salut, que dans le rétablissement de l'omnipotence spirituelle et temporelle du pape. Je ne compte pas comme parti les socialistes, quoique plus républicains et plus radicaux que les rouges, parce que, dans aucune de leurs écoles, ils ne sont hommes de *pouvoir*, mais hommes de SCIENCE et de solution.

Trois classes et *six* partis, en tout NEUF grandes divisions antagoniques : voilà la France, sous le régime de l'économie malthusienne et de la centralisation politique. Voilà le produit de cette *unité* dont nous sommes si fiers, que l'étranger *nous envie*, et à laquelle il faut donner pour emblème la tête de Méduse et ses serpents!

Or, je défie tout pouvoir qui ne sera pas révolutionnaire, celui de Henri V aussi bien que celui du 2 décembre, la théocratie comme la bourgeoisie, de faire cesser cette division des partis et des classes; et par la même raison je défie tout pouvoir, au point où en sont les choses, de tenir contre. Vous pouvez quelque temps vous soutenir sur l'antagonisme des partis, comme la lanterne du Panthéon sur les arcs-boutants du dôme : mais cet équilibre, qui fit toute la stabilité de Louis-Philippe, est précaire. Qu'un instant, à la première occasion, les partis cessent de se contrebuter, les classes de se menacer, et le pouvoir tombe. La suppression des libertés, les gênes de la presse, l'état de siége, les prisons d'état, l'ostracisme érigé en institution, tous ces instruments de la vieille tyrannie, n'y feront rien. Un gouvernement qui n'aura pour lui que la force et des millions de suffrages, sera obligé, comme Robespierre, de recommencer sans cesse l'*épuration* de la société, jusqu'à ce que lui-même il soit *épuré*.

L'Empereur crut arrêter la corrosion des partis par la guerre : détestable-ressource, qui atteste moins le despotisme de l'homme que l'extrémité où il se voyait réduit, et sa profonde ignorance des choses révolutionnaires. Eh bien ! la guerre a prononcé en dernier ressort contre l'Empereur. Et puis, quelle guerre ferait Louis-Napoléon ? à quel propos ? contre qui ? avec quoi ?... Je pose ces questions, sans les presser : je ne voudrais rien dire qui eût l'ombre d'un défi ou d'une ironie. Passons donc sur la politique guerrière, et puisqu'il est à peu près défendu au 2 décembre, hors le cas où il prendrait fait et cause pour la révolution, de rendre au peuple cette poésie impériale; puisqu'il est condamné à faire de la vile prose économique et sociale, disons-lui que les idées ne se combattent que par les idées; qu'en conséquence, pour avoir raison des partis, il n'est qu'un moyen, c'est d'en former un qui les engloutisse tous. J'ai expliqué ailleurs comment, dans la donnée actuelle, ce parti d'absorption devait se composer de la classe moyenne et du prolétariat : je m'en réfère à mes précédentes indications.

Nier, dans l'économie actuelle de la société, la nécessité des partis : impossible.

Gouverner avec eux, sans eux ou contre eux : impossible.

Leur imposer silence par des moyens de police, ou leur donner le change par la guerre et les aventures : impossible.

Il reste que l'un quelconque devienne l'instrument d'absorption de tous : c'est cela qui est possible.

Que le 2 décembre donc, et ce que je dis ici pour le gouvernement qui passe, je l'adresse à tous ceux qui viennent ; que le 2 décembre embrasse franchement sa raison d'être ; qu'il affirme, sans restriction ni équivoque, la révolution sociale ; qu'il dise tout haut à la France, qu'il notifie à l'étranger la teneur de son mandat ; qu'il appelle à lui, au lieu d'un corps de muets, une représentation vraie de la classe moyenne et du prolétariat ; qu'il prouve la sincérité de sa tendance par des actes d'un libéralisme explicite ; qu'il se purge de toute influence cléricale, monarchique et malthusienne ; qu'il transporte aux corps des instituteurs et des médecins, les uns dans la misère, les autres livrés au hasard d'un honteux casuel, les 42 millions jetés aux prêtres ; qu'il chasse de sa société cette bande d'intrigants, sans foi ni loi, bohêmes, espions la plupart, qui le grugent ; qu'il abandonne aux gémonies de l'opinion ces gentillâtres littéraires, dont le souffle vénal, pestilentiel, enfle la voile de toute tyrannie; qu'il livre aux francs-juges de la démocratie la plus pourpre tous ces renégats, dramaturges de cour, pamphlétaires de police, marchands de consultations anonymes, moutons de prisons et de cabarets, qui après avoir mangé le pain sec du socialisme, lèchent les plats gras de l'Elysée...

Quoi donc! parce que la démocratie a combattu la candidature de Louis Bonaparte au 10 décembre, j'y étais; parce qu'elle l'a fait reculer le 29 janvier, j'y étais; parce qu'elle s'est insurgée contre lui le 13 juin, sans la prison j'y aurais été; parce qu'elle l'a vaincu dans les élections de 1850, du fond de la Conciergerie j'y étais encore; parce qu'elle s'est levée contre lui le 2 décembre, je ne puis plus dire que j'y étais!... Louis-Napoléon se croirait obligé, par esprit de concurrence, de donner à sa politique une signification personnelle! Il aurait peur de paraître éclipsé, si l'on disait de lui qu'après avoir terrassé la république sociale, il lui a pris ses idées, et s'est mis à sa remorque!

L'Empereur céda jadis à ce puéril amour-propre. Il voulut être autre chose que la république, faire plus que la république, penser mieux que la république. Il arriva, en fin de compte, qu'avec tous ses titres, ses couronnes, ses trophées, il ne fut rien, ne fit rien, seul ne pensa jamais rien : il resta Napoléon. Allons-nous recommencer ce concert à une seule partie du grand maestro?

Ni Galba, qui remplaça Néron, tant regretté du peuple; ni Vespasien, qui refusa aux larmes d'Eponine le pardon de Sabinus ; ni Nerva, qui avait conspiré contre Domitien ; ni Pertinax, qui tua Commode ; ni Septime-Sévère, qui fit décapiter Didius-Julianus, le dernier et plus offrant enchérisseur du césarisme ; ni Aurélien, qui traîna à son char l'immortelle Zénobie : aucun de ces empereurs ne se crut obligé de modifier le statut impérial, statut révolutionnaire alors, parce que l'ayant repris de mains rivales, quelquefois indignes, il se serait cru déshonoré en le suivant. Brutus, il est vrai, après avoir expulsé les Tarquins, abolit le titre de roi et proclama la république. C'est que les Tarquins, affectant les airs des tyrans grecs, manquaient à leur mission modératrice, qui était de procurer, par le patronage des patriciens, l'émancipation de la plèbe.

Que parlez-vous donc de plagiat et de remorque, comme s'il s'agissait des individus, non de la destinée ? Laissez les hommes, puisque la défaite et leur propre dignité ne leur permettent pas d'être à vous. Entre Ésaü et Jacob, le supplanté et le supplanteur, il peut y avoir paix, jamais amitié ni oubli. Pour des gens de cœur, il est des griefs qui ne se peuvent effacer. Je veux bien, acquittant le tribut de mes opinions à ma patrie, contribuer peut-être à éclairer un pouvoir que j'ai dû cesser de combattre ; je ne le servirai pas. Mais précisément parce qu'Ésaü a perdu son droit d'aînesse, il faut que Jacob soit chef du peuple de Dieu : sinon Ésaü, dit Édom, *le Rouge*, revendiquera l'héritage, et châtiera son cadet suborneur et infidèle.

Ne rusez point avec la révolution ; n'essayez pas de la faire tourner à vos fins particulières, l'opposant à vos compétiteurs, pendant que vous vous tailleriez dans son écharpe un manteau d'empereur ou de roi. Ni vous, ni aucun de ceux qui aspirent à vous remplacer, vous ne pouvez concevoir une idée valable, mener à fin la moindre entreprise, hors des données de la révolution. La révolution a tout prévu, tout conçu ; elle-même a dressé le devis. Cherchez, et quand d'un esprit droit et d'un cœur docile vous aurez trouvé, ne vous mêlez plus, en commun avec le pays, que de l'exécution.

Et quelle serait donc la haute pensée, l'idéal politique et économique, que le dépositaire de la souveraineté nationale se créerait à lui-même, le produisant de son génie, et ne le recevant, ni par transmission historique des partis qui l'ont précédé aux affaires, ni par voie analytique de l'étude des faits sociaux et de leur généralisation? Que pourrait-il penser de lui-même, comme homme, qu'il ne dût recevoir de l'opinion comme chef d'état ; contre quoi par conséquent tous les citoyens n'eussent le droit de protester, s'il lui plaisait d'imposer, en vertu de son titre, son idée nouvelle?

« Parmi tant de religions qui se contredisent, » disait Rousseau, une seule est la bonne, si tant » est qu'une le soit. » De même, parmi tant de politiques que la fantaisie des partis et la présomption des hommes d'état enfantent, une seule peut être vraie, c'est celle qui, par sa conformité constante, harmonique, avec la nature des choses, acquiert un tel caractère d'impersonnalité et de réalité, que chacun de ses actes semble un décret de la nature même, et qu'à l'Académie, à l'atelier,

sur la place publique, dans un conseil d'experts, partout où des hommes se réunissent pour traiter ensemble, elle puisse se formuler aussi bien que
dans une assemblée de représentants et un conseil
d'état. Elevée à ce degré d'authenticité où elle
tient tout des choses et rien de l'homme, la politique est l'expression pure de la raison générale, le
droit immanent de la société, son ordre intérieur,
en un mot, son *Économie*.

Cette politique, vous ne la trouverez ni dans
Aristote, ni dans Machiavel, ni dans aucun des
maîtres qui ont enseigné aux princes l'art, essentiellement subjectif, d'exploiter leurs états. Elle se
dégage des rapports sociaux, et des révélations de
l'histoire. Pour moi, la révolution au 19e siècle en
doit être l'avénement.

C'est un principe, dans cette politique à la fois
rationnelle et réelle, que sans travail il n'est pas de
richesse, et que toute fortune qui n'en provient pas
est par cela même suspecte; que le labeur aug-
mente toujours et que le prix des choses diminue;
qu'ainsi le minimum de salaire et le maximum des
heures de travail sont inassignables; que si l'hec-
tolitre de blé vaut 20 francs, aucun décret du prince
ne le peut faire vendre 15 ou 25, et que toute
hausse ou baisse factice, par autorité de l'état, est
un vol; que sous le régime de l'intérêt, l'impôt
proportionnel, équitable en lui-même, devient pro-
gressif dans le sens de la misère, sans que rien au
monde puisse l'empêcher; qu'un autre corollaire
de cet intérêt est la protection douanière, en sorte
que toute tentative pour abolir celle-ci sans toucher à celui-là est une contradiction; que toute

taxe qui affecte les objets de luxe, au lieu d'être supportée par le consommateur, le sera infailliblement par l'ouvrier, attendu que la consommation étant facultative et le prix libre, le producteur d'objets de luxe a toujours plus besoin de vendre que le consommateur d'acheter.....

Que de bévues des gouvernements et de leur politique arbitraire auraient été empêchées; que de vexations, de souffrances, de mécomptes, de déficits prévenus; que de tendances funestes arrêtées à leur origine, si depuis soixante ans ces propositions, avec leurs corollaires, avaient eu rang de vérités démontrées et d'articles de loi dans la conscience générale! Avec une douzaine de propositions de cette espèce, et une presse libre, je voudrais arrêter court, dans toutes ses fugues, le gouvernement du 2 décembre. Quoi donc! Louis-Napoléon ne régnerait-il que par l'imbécillité des Français?...

Il existe, sur les rapports des hommes en société, sur le travail, le salaire, le revenu, la propriété, le prêt, l'échange, l'impôt, les services publics, le culte, la justice, la guerre, une foule de vérités pareilles, dont un simple extrait, accompagné d'exemples, dispenserait les gouvernements de toute autre politique, et bientôt la société des gouvernements eux-mêmes. C'est là notre véritable constitution : constitution qui domine toutes les difficultés, qui ne laisse rien à la sagesse des princes, qui se moque des dictateurs et des tribuns; dont les théorèmes, enchaînés l'un à l'autre comme une mathématique, conduisent l'esprit du connu à l'inconnu dans les voies sociales, fournissent des solutions pour toutes les circonstances; et contre laquelle tout ce qui se fait, d'où qu'il vienne, est nul de soi, et peut être réputé tyrannie! Le pouvoir qui enseignera aux citoyens cette constitution, et la chose commence à devenir possible, aura plus fait pour l'humanité que tous les empereurs et les papes : après lui les révolutions de l'espèce seront comme celles de la planète, rien ne les troublera, et personne re les sentira p us.

Le 2 décembre, dans le premier feu du coup d'état, réparant la longue incurie de nos assemblées, a pu décréter coup sur coup des concessions de chemins de fer, des adjudications de travaux, des prorogations de privilége, des réductions d'escompte, d s saisies d'immeubles, des conversions de rentes, des continuations d'impôts, etc., etc.; faire une foule de choses qui, si la société était instruite de sa vraie constitution, auraient été depuis longtemps faites, et mieux faites, ou ne se seraient jamais faites. Le vulgaire, qui rapporte tout à la volonté du chef, à peu près comme le père Malebranche voyait tout en Dieu, a admiré cette fécondité décréta e, et parasites d'applaudir à ce pouvoir fort et agissant! Mais bientôt la fièvre des réformes s'est calmée : plus d'une fois le 2 décembre a dû ré'racter des résolutions sous presse, retirer des projets dont était saisi déjà le conseil d'état, et l'on peut prévoir que s'il n'apprend à lire mieux dans le livre de la politique éternelle, il paraîtra bientôt aussi impuissant, aussi incapable, au si téméraire, aussi fou que ses devanciers, sans en excepter l'Empereur lui-même.

Quoi qu'il en soit, et des décrets rendus jusqu'ici

par le 2 décembre au milieu de l'abstention universelle, et de ceux qu'il rendra par la suite du
fond de sa prérogative, il ne fera pas que la maxi-
mation des fortunes cesse d'être une idée contradictoire ; qu'une vente puisse être réputée parfaite,
avant que les parties soient convenues de la chose
et du prix : que le mandat et l'adjudication, dans
le même individu, soient termes compatibles ; que
le quasi-contrat ne devienne quasi-délit, et même
crime, alors que le bienfaiteur d'office se prévaut
du bienfait pour asservir le bénéficiaire.....

Le 2 décembre ne fera pas que le système féodal, vaincu dans l'ordre politique et religieux, redevienne une vérité dans l'ordre industriel, quand
les conditions du travail et les lois de la comptabilité
s'y opposent ; il ne fera pas après son décret sur
l'escompte, rendu au nom de la propriété publique,
que l'intérêt des capitaux soit désormais autre
chose qu'une taxe arbitraire et transitoire ; il ne
fera pas, malgré ses concessions de quatre-vingt-
dix-neuf ans, que si le prix de revient des transports, par fer et par eau, peut descendre à 1 centime par tonne et kilomètre, le pays consente à
payer aux compagnies 8, 10 et 14 centimes, par
amour de la féodalité industrielle ; ni, quand le
salaire du travailleur, dans toutes les catégories de
services, est en décroissance continue, que celui
des fonctionnaires de l'état doive augmenter.

L'Empereur, avec sa concentration politique,
avec son blocus continental et ses incorporations
perpétuelles d'états, se créait cent impossibilités
dont chacune, avec le temps, pouvait le détruire.
Louis-Napoléon, qui ne s'est pas donné le quart de

la besogne de son oncle, avec sa seule constitution renouvelée de l'an VIII, s'en crée mille : tant, depuis la chute de l'Empereur, les éléments réfractaires à l'autorité ont pris de développement!...

Le 2 décembre a donné au clergé un brevet d'enseignement à peu près exclusif. Mais ce brevet, tout à fait gratuit, ne contient pas plus de garantie du gouvernement que les milliers de brevets et diplômes qu'il délivre chaque année, contre écus, aux étudiants et industriels. Il ne fera pas, ce brevet, même quand il joindrait à l'autorité de l'état celle de la sainte écriture, que le travail, considéré par la théologie comme l'expiation d'un vice originel, *In sudore vultûs tui vesceris pane tuo*, redevienne un état servile; que celui qui par le travail se rachète de la misère, de l'ignorance et de l'esclavage, ne conçoive pas la pensée de se racheter aussi, par le même moyen, du péché et de la coulpe; que l'esprit religieux, entretenu par les prêtres, ne se trouve ainsi balancé par le génie industriel; que pauvreté soit de nouveau réputée vertu, et que le progrès du bien-être et du luxe n'ait pas pour corrélatif le développement de la raison, l'affranchissement de la conscience, le règne absolu de la liberté, à la place de l'humilité, du détachement et de la passivité chrétienne.

Le 2 décembre, par philanthropie, autant que par intérêt, se préoccupe de l'amélioration du sort des classes pauvres. Les circulaires de ses ministres le répètent; les caresses du Président en témoignent; plusieurs de ses actes le font entendre; les confidences de ses amis et l'hostilité croissante des partis rendent la chose tout à fait probable.

Mais comment se propose-t-il d'opérer cette amélioration? Il ne peut pas sur la France moderne régner en calife; s'emparer au nom de l'intérêt public de la production et du commerce; mettre 27,000 lieues carrées de pays, 27 millions de propriétés, fabriques, métiers, en régie; convertir 36 millions de producteurs de tout âge et de tout sexe, plus ou moins libres, et qui aspirent chaque jour à le devenir davantage, en salariés. On n'avale pas plus gros que soi, et si le 2 décembre pense engloutir la nation, c'est lui qui crèvera.

Supposons que le 2 décembre, poursuivant la solution du problème économique, essaye de reconstituer la nation suivant le système que nous avons signalé comme étant la conséquence du décret sur les biens de la famille d'Orléans. Hors de la liberté progressive, indiquée par l'histoire, et de la communauté des égaux, adoptée au fond par tous les utopistes, il n'y a pas d'autre système. Il faut au préalable que le 2 décembre intéresse à ses vues une partie du pays; qu'avec celle-là, il conquière le reste; et comme il entend se réserver l'initiative, qu'il ne saurait consentir aucun démembrement de son autorité, qu'il ne peut offrir à ses auxiliaires et adhérents que des récompenses pécuniaires, des concessions de terres, mines, etc., ou des priviléges commerciaux et industriels; il faut que cette association pour l'organisation du travail et l'extirpation de la misère, d'après le principe de la hiérarchie militaire et gouvernementale, offre aux associés, en facultés économiques, une indemnité suffisante du renoncement à leurs droits politiques.

Or, c'est ici que la contradiction ne tarderait pas d'apparaître. Le 2 décembre apprendrait bientôt, par son expérience, ces vérités au-dessus de tout gouvernement : c'est que *travail* et *commerce* ont pour synonyme *liberté ;* que la liberté industrielle est solidaire de la liberté politique; que toute restriction apportée à celle-ci est une entrave pour celle-là, conséquemment un empêchement au travail et une interdiction de la richesse ; que l'échange, le prêt, le salaire, tous les actes de l'ordre économique, sont des contrats libres qui répugnent à toute condition hiérarchique. Quant au pouvoir central, il verrait, et déjà il ne tient qu'à lui de le voir, que les affaires des particuliers ne prospèrent qu'autant qu'ils ont confiance dans le gouvernement ; que le seul moyen de leur donner cette confiance, c'est de les faire eux-mêmes membres actifs du souverain ; que les exclure du gouvernement, c'est autant que les chasser de leurs industries et propriétés; et qu'une nation de travail, comme la nôtre, gouvernée sans le contrôle perpétuel de la tribune, de la presse et du club, est une nation en état de faillite, déjà sous la main des garnisaires...

Tous les lieux communs sont épuisés sur la nature démocratique de l'impôt, et le droit qu'a la nation de le fixer librement. Le 2 décembre sait cela comme tout le monde : la constitution du 15 janvier a bien voulu le reconnaître. Pourquoi donc les mêmes représentants qui sont appelés à voter le TOTAL de l'impôt, n'ont ils pas le droit d'en discuter le *détail*, et d'y faire telles réductions qu'ils jugent utiles ? La France et son gouvernement, d'après le système de votation suivi pour l'impôt au corps législatif, est comme une maison de commerce, formée par deux individus soi-disant associés en nom collectif, et dont l'un serait chargé d'acquitter sur ses produits, à présentation des factures, et sans pouvoir demander de compte, les dépenses dont la fixation serait le privilége exclusif de l'autre. Où le 2 décembre a-t-il pris ce mode de société et surtout de comptabilité ?....

Tout a été dit pareillement sur le fonctionnaire public. Le fonctionnaire public, depuis le *chef suprême de l'état* jusqu'au dernier *valet de ville*, est le mandataire de la nation, le commis, le délégué du peuple. La constitution du 15 janvier, comme ses précédentes, reconnaît cette démocratisation du personnel de l'état. Pourquoi donc n'appartient-il qu'au chef de l'état de nommer aux emplois, d'en fixer les attributions et les salaires ? Pourquoi les 500,000 salariés de l'état forment-ils corps, caste, nation pour ainsi dire à part, sous la dépendance exclusive du chef de l'état ? Sous ce rapport encore, la France ressemble à un domaine dont l'exploitation aurait été changée par l'intendant en une *servitude personnelle*, établie à son bénéfice, avec faculté pour lui, non-seulement de transiger au nom du propriétaire, mais de *compromettre*. Où le 2 décembre a-t-il puisé cette notion du mandat et de la propriété ? Ce n'est pas dans le code Napoléon.....

Je ne veux pas que mes observations dégénèrent en attaques, et c'est pour cela que je les exprime en style juridique, me bornant à montrer, à l'aide de quelques rapprochements, et dans les formes les plus concises, combien l'exercice de l'autorité,

tant réclamée de nos jours par des avocats sans
science, des publicistes sans philosophie, des
hommes d'état également dépourvus de pratique et
de principes, est devenu incompatible avec les notions les plus élémentaires de l'économie et du
droit. De quelque côté qu'on y regarde, le 2 décembre, — et quand je dis le 2 décembre, ai-je
besoin de répéter sans cesse que je comprends toute
autre forme dictatoriale ou dynastique ? — le gouvernement, dis-je, est acculé entre *l'an-archie* et
le *bon-plaisir*, obligé de choisir entre les tendances naturelles de la société, et l'arbitraire de
l'homme ! Et cet arbitraire, c'est la violation perpétuelle du droit, la négation de la science, la révolte contre la nécessité ; c'est la guerre à l'esprit
et au travail ! Impossible.

Je ne finirai pas, après avoir touché les impossibilités de l'intérieur, sans dire un mot de celles du
dehors.

S'il est une chose que le 2 décembre doive
avoir à cœur, c'est à coup sûr de réparer les désastres de 1814 et 1815, de relever dans le concert
européen l'influence de notre nation, de la faire
remonter au rang des puissances de premier ordre,
en appuyant, au besoin, cette prétention légitime
par les armes.

Le 2 décembre le peut-il, dans la situation équivoque où il s'est placé, entre la révolution et la
contre-révolution ?

Des bruits ont circulé, trouvent encore des cré-
dules, sur des projets de descente en Angleterre,
d'invasion de la Belgique, d'incorporation de la
Savoie, etc. Ces bruits ont été démentis *par ordre :*

en effet, ce sont de ces choses qu'on ne croit pas sans les avoir vues, et quand on les a vues on n'y croit pas encore.

Le peuple, qui ne sait de la guerre que les batailles, qui n'en comprend ni la raison ni la politique, peut se repaître de ces chimères, attendre que le Président, ayant battu les Anglais, les Prussiens, les Autrichiens, les Russes, et revenant chargé de trésors, décharge d'autant les rôles des contributions. Partout ailleurs qu'au cabaret, on sait que la guerre est la lutte des principes, et que toute guerre qui n'a pas pour objet de faire triompher un principe, comme furent les guerres de Louis XIV et de l'Empereur, est une guerre condamnée, et d'avance perdue.

Où donc est le principe, le grand intérêt, national et humanitaire, que peut invoquer en ce moment Louis-Napoléon, pour être en droit de déclarer, à n'importe qui, la guerre?

L'abolition des traités de 1815?

Ceux qui depuis vingt ans parlent de ces traités ne savent pour la plupart de quoi il s'agit. Les traités de 1815, œuvre de la Sainte-Alliance, sont le produit des guerres impériales : à cet égard, ils prennent place dans l'histoire, à la suite du traité de Westphalie. Ils ont pour objet de former, à perpétuité, une croisade entre les puissances de l'Europe contre tout état qui, comme la France de 1804 à 1814, tendrait à sortir de ses limites naturelles ou prescrites, et à s'incorporer des portions de territoire étranger. La France, dont les empiètements successifs pendant dix années ont été l'occasion de ces traités, s'y trouve plus maltraitée que les autres puissances : elle a été refoulée en deçà du Rhin, dégarnie, ouverte. Tel était le droit de la guerre et le bénéfice de la victoire pour les alliés. Nous avons voulu nous étendre, nous sommes vaincus, nous devons payer et de plus fournir des sûretés! Rien ne saurait infirmer ces traités, rien, dis-je, si ce n'est le consentement des parties, ou la guerre, mais la guerre appuyée sur un nouveau principe.

Je reproduis donc ma question : Ce principe, où est-il pour le 2 décembre?

Louis-Napoléon n'a fait jusqu'ici que servir la Sainte-Alliance en frappant la démocratie et la révolution ; bien loin qu'il puisse protester contre les traités de 1815, de fait il y adhère. Il serait puéril qu'il attendît de ses alliés, à titre de récompense, la frontière du Rhin. La seule récompense que Louis-Napoléon puisse obtenir de la Sainte-Alliance, c'est qu'elle le tolère, le soutienne, le protége, comme gardien et dompteur de la révolution, jusqu'à ce que les circonstances, devenues par lui favorables, permettent aux alliés de nous rendre une troisième fois nos princes légitimes. Elle serait illogique, certes, la Sainte-Alliance, en contradiction avec elle-même, elle mentirait à son but et à ses principes, si, en faisant la guerre à la révolution, elle reconnaissait en Louis-Napoléon Bonaparte un dynaste d'origine essentiellement révolutionnaire, à plus forte raison si elle lui concédait, pour joyeux avénement, un territoire de cinq à six millions d'habitants, avec la ligne stratégique la plus formidable du monde.

Maintenant que Louis-Napoléon, usant de sa pré-

rogative, en appelle aux armes; que, servant la
contre-révolution d'une main, et jurant de l'autre
par la révolution, il engage le pays dans une
guerre avec la Sainte-Alliance, pour la frontière du
Rhin, il est le maître. Mais qu'il sache aussi que
dans une revendication ainsi posée l'opinion ne
le suivrait pas : elle ne verrait dans sa politique
qu'une fantaisie conquérante, un point d'honneur
national ou domestique, sans caractère moral, et
par son abandon elle paralyserait ses efforts. Tant
il est vrai qu'il y a dans les traités de 1815 quelque chose de légal, qui ne peut être délié que par
une légalité supérieure.

La révolution au 19ᵉ siècle est cette légalité.

Rappelons-nous ce qui a été dit plus haut que
Louis-Napoléon, de même que l'Empereur, ayant
pour adversaire principal la féodalité capitaliste
représentée au dehors par l'Angleterre, la vraie
manière de combattre l'Angleterre, ce n'est pas de
l'attaquer en Égypte, dans l'Australie ou l'Inde,
pas plus que d'enjamber la Manche : c'est de frapper l'ennemi, chez nous d'abord, dans les rapports
du travail et du capital.

Dès avant la révolution de 89, l'Angleterre avait
commencé la conquête du globe : comment? par
la force des armes? non, elle laisse ce système aux
Français; — par l'accumulation de ses capitaux, la
puissance de son industrie, l'extension de son commerce. Le succès ne lui a point failli : pas de pays
aujourd'hui où elle ne récolte. Nous-mêmes nous
payons tribut à ses ouvriers, à ses ingénieurs, à ses
capitalistes; et déjà, par les acquisitions de propriétés que font chez nous les sujets anglais, la

Grande-Bretagne prépare sur notre territoire le retour de sa prépondérance. Le *libre échange*, auquel ses bourgeois convient les peuples, en écrasant toute concurrence, est le dernier coup qu'elle s'apprête à porter à la liberté des nations.

Ainsi procède l'Angleterre : pas de conquêtes à main armée, pas d'incorporations de territoires, pas de nations englobées, pas de dynasties destituées : elle ne se permet aucune de ces violences. Elle ne tient point à gouverner les peuples, pourvu qu'elle les pressure, témoin le Portugal : la *Balance du commerce*, portée à son maximum de puissance sous le nom de *Libre échange*, voilà l'artillerie de l'Angleterre.

Il faut donc qu'à une guerre de capitaux nous répondions, avant tout, au dedans et au dehors, par un système de crédit qui annule la supériorité que l'Angleterre tire de ses masses capitalisées : alors, nous pourrons parler à la Sainte-Alliance. Déjà, par ses décrets financiers, le 2 décembre a marqué le but : qu'il achève, qu'il n'attende point que des nécessités plus impérieuses l'y contraignent. Soit qu'il pense à négocier, soit qu'il se prépare à la guerre, qu'il commence par se rendre économiquement fort. Qu'il ose accomplir en six mois ce que ces journaux font entrevoir dans une perspective de 50 années ; que par la réduction combinée des rentes et intérêts aux simples frais de commission, il change dans leur intégralité les rapports du travail et du capital ; qu'il coupe, si j'ose ainsi dire, le nerf à la féodalité bourgeoise, et puis, qu'il déclare à son tour à l'Angleterre, non plus le *Blocus continental*, folie avonculaire, mais le *Libre échange;* enfin qu'il abolisse autour de lui la douane.... Cela fait, voici dans quelle situation se trouverait la France, vis-à-vis d'elle-même et de l'étranger.

A l'intérieur, la production augmente d'un quart.... C'est une règle d'économie, un des théorèmes les mieux démontrés de la science, que le revenu du capital est produit, comme l'impôt, par le travail; que dans l'inventaire de la société, ce revenu ne doit pas s'ajouter au produit, mais se déduire du produit, comme l'impôt; qu'ainsi ce qu'on ôte au revenu, de même qu'à l'impôt, profite d'autant au travail, qui le consommant le recrée, attendu qu'il n'y a de consommation improductive que celle du capitaliste et de l'état; de telle sorte que si, sur une production annuelle de neuf milliards, il est prélevé quatre milliards pour le capital et pour l'impôt, ce prélèvement étant par hypothèse supprimé, en même temps que la consommation des producteurs doublera, leur production s'élèvera, *ipso facto,* de neuf milliards à treize. Que le 2 décembre rende aux classes travailleuses ce signalé service, et il pourra se vanter, au banquet national, de ne pas manger le morceau honteux! Ses 12 millions de liste civile lui seront comptés comme une commission, sur le surplus d'affaires qu'il aura procurées, de 1|2 ou 1|4 pour 100...

Au dehors, la Belgique, la Savoie, une partie de la Suisse et du Piémont, gravitent, de toute la puissance de leurs intérêts industriels, vers la France, marché libre de 36 millions de consommateurs, consommant, d'après ce qui vient d'être dit, comme 45! Crédités par la circulation française et par leurs échanges, ces états opèrent à leur tour la liquidation de leur aristocratie capitaliste et propriétaire, dont la *confiance* abattue devient partout le signal de la prospérité publique : ils tombent dans le cercle d'attraction de la France. Ne leur demandez point alors si, avec leur révolution économique, solidaire de la nôtre, avec notre langue, nos monnaies, nos codes, notre commerce, ils veulent être français! Ne leur proposez ni inspecteurs de police, ni préfets : laissez-les se gouverner à leur guise, conserver leur franchise, jouir tout d'abord de cette indépendance civile et politique, qu'il faudra bien, tôt ou tard, rendre à chacune de nos provinces. Contentez-vous, avec ces co-intéressés, d'une alliance offensive et défensive qui vous permette, dans le péril commun, de compter sur leurs soldats et leurs forteresses, comme sur les vôtres. Cette politique de réserve, bientôt comprise, vous assure d'immenses succès. Quand la conquête avait pour objet le tribut, comme au temps des monarchies orientales, la conquête, quoique brutale, était du moins rationnelle. Aujourd'hui le pillage a cessé, pour les états comme pour les particuliers, d'être un moyen de fortune. Les vraies conquêtes sont celles du commerce : l'exemple de l'Angleterre, depuis un siècle, le prouve de reste. Comment se fait-il, quand l'esprit des nations a changé, que les formes de leur diplomatie soient juste à la hauteur de celle des Cambyse et des Ninias!....

Après la Belgique, la Savoie, la Suisse française, le Piémont cisalpin, pays limitrophes, l'Italie. Rome , foyer d'éruption, projette ses flammes

nationales au nord et au midi de la Péninsule.
Dites-lui, Président de la république humanitaire,
que vous voulez qu'elle vive par elle-même et pour
elle-même, et elle vivra. D'un mot vous aurez ressuscité cette nationalité, égorgée par vous dans les
murs de Rome, après avoir été trahie sur le champ
de bataille de Novarre !

La Pologne aura son tour ; et *le Roi des mers
ne vous échappera pas*, saisi dans le filet démocratique et social....

Avec la France révolutionnée, la politique
extérieure est facile à suivre. Le centre de gravité
européen se déplace, la nouvelle Carthage cède à
la Rome nouvelle, et s'il faut combattre, la guerre
est sainte, la victoire est sûre. Mais où donc Louis-
Napoléon, désertant l'idée révolutionnaire, trouve-
rait-il un prétexte pour faire au nom de la France
la moindre démonstration sur le continent? Geôlier
bénévole et gratuit de la démocratie, compère et
dupe de la contre-révo'ution, il n'a pas même le
droit d'émettre un vœu. Il a reçu les compliments
du czar : qu'aurait-il à réclamer pour la Pologne?
Il a fait, de concert avec les jésuites, avec les soldats
de l'Autriche et de Naples, la campagne de Rome :
les choses rétablies par lui dans le *statu quo*, que
lui reste-t-il à dire en faveur des Italiens? Grâce à
sa diversion puissante, la réaction est maîtresse
partout en Europe, sur le Pô, sur le Rhin, sur le
Danube : quel principe représenterait, aux yeux
des Napolitains, des Romains, des Lombards, des
Hollandais, des Westphaliens, la famille de l'Empereur? Croit-elle qu'on la cherche pour sa noblesse, et MM. Louis, Jérôme, Napoléon, Pierre,

Charles, Antoine, Lucien Bonaparte et Murat, pensent-ils être du limon dont se pétrissent les souverains par la grâce de Dieu, les princes légitimes, les rois absolus, et les valets?....

Oui, citoyens ou messieurs, vous portez le plus grand des noms modernes; vous appartenez par la chair et le sang à celui de tous les hommes qui sut le mieux fanatiser les masses, et les courber sous le joug. Souvenez-vous cependant qu'il ne parvint, quelques années, à les contenir, que parce qu'il représentait à leurs yeux la RÉVOLUTION ARMÉE; et que pour n'avoir pas su, au jour marqué par les circonstances, être grand par la paix et la liberté, comme il l'avait été par le commandement et par la guerre, pour avoir mis son libre arbitre à la place de la destinée que lui montrait son étoile, il périt, chose pitoyable, sous sa propre déraison, laissant aux Homères de l'avenir, si l'avenir produit encore des Homères, le plus riche et le plus gigantesque canevas, et presque rien à l'histoire!...

On ne trompe pas la Révolution, fût-on l'Empereur, vivant et victorieux; alors qu'elle est muette, que tout le monde l'ignore, que personne ne prend la parole pour elle, que tous les préjugés qu'elle combat sont en honneur et ne rencontrent aucune contradiction, tandis que les intérêts qu'elle sert s'oublient eux-mêmes ou se vendent.

Et l'on s'imaginerait que pour vaincre la révolution il suffira de cette cendre impériale rapportée de l'exil, aujourd'hui que le peuple ne croit plus aux revenants, aujourd'hui que la révolution parle à toute heure, que les hommes jurent en son nom, que les jeunes filles la chantent, que les petits enfants la redisent, que les proscrits la portent sur tous les coins du globe ; aujourd'hui que le pouvoir absolu fait à cause d'elle, nuit et jour, la veille des armes, et que le capital se tord sous sa violente étreinte !

Impuissance, impuissance, impuissance !... Or, l'Élysée saurait-il me dire combien peut durer, en présence de la révolution qui grandit, un gouvernement dépouillé de prestige, et réduit à la quotidienneté de l'impuissance ?...

X.

ANARCHIE OU CÉSARISME. — CONCLUSION.

S'il est un fait qui atteste la réalité et la force de la révolution, c'est sans contredit le 2 décembre. Que la France l'entende, et que l'Europe en soit instruite : après les journées de février et juin 1848, celles de décembre 1851 doivent compter comme la troisième éruption du volcan.

Rendons-nous compte de cette secousse qui, plus qu'aucune autre, a fait faire à la révolution un pas décisif.

La France, par toute son histoire, par les Romains et les Francs, par Charlemagne et les Capétiens, marche, d'une marche continue, à 89 ; par 89, elle aboutit à 1848.

En 1848, comme en 1789, tout, DANS LES CHOSES, appelle une révolution. Mais à la différence de 1789, il n'y a en 1848, *dans les idées*, rien, ou peu s'en faut, qui la détermine. La situa-

tion est mûre, l'opinion est en retard. De ce dés-
accord entre les choses et les idées jaillissent tous
les incidents qui ont suivi....

D'abord, la prédication socialiste.

La révolution s'imposant comme nécessité, et
l'opinion s'en défiant parce qu'elle ne la connaissait pas, le premier travail devait être de révéler
au pays la révolution sociale. Tandis donc que le
Gouvernement provisoire, la Commission exécutive, le général Cavaignac, s'occupent de maintenir
l'ordre, le socialisme, avec l'énergie que commandait la circonstance, organise sa propagande. On
lui a reproché d'avoir *fait peur*, on l'accuse encore
aujourd'hui d'avoir, par ses extravagances, compromis, perdu la république! Oui, le socialisme a
fait peur, et il s'en vante! On meurt de peur
comme de toute autre maladie, et la vieille société
n'en reviendra pas. Le socialisme a fait peur! Fallait-il donc, parce que les autres ne faisaient rien,
ne pouvaient faire rien, que nous nous tussions
nous-mêmes? Fallait-il, en mettant des sourdines à
nos tambours, laisser tomber l'idée avec l'action?...
Le socialisme a fait peur! Puissants génies, à qui
le socialisme a fait peur, et qui n'avez pas tremblé
devant le suffrage universel!...

Or, comme le socialisme, effrayant à première
vue (toute idée qui se manifeste pour la première
fois effraye), ne pouvait passer sans soulever une
contradiction violente; comme cependant il était
dans la donnée de l'histoire et des institutions, il
devait arriver, d'un côté, que le socialisme gran-
dirait sous une réaction générale; en second lieu,
qu'il mettrait à nu l'inconséquence de tous ses ad-

versaires, depuis les montagnards jusqu'aux dynastiques, et par cette révélation de leur illogisme, les
précipiterait les uns après les autres du pouvoir,
dont ils se servaient contre lui.

Pas un fait qui n'atteste le progrès du socialisme, qui ne montre en même temps la déroute
successive, inévitable de ses adversaires.

Pourquoi, de février à décembre 1848, les républicains de toute nuance sont-ils successivement
évincés? parce qu'ils se tiennent hors du socialisme, qui est la révolution; parce que hors de
la révolution sociale, la république n'a plus de
sens, qu'elle semble un juste-milieu, une *doctrine*,
un arbitraire.

Mais pourquoi les républicains, adorateurs de
93, se tiennent-ils en 1848 hors du mouvement?
parce qu'ils aperçoivent dès l'abord que la révolution sociale est la négation de toute hiérarchie,
politique et économique ; que ce *vide* fait horreur
à leurs préjugés d'organisation, à leurs habitudes
de gouvernement; et que leur esprit, s'arrêtant à
la superficie des choses, ne découvrant pas sous la
nudité de la forme le lien intelligible du nouvel
ordre social, recule à cet aspect, comme devant un
abîme.

Ainsi, même comme négation, comme table rase
ou plutôt comme vide, la révolution exerce déjà
une puissance sur le milieu ambiant ; elle est une
force d'attraction, une finalité, un but, puisqu'en la
niant les républicains semblent se renier eux-mêmes
et se perdent !

Au 10 décembre, Louis Bonaparte obtient la pré-
férence sur le général Cavaignac, qui cependant

avait *bien mérité de la patrie*, dont le civisme, le désintéressement, la modestie seront relevés par l'histoire impartiale. Pourquoi cette injustice de l'élection? parce que le général Cavaignac, fatalité! avait dû combattre, au nom de l'ordre et de la loi, la révolution dans le socialisme; parce qu'ensuite il se présentait, au nom de la révolution, comme adversaire des partis dynastiques, et franchement républicain parce que, enfin, devant cette rigidité à la fois constitutionnelle et républicaine le nom de Bonaparte se levait, pour les masses comme une espérance de révolution plus prompte, pour les partisans de l'autel et du trône qui les poussaient comme une espérance de contre-révolution. Révolution, contre-révolution, le *oui* et *non*, qu'importe? c'est toujours la même passion qui agite, la même idée qui dirige.

Contre qui est entreprise plus tard la guerre de Rome? contre Mazzini? Allons donc! ceux qui firent décréter la guerre de Rome étaient tout aussi démocrates que Mazzini. Comme Mazzini, comme Rossi, ils portaient écrit sur leur drapeau : *Séparation du spirituel et du temporel! Gouvernement laïc et libre!* La révolution de Rome a été faite contre la révolution sociale.

Contre qui est votée la loi du **31 mai**? — contre la révolution.

Comment, en 1849 et 1850, l'élu de cinq millions et demi de suffrages parvient-il à se dépopulariser? par son alliance avec les réacteurs. Comment ensuite recouvre-t-il sa popularité? en affirmant le suffrage universel, voix, on le suppose, de la révolution Le peuple, en 1851, a reçu Louis Bonaparte à résipiscence : comme le père de l'enfant prodigue, sans écouter les observations du fils sage, il a pardonné au fils repentant.

Nous voici en présence des élections de 1852 : à gauche la proposition de rappel de l'Elysée, à droite l'obstination de la loi du 31 mai, derrière nous l'insurrection. La situation est on ne peut plus révolutionnaire : qu'est-ce qu'il en sortira ?

Ici, nous ne devons plus juger les événements au point de vue de la légalité et de la morale, de l'exercice régulier du pouvoir, du respect de la constitution, de la religion du serment. L'histoire prononcera sur la moralité des actes : ce qui nous appartient c'est d'en constater le fatal côté. Constitution, serment, lois, tout a sombré au milieu de la compétition ardente : la mauvaise conscience de l'un a délié celle de l'autre, et quand la royauté se proclame à la tribune, pourquoi l'empire ne s'élèverait-il pas sur la place publique ? La foi constitutionnelle foulée aux pieds par la majorité, il ne reste que l'action brute, *im-morale*, des ambitions et des partis, instrument aveugle du destin.

Telle est donc, en novembre 51, la situation des forces antagoniques : la révolution est représentée par la gauche républicaine, et incidemment par l'Elysée, qui se joint à elle pour le rappel de la loi du 31 mai ; — la contre-révolution a pour organe la majorité, et incidemment aussi l'Elysée, qui s'unit à elle pour tout le reste, contre le parti républicain.

L'Elysée, élément équivoque, sans signification par lui-même, est en ce moment combattu par les deux partis, qui tendent, avec une égale ardeur, à l'éliminer. Il s'agit en effet de savoir si la France sera à la révolution ou à la contre-révolution. Qu'est-ce que M. Bonaparte, pour qu'il vienne dire : Ni l'un ni l'autre ; c'est à moi que sera la France?...

Cependant, à la vue de ce champ clos où vont se jouer ses destinées, que pense le pays ? Le pays répugne à rétrograder, mais il redoute les révolutionnaires. Ce n'est plus seulement le socialisme qui lui fait peur : c'est une réaction montagnarde, ce sont les représailles de la démocratie !... Cette disposition des esprits, qui repousse également, d'un côté *le principe de la réaction*, de l'autre *les hommes de la révolution*, fait la fortune de l'Elysée. La même raison qui pouvait le faire broyer entre les deux armées, lui vaut le triomphe sur toutes deux : il affirme la révolution, et il protége les conservateurs ! Solution bilatérale et contradictoire, mais logique pourtant, vu l'état de l'opinion, et que les circonstances rendaient presque inévitable.

La signification du 2 décembre, l'idée qu'il représente, est donc, bien authentiquement, RÉVOLUTION. Le reste est affaire de *personnes*, c'est-à-dire, intrigues de partis, transactions de coteries, vengeances privées, manifestations autocratiques, mesures de salut public et de raison d'état. C'est la marge laissée au bon plaisir gouvernemental par la loi des révolutions.

- Mais cet ambigu ne peut durer : tout principe doit produire ses conséquences, tout pouvoir dérouler son idée. Nous en sommes là : que va faire Louis Napoléon ?

J'ai rapporté les actes principaux du 2 décembre ;

j'en ai fait ressortir l'inspiration, moitié réelle, moitié personnelle, et la constante incertitude. Et nous avons pu constater que jusqu'à ce moment le nouveau pouvoir, arrêté par le néant de l'opinion publique, abandonné à ses seules inspirations, plutôt dirigé, au sein de la contradiction universelle, par la prudence de l'homme que par la raison des choses, au lieu de quitter le double visage qui lui a donné la victoire, tendait plutôt, en vertu de l'idée qu'il se fait de la délégation, et d'après ses traditions domestiques, à continuer son jeu de bascule, et à transformer, probablement sans s'en rendre compte, en une féodalité de fantaisie les institutions actuelles.

J'ai montré alors, par l'exemple de l'Empereur, la vanité de toute conception politique en dehors de la synthèse sociale, de la raison de l'histoire, des indications de l'économie, et de la donnée révolutionnaire. Et l'analogie des époques m'y autorisant, j'ai rappelé Louis Bonaparte à sa véritable mission, définie par lui-même, à l'époque de son premier avénement, *la fin des partis* : définition qui se traduit en cette autre, *la fin de la politique machiavélique ou personnelle,* c'est-à-dire, *la fin de l'autorité* elle-même.

La négation de l'autorité, et par suite la disparition de tout organisme gouvernemental pouvait paraître encore, en 1849, une idée obscure (1); après le 2 décembre, il n'y reste plus le moindre nuage. Le 2 décembre a fait ressortir la contradiction du gouvernementalisme et de l'économie, de

(1) Voir *Confessions d'un révolutionnaire,* § XVI, 3e édition.

l'état et de la société, dans la France actuelle ; ce que nous ne pouvions que deviner, il y a quatre ans, par les règles de la logique, les faits, interprètes infaillibles, le rendent aujourd'hui palpable : le paradoxe est devenu une vérité.

Résumons ces faits, et prouvons par leur analyse la vérité de cette triple proposition, qui r. présente tout le mouvement des 64 dernières années :

Le gouvernement personnel, ou despotique, est impossible ;
Le gouvernement représentatif est impossible ;
Le gouvernement est impossible.

Les principes sur lesquels repose depuis 89 la société française, disons toute société libre, principes antérieurs et supérieurs à la notion même de gouvernement, sont :

1. La *propriété libre*, celle qu'on appelait à Rome quiritaire, et chez les barbares envahisseurs allodiale. C'est la propriété absolue, autant du moins qu'il peut se trouver chez les hommes quelque chose d'absolu ; propriété qui relève directement et exclusivement du propriétaire, lequel l'administre, la loue, la vend, la donne ou l'engage, suivant son bon plaisir, sans en rendre compte à personne.

La propriété doit être transformée, sans doute, par la révolution économique, mais non pas en tant qu'elle est libre : elle doit, au contraire, gagner sans cesse en liberté et en garantie. La transformation de la propriété porte sur son *équilibre* : c'est quelque chose d'analogue au principe qui a été introduit dans le droit des gens par les traités de Westphalie et de 1815.

2. Le *travail libre*, avec toutes ses dépendances,

la profession libre, le commerce libre, le crédit libre, la science libre, la pensée et la religion libres : ce qui veut dire, le droit absolu, *à priori*, sans restriction ni contrôle, pour tout citoyen, de travailler, fabriquer, cultiver, extraire, produire, transporter, échanger, vendre, acheter, prêter, emprunter, transiger, inventer, s'instruire, penser, discuter, vulgariser, croire ou ne pas croire, etc., dans la mesure de ses moyens, sans autre condition que celle de tenir ses engagements, comme aussi de ne gêner personne dans l'exercice du même droit.

Le travail aussi doit être révolutionné, comme la propriété ; mais quant à ses *garanties*, nullement quant à son initiative. Prendre l'organisation corporative pour garantie du travail, ce serait recommencer l'œuvre du moyen âge, l'extirpation de l'esclavage par la féodalité.

3. La *distinction naturelle, égalitaire et libre,* des spécialités industrielles, mercantiles, scientifiques, etc., d'après le principe de la division du travail, et en dehors de tout esprit de caste.

Tels sont les *principes de* 89, objet de la célèbre *Déclaration des droits de l'homme et du citoyen,* reconnus par la dernière constitution ; et telles depuis cette époque les bases de notre société.

Or, le gouvernement devant être l'expression de la société, suivant l'expression de M. de Bonald, on demande quel peut être le gouvernement d'une société établie sur de pareilles bases ?

Ce ne pourra pas être une féodalité territoriale, puisque la propriété est libre ; ni une féodalité industrielle, mercantile ou financière, puisque le

travail est libre, le commerce libre, le crédit libre,
ou du moins en puissance manifeste de le devenir ;
ni un régime de castes, puisque les spécialités pro-
fessionnelles, d'après leur principe économique, sont
libres ; ni une théocratie, puisque la conscience est
libre aussi. Sera-ce une monarchie absolue ? non,
puisque les facultés de l'homme et du citoyen, le
travail, l'échange, la propriété, etc., converties en
droits, étant libres, et leur exercice libre, il ne reste
plus rien qui puisse servir de motif ou d'objet à une
autorité quelconque, et que le souverain, jadis visible, personnel, incarnation du droit divin, est devenu une abstraction, une fiction, à savoir le peuple.

Si donc, dans la société ainsi constituée il se
forme un gouvernement, ce gouvernement ne
pourra résulter que d'une délégation, convention,
fédération, en un mot, d'un consentement, libre
et spontané, de tous les individus qui composent
le peuple, chacun d'eux stipulant et se cotisant
pour la garantie de ses intérêts. Si bien que le
gouvernement, si gouvernement il y a, au lieu
d'ÊTRE l'AUTORITÉ, comme auparavant, *représentera*
le Rapport de tous les intérêts qu'engendrent la
propriété libre, le travail libre, le commerce libre,
le crédit libre, la science libre, et n'aura par conséquent lui-même qu'une valeur représentative,
comme le papier monnaie n'a de valeur que par
celle des écus qu'il représente. Au fond, le gouvernement représentatif a pour emblème et peut-
être défini, un *assignat*.

Ainsi la nature démocratique et représentative
du gouvernement découle de la nature essentiellement libre des intérêts dont il indique le rapport :

cès intérêts donnés, tout rappel à une autorité quelconque devient un non sens. Pour que le gouvernement cessât d'être démocratique, dans une société ainsi faite, et que l'autorité y reparût, il faudrait que les facultés déclarées libres cessassent de l'être ; que la propriété ne fût plus propriété, mais fief ; le commerce plus commerce, mais octroi ; le crédit plus crédit, mais servitude, corvée, dîme et mainmorte : ce qui est contre l'hypothèse.

Ai-je besoin de redire, ce que tout le monde sait, que la pensée de 89, celle de toutes les constitutions qui en sont sorties, a été d'organiser le gouvernement, de telle manière qu'il fût la représentation des intérêts libres sur lesquels la société repose, et que telle est encore la prétention du 2 décembre? Le 2 décembre, comme tous les pouvoirs qui l'ont précédé depuis 89, se flatte de représenter par excellence le rapport des intérêts reconnus libres par nature et *à priori*. Ni lui, ni aucun de ses devanciers ne s'est jamais douté de ce que c'est, pour un gouvernement, qui d'ailleurs vise à l'autorité, que d'être une *représentation*, la représentation d'un *rapport*, d'un rapport d'*intérêts*, et d'intérêts *libres!!!*

Ainsi le gouvernement n'existe aujourd'hui que par ce qu'il *représente*. Il ne jouit pas, comme dit l'école, de l'*aséité;* il ne se pose pas de lui-même, il est le produit du bon plaisir des libertés, de la convenance des intérêts. Un tel gouvernement est-il possible? N'y a-t-il pas contradiction entre tous ces termes : *Gouvernement, représentation, intérêts, libertés, rapport?*....Au lieu de nous livrer sur ce point à une discussion de catégories, de tenir le lecteur plongé dans la métaphysique, faisons de l'histoire.

Supposons que, dans l'ordre des connaissances politiques, il arrive, comme en tout autre ordre de connaissance, que les idées abstraites prenant peu à peu la place des idées concrètes, le gouvernement, au lieu d'être considéré comme la *représentation* ou personnification du rapport social, ce qui n'est qu'une conception matérialiste et idolâtrique, soit conçu comme étant ce RAPPORT lui-même, chose moins poétique peut-être, moins favorable à l'imagination, mais plus conforme aux habitudes de la logique : le gouvernement, ne se distinguant plus des intérêts et des libertés, en tant que les uns et les autres se mettent en relation, cesse d'exister. Car un rapport, une loi, peut s'écrire, comme on écrit une formule d'algèbre, mais ne se *représente pas*, dans le sens gouvernemental et scénique du mot, ne s'incarne pas, ne peut pas devenir toute une armée d'histrions, ayant pour mandat de jouer devant le peuple le *Rapport des intérêts!* Un rapport est une idée pure, qui se consigne, en quelques chiffres, caractères, signes, ou vocables, dans un livre, dans un traité, dans un contrat, mais qui n'a de réalité que celle des objets mêmes qui sont en rapport.

Eh bien! le résultat le plus positif, le seul positif, de tous les gouvernements qui depuis 89 ont passé sur la France, a été de mettre en lumière cette vérité simple comme une définition, évidente comme un axiôme : *Le Gouvernement est le Rapport des libertés et des intérêts.*

Et cette première proposition donnée, les consé-

quences accourent : c'est que désormais la politique
et l'économie se confondent ; que pour qu'il y ait
rapport d'intérêts, il faut que les intérêts eux-
mêmes soient présents, répondants, stipulants,
s'obligeants, et agissants ; qu'ainsi la raison sociale
et son vivant emblème sont une seule et même
chose ; en dernière analyse, que tout le monde
étant gouvernement, il n'y a plus de gouvernement. La négation du gouvernement surgit ainsi
de sa définition : Qui dit gouvernement représentatif, dit rapport des intérêts ; qui dit rapport des
intérêts, dit absence de gouvernement.

Et, en effet, l'histoire des soixante dernières années prouve qu'avec le gouvernement représentatif,
pas plus qu'avec le despotique, les intérêts ne sont
ni libres, ni en rapport ; que pour qu'ils se main-
tiennent dans les conditions de leur déclaration,
qui sont celles de leur existence, il faut qu'ils trai-
tent directement entre eux, suivant la LOI de leur
solidarité, et sans intermédiaire. Hors de là, la propriété redevient fief, le travail servitude, le commerce péage ; les corporations se reforment, la philosophie est à la discrétion de l'Eglise, la science,
entre les mains des Cuvier et des Flourens, ne dit
que ce qu'il plaît à la théologie et au pape : il n'y
a plus ni libertés ni intérêts !

Les intérêts, dans leur Déclaration fameuse,
avaient dit que la conscience serait libre. — Le représentant des intérêts déclare, en 1814, que la religion catholique est la religion de l'état ; en 1830,
qu'elle est la religion de la majorité, ce qui, pour
la pratique et pour les finances, revient exactement
au même. En effet, en 1852, les catholiques, sous

prétexte qu'ils sont la majorité, mettent hors de l'instruction publique les dissidents, ôtent les chaires, ferment les écoles aux protestants et aux juifs. En sorte que tout citoyen, qu'il ait ou non un intérêt de croyance, paye, d'abord, pour toutes les religions, et s'il a le malheur d'être juif ou protestant, est excommunié, non pas comme juif ou protestant, mais comme faisant partie de la minorité religieuse, par les catholiques. Où est la liberté? où est le rapport?

Les intérêts voulaient, par la même Déclaration, que la pensée fût libre. — Le représentant des intérêts, du rapport des intérêts, prétend, de son côté, qu'il ne peut remplir son mandat en présence de cette liberté; qu'il a besoin que les intérêts ne parlent point, n'écrivent rien, ne lisent pas; attendu que, s'ils y regardaient de trop près, s'ils donnaient un avis, leur sécurité et celle de l'état se trouverait compromise. L'Empereur supprime les journaux, la restauration crée la censure, la monarchie de juillet fait les lois de septembre, la république septembrise les journaux, le 2 décembre leur donne des *avertissements*. Où est la liberté des intérêts? où est leur rapport? Et quelle étrange manière de représenter les intérêts, que de les réduire au silence.....

Dans la prévision des intérêts, la guerre devait être le dernier argument auquel la nation aurait recours pour conserver la paix. Hors le cas de guerre, l'entretien d'une armée permanente leur semblait une anomalie, que l'institution des gardes nationales avait surtout pour but de faire cesser. — Mais le représentant des intérêts, *chef des armées de terre et de mer*, trouve toujours quelque raison de faire valoir son titre ; et quand il ne guerroie pas, il tient ses armées au complet, sous prétexte que sans cela il ne peut répondre de l'ordre intérieur, maintenir la paix entre les intérêts! Les intérêts ne sont donc pas en rapport, ou pour mieux dire, ce rapport n'est pas représenté, puisque le représentant ne peut les tenir en paix que par la force.

. Les intérêts demandent un gouvernement à bas prix, la modération des impôts, leur répartition équitable, l'économie dans les dépenses, le remboursement des dettes! — A cela le représentant des intérêts répond, que pour être bien gouverné, il faut bien payer ; qu'un fort budget est une marque de richesse et de force, une dette énorme une condition de stabilité. Et le budget avec la dette double en 50 ans! N'est-ce pas la mystification des intérêts?

La vigne est une des sources principales de la richesse du pays. Il faudrait, pour en encourager la culture, assurer aux vins et eaux-de-vie le débouché dont ils ont besoin, en supprimant les trois quarts au moins des droits sur les boissons, ce qui serait en même temps faire grand plaisir au peuple, qui se prive de vin. — Que dit là-dessus le représentant des intérêts? que les droits sur les boissons forment la catégorie la plus importante de ses recettes, le plus beau fleuron de sa couronne; que les remplacer, est impossible ; que les supprimer, c'est le pousser à la banqueroute. Pour comble de contradiction il ferme les cabarets! En sorte que, si l'intérêt vinicole n'est refoulé, écrasé, sacrifié, les autres intérêts ne peuvent être représentés! Où est la liberté pour la vigne? où est son rapport avec les autres cultures, avec l'industrie et le commerce?...

Mais quoi! ce n'est pas la vigne seule qui se plaint : l'agriculture demande du sel; l'ouvrier de la viande, du sucre, du tabac, de la houille, du cuir, de la toile, des laines. L'ouvrier est nu, et meurt de faim. — Le représentant des intérêts en souffrance, et ces intérêts sont tous les intérêts! fait dire par ses journaux et ses orateurs, qu'il n'est pas vrai que le sel soit indispensable à l'agriculture et au bétail, comme s'il savait cela mieux que les agriculteurs! comme s'il lui appartenait, à lui représentant, d'en décider!... Qu'au surplus, il serait heureux de réaliser en faveur du peuple le vœu de Henri IV, *la poule au pot;* mais que l'intérêt des éleveurs français, celui des fabricants de sucre indigène, etc., etc., ne permettent pas de laisser introduire dans le pays, franc de port, les bestiaux, les sucres, les houilles, etc., dont le peuple a besoin pour sa consommation. Si bien que les intérêts sont sacrifiés, par leur propre représentant, au rapport des intérêts, et qu'en vertu de ce rapport, d'après le témoignage du représentant, la nation ne pourrait devenir riche sans qu'elle fût à l'instant même ruinée! A quoi sert donc le gouvernement? N'est-il pas clair ici, que la représentation du rapport ne représente qu'une chose, c'est que le rapport n'existe pas ?

Depuis vingt ans les intérêts réclamaient, sans pouvoir les obtenir, des intitutions de crédit. Enfin, un décret du 2 décembre organise le crédit foncier : c'est tout ce qu'il peut faire. Mais comme il n'a pas de fonds, l'institution n'est qu'une caisse, qui restera vide jusqu'à ce qu'il plaise aux intérêts de la remplir. Est-il clair, malgré ce qu'a dit le fameux Law, cité par M. Thiers, que l'état ne donne point crédit mais le reçoit au contraire : ce qui fait que le représentant des intérêts se trouve, en matière de crédit, dans une absolue incapacité d'agir, s'il n'est lui même représenté par les intérêts qu'il représente !

Le rapport des intérêts démontre que les canaux doivent être livrés à la batellerie gratis. Le représentant des intérêts établit un tarif sur les canaux, et les afferme. Pourquoi ? parce que cela oblige ses amis, et lui procure un revenu. Le représentant des intérêts a donc d'autres intérêts que les intérêts !

Le rapport des intérêts exige que les postes, les chemins de fer, tous les instruments d'utilité publique, soient exploités au prix le plus bas, et sans intérêt de capitaux. Le représentant des intérêts fait payer le transport des lettres, des personnes et des marchandises, le plus cher qu'il peut ; les particuliers n'ont pas même la sécurité de leurs correspondances. Jusqu'ici on avait cru que c'était au mandant de témoigner sa confiance au mandataire : point du tout, c'est le mandataire qui dit n'avoir pas confiance à ses commettants !

L'intérêt des familles, intérêt universel, absolu, sans contradicteur possible, veut que l'instruction soit donnée à l'enfant par des hommes qui aient la confiance du père, et suivant des principes qui lui agréent. Le représentant de l'intérêt de famille, expression la plus haute de la puissance pater-

nelle, livre l'instruction aux ignorantins et aux
jésuites ; et cela, sous couleur qu'il ne représente
pas seulement les pères, qu'il représente aussi les
enfants !... Que dites-vous, pères de famille, de
cette consciencieuse représentation ?...

Sur tous les points, le représentant des libertés
et des intérêts, est en contradiction avec la liberté,
en révolte contre les intérêts : le seul rapport qu'il
exprime, c'est leur servitude commune !

Que faudra-t-il donc vous dire, race mouton-
nière, pour vous prouver qu'un rapport, une idée,
ne se *représentent* point, comme il vous plaît de
l'entendre ; que la liberté à plus forte raison ne se
représente pas non plus ; que la représenter, c'est
la détruire ; et que du jour où nos pères firent,
devant Dieu et devant les hommes, la *Déclaration
de leurs droits*, posèrent en principe le libre exercice des facultés de l'homme et du citoyen, ce
jour-là, l'autorité fut niée dans le ciel et sur la
terre, et le gouvernement, même par voie de délégation, rendu impossible ?

Revenez, si vous le voulez, aux mœurs féodales,
à la foi théocratique, ou à la piété de césar ; rétrogra-
dez de dix, de vingt, de quarante siècles, mais ne
parlez plus de libertés représentées, de droits et
d'intérêts représentés : parce que les libertés et les
intérêts, dans leur collectivité et leur rapport,
ne se représentent point, et que le représentant
d'une nation, de même que le représentant d'une
famille, d'une propriété, d'une industrie, ne peut
en être que le chef et le maître. La représentation
des intérêts, c'est la reconstitution de l'autorité !

Anarchie ou césarisme donc, M. Romieu vous l'a

dit; les jésuites vous le disent, et pour la centième fois je vous le répète. Ne cherchez plus de faux-fuyants, plus de milieux. Depuis soixante ans ils ont été tous épuisés, et l'expérience vous a fait voir que ces milieux ne sont, comme le purgatoire de Dante, qu'une sphère de transition, où les âmes, dans l'agonie de la conscience et de la pensée, sont préparées pour une existence supérieure.

Anarchie, vous dis-je, du césarisme : vous ne sortirez plus de là. Vous n'avez pas voulu de la ré-publique, honnête, modérée, conservatrice, pro-gressive, parlementaire, et libre; vous voilà pris entre l'*Empereur* et la *Sociale!* Avisez, maintenant, ce qui vous plaît le plus : car, en vérité, Louis-Napoléon, s'il tombe, ne tombera, comme son oncle, que par la révolution, et pour la révolution; et le prolétaire, quoi qu'il arrive, se lassera moins que vous. N'est-ce pas pour lui que se fera la révo-lution; et, en attendant la révolution, n'est-il pas l'ami de César ?...

Mais le césarisme! Le joyeux conseiller de l'E-lysée y a-t-il réfléchi? Le césarisme devint possible chez les Romains, quand à la victoire de la plèbe sur le patriciat s'ajouta la conquête du monde, comme garantie de subsistance. Alors César put ré-compenser ses vétérans des terres prises à l'étranger, payer ses prétoriens avec les tributs de l'étranger, nourrir sa plèbe des produits de l'étranger. La Sicile, l'Égypte, fournissaient des grains; la Grèce, ses artistes; l'Asie, son or, ses parfums et ses cour-tisanes; l'Afrique, ses monstres; les Barbares, leurs gladiateurs. Le pillage des nations organisé pour la consommation de la plèbe romaine, plèbe fainéante, féroce, hideuse, et pour la sécurité de l'Empereur : voilà le césarisme. Cela dura, que bien, que mal, trois siècles, jusqu'à ce que la coalition des plèbes étrangères, sous le nom de christianisme, eût rempli l'empire et conquis César.

Il s'agit aujourd'hui de bien autre chose. Nous avons perdu nos conquêtes, et celles de l'Empereur et celles de la république. Nous ne tirons pas de l'étranger un centime dont nous puissions faire l'aumône au dernier des décembristes, et l'Algérie nous coûte, bon an mal an, cent millions. Pour triompher de la bourgeoisie, capitaliste et propriétaire ; pour contenir la classe moyenne, industrieuse et libérale, et régner par la plèbe, il ne s'agit plus de l'entretenir, cette plèbe, des dépouilles des nations vaincues ; il s'agit de la faire vivre de son propre produit, en un mot de la faire travailler. Comment s'y prendra César ? la question est là. Or, de quelque manière qu'il s'y prenne, qu'il s'adresse à Saint-Simon, Fourier, Owen, Cabet, Louis-Napoléon, etc., nous sommes en plein socialisme, et le dernier mot du socialisme, c'est, avec le *non-intérêt*, le *non-gouvernement !* . . . .

. . . .

Croyez-vous, me demandera à cette heure une curiosité indiscrète, malveillante peut-être, que le 2 décembre accepte le rôle révolutionnaire dans lequel vous l'enfermez, comme dans le cercle de Popilius ? Auriez-vous foi dans ses inclinations libérales ? et sur cette nécessité, si bien démontrée par vous, du mandat de Louis-Napoléon, vous rallierez-vous à son gouvernement, comme à la meilleure ou à la moins mauvaise des transitions ?

C'est là ce qu'on veut savoir, et où l'on vous attend !...

Je répondrai à cette question, un peu scabreuse, par une autre :

Ai-je le droit de supposer, quand les idées que je défends depuis quatre ans ont obtenu si peu de succès, que le chef du nouveau gouvernement les adopte de sitôt et les fasse siennes? Ont-elles revêtu, aux yeux de l'opinion, ce caractère d'impersonnalité, de réalité, d'universalité, qui les impose à l'état? Et si ces idées, encore toutes jeunes, ne sont guère encore que les idées d'un homme, d'où me viendrait l'espoir que le 2 décembre, qui est homme aussi, les préfère à ses idées?.....

J'écris, afin que les autres réfléchissent à leur tour, et s'il y a lieu, qu'ils me contredisent. J'écris, afin que la vérité se manifestant, élaborée par l'opinion, la révolution, avec le gouvernement, sans le gouvernement, ou même contre le gouvernement, puisse s'accomplir. Quant aux hommes, je crois volontiers à leur bonne intention, mais encore plus à l'infortune de leur jugement. Il est dit, au livre des Psaumes : *Ne mettez pas votre confiance dans les princes, dans les enfants d'Adam,* c'est-à-dire, dans ceux dont la pensée est subjective, *parce que le salut n'est pas avec eux!* Je crois donc, et pour notre malheur à tous, que l'idée révolutionnaire, mal définie dans l'esprit des masses, mal servie par ses vulgarisateurs, laisse encore au gouvernement l'option entière de sa politique; je crois que le pouvoir est entouré d'impossibilités qu'il ne voit pas, de contradictions qu'il ne sait point, de piéges que l'ignorance universelle lui dérobe; je crois que tout gouvernement peut durer, s'il veut, en affirmant sa raison historique, et se plaçant dans la direction des intérêts qu'il est appelé à servir, mais je crois aussi que les hommes ne changent guère, et que si Louis XVI après avoir lancé la révolution a voulu la retirer, si l'Empereur, si Charles X et Louis-Philippe ont mieux aimé se perdre que d'y donner suite, il est peu probable que ceux qui leur succéderont s'en fassent de sitôt, et spontanément, les promoteurs.

C'est pour cela que je me tiens en dehors du gouvernement, plus disposé à le plaindre qu'à lui faire la guerre, dévoué seulement à la patrie, et que je me rallie corps et âme à cette élite de travailleurs, tête du prolétariat et de la classe moyenne, parti du travail et du progrès, de la liberté et de l'idée : qui, comprenant que l'autorité n'est de rien, la spontanéité populaire d'aucune ressource ; que la liberté qui n'agit point est perdue, et que les intérêts qui ont besoin pour se mettre en rapport d'un intermédiaire qui les représente, sont des intérêts sacrifiés, accepte pour but et pour devise, l'*Éducation du peuple*.

O patrie, patrie française, patrie des chantres de l'éternelle révolution ! patrie de la liberté, car malgré toutes tes servitudes, en aucun lieu de la terre, ni dans l'Europe, ni dans l'Amérique, l'esprit, qui est tout l'homme, n'est aussi libre que chez toi ! patrie que j'aime de cet amour accumulé que le fils grandissant porte à sa mère, que le père sent croître avec ses enfants ! Te verrai-je souffrir longtemps encore, souffrir non pour toi seule, mais pour le monde qui te paye de son envie et de ses outrages ; souffrir innocente, pour cela seulement que tu ne te connais pas?... Il me semble à tout instant que tu es à ta dernière épreuve! Réveille-toi, mère : ni tes princes, tes barons, et tes comtes, ne peuvent plus rien pour ton salut, ni tes prélats ne sauraient te réconforter avec leurs bénédictions. Garde, si tu veux, le souvenir de ceux qui ont bien fait, va quelquefois prier sur leurs monuments : mais ne leur cherche point de successeurs. Ils sont finis! Commence ta nouvelle vie, ô la première des immortelles ; montre-toi dans ta beauté, Vénus Uranie; répands tes parfums, fleur de l'humanité!

Et l'humanité sera rajeunie, et son unité sera créée par toi : car l'unité du genre humain, c'est l'unité de ma patrie, comme l'esprit du genre humain n'est que l'esprit de ma patrie.

FIN.

TABLE DES MATIÈRES.

Paris. — Typ. de Mᵐᵉ Vᵉ Dondey-Dupré, rue Saint-Louis, 46,

www.ingramcontent.com/pod-product-compliance
Lightning Source LLC
Chambersburg PA
CBHW051239050726
47594CB00001B/232